U0102613

“十一五”国家重点图书出版规划项目
北京市社会科学理论著作出版基金重点资助项目

启功全集

（修订版）

第二卷

古代字体论稿

论书绝句

图书在版编目（CIP）数据

启功全集（修订版）. 第2卷，古代字体论稿、论书绝句 / 启功著. —北京：北京师范大学出版社，2012.9
ISBN 978-7-303-14712-0

Ⅰ. ①启… Ⅱ. ①启… Ⅲ. ①启功（1912—2005）—文集 ②汉字—法书—作品集—中国—现代 Ⅳ. ①C53 ②J292.28

中国版本图书馆CIP数据核字（2012）第 180966 号

营销中心电话 010-58802181 58805532
北师大出版社高等教育分社网 http://gaojiao.bnup.com.cn
电子信箱 beishida168@126.com

QIGONG QUANJI
出版发行：北京师范大学出版社 www.bnup.com.cn
北京新街口外大街 19 号
邮政编码：100875
印 刷：北京盛通印刷股份有限公司
经 销：全国新华书店
开 本：170 mm × 260 mm
印 张：372.5
字 数：5021千字
版 次：2012 年 9 月第 1 版
印 次：2012 年 9 月第 1 次印刷
总 定 价：2680.00 元（全二十卷）

策划编辑：李 强 责任编辑：陶 虹 李春梅 姚贵平
美术编辑：毛 佳 装帧设计：李 强
责任校对：李 菡 责任印制：李 啸

启功先生像

目 录

古代字体论稿

论书绝句

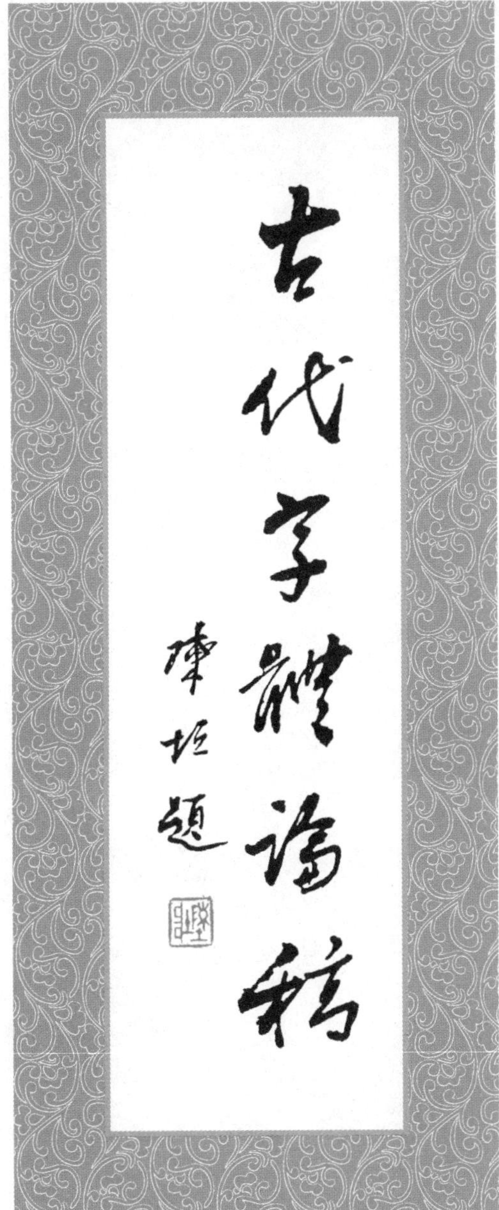
古代字體論稿
陳垣題

一、问题的提出

中国汉字的发展，自商代到今天，足有四千多年的历史。它标志着中国历史文化的悠久绵长，从来未曾中断。它的形状变化，异常复杂多样，尤其文献所载的字体名称和实物中所见到的字体形状，又往往对不上头。于是给后代对于古代文字的辨识，对于古代文字发展的探索，以及对于某些古文物或古书真伪的判断等等方面，都留下许多问题。

所谓字体，即是指文字的形状，它包含两个方面：其一是指文字的组织构造以至它所属的大类型、总风格。例如说某字是象什么形、指什么事，某字是什么形什么声；或看它是属于“篆”、“隶”、“草”、“真”、“行”的哪一种。其二是指某一书家、某一流派的艺术风格。例如说“欧体”、“颜体”等。我们知道一个书家或流派的艺术风格，多是指它们在一种大类型中的小分别。因为欧阳询与颜真卿的分别，不是说欧写篆书、颜写隶书，而是对他们在共同写真书的条件下比较而言的。同时还值得注意的是，古代有些字体风格，从甲一大类型变到乙一大类型时，也常是从一些细微风格变起的。例如篆和隶现在看来是两种大类型，但在秦代，从篆初变隶时的形状，只是艺术风格比较潦草一些、方硬一些而已。这足见字体的演变常是由细微而至显著的。

如果再进一步追求，为什么古代字体有那些变化？例如同属于周代的文字，为什么铜器上的和书籍上的不同？随着那些字迹形状变化，各命以不同名称，又是什么理由和根据？又如秦代的“正体字”为什么叫

"篆"？汉代的"正体字"为什么叫"隶"或"八分"？这些问题，简单说来，即是名与实的关系和体与用的关系。

我们已知汉字在形体发展历史上各个阶段都有大小不同的纠葛，简单归纳，可有三项，而其中第一、第二两项，尤其复杂。

第一项：小篆以前的字体名称与实际形状的问题。按小篆的形状是比较明确易见的，在它以前的种种字体的名称与形状，便有歧异。例如《说文解字叙》里所提到的"秦书八体"中，小篆之前，只有"大篆"一种；而《说文解字》书中，小篆之外，却有"古文"、"籀文"，而无大篆，那么大篆与古文、籀文，究竟有什么关系？有的书中把这三种并列，甚至一齐罗列各种花体字，并不分析它们的关系，这是比较省事的办法。又有的书中把商周铜器上的字概称为"古籀"，这是比较笼统的办法。还有的书中只从文字所在的器物种类来定字体的名称，甲骨上的称为"甲骨文"，铜器上的称为"钟鼎文"或"金文"，陶器上的称为"古陶文"，玺印上的称为"古玺文"等等。这固然比较客观，但仍未能从中看到古代字体命名的理由，也就是还不能解释《说文解字》中所提的关于古代字体最早命名的问题。

第二项：隶与八分的异同问题。按隶这一体，既然秦代已有，汉至唐也有。我们知道这种同名的情况，并不仅只是后代模仿或沿用前代某种旧字样，而主要是同名异实。那么它们的具体形状分别究竟何在？还有隶和八分究竟谁先谁后？二者的区别究竟在哪里？八分一词究竟怎么讲？如此等等，纠缠的时间既很久远，涉及的古代文献和实物也很众多。

第三项：其他许多比较零星的问题。例如《说文》中的古文与魏《正始石经》中的古文，以至《汗简》等书中的古文，为什么都是两头尖或说蝌蚪形的笔画？它们究竟伪不伪？又如"史书"究竟是一种什么字体？"章草"的"章"字怎么讲？如此等等，也都有进一步研究和探讨的必要。

至于研究探讨的方法，在前代常见的有两种：一是偏于文字的组织构造方面的，这包括对文字的形、音、义的研究；二是偏于书写的艺术风格方面的，这包括对各种书法流派的品评、各种碑帖的考订等等。前者所据，较多侧重古代文献的记载；后者所据，较多侧重某些著名法书字迹。这两方面的研究，固然在其本范围中都有很大的成果，但由于文献中名称的纠缠既多，而当时地下实物的发现尚少，所以各自受到局限，而常常不易合榫。

自近代考古发掘的发达，出现了大量的古代文字实物资料，这给研究古代字体带来极大的帮助。从商代以下各个时代的、各个用途的实物资料，大致都可以见到。因此得知，字体名称和形状的变化，因素很多，必须从实物和文献互证，才能得出比较可靠的真相。现在试就实物资料和文献资料两方面作一次综合考察，看它们有什么现象。希望从这里探索到古代各种字体的名和实、体和用的关系。

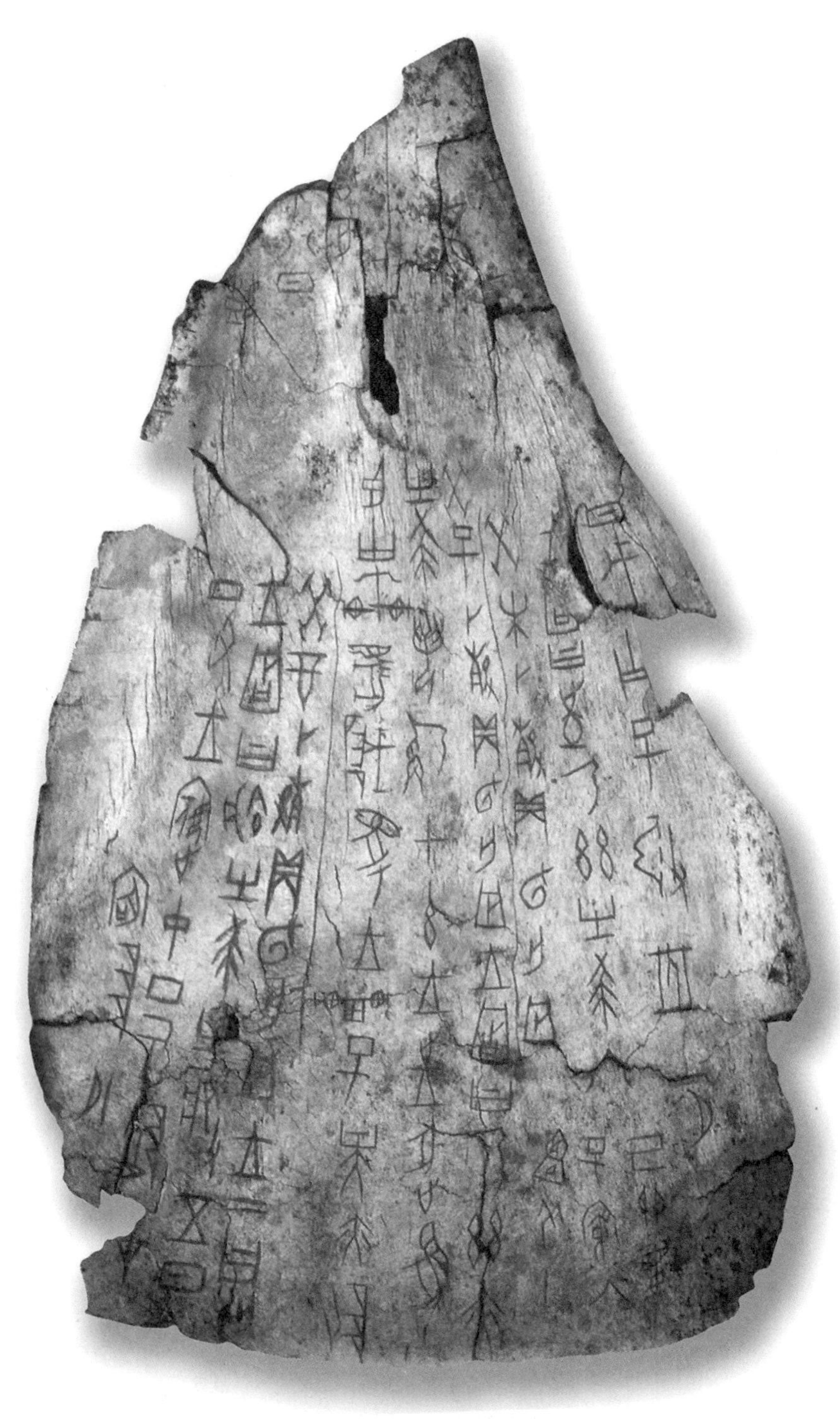

1　商甲骨卜辞

二、考察的起点

甲　从实物资料中看到古代字体的几种现象：

从实物资料方面看古代字迹的风格，发现几种现象：例如商代的甲骨（图1、图2）、陶片（图3）、玉片（图4）上一些手写的字迹，其书写笔法与风格，大致是一类情况；甲骨上刊刻的字迹，大致另是一类情况；牛头、鹿头刻辞和骨匕上的刻辞（图5、图6），又是一类情况；范铸的铜器中一些象形字（图7、图8）是一类情况；一般铭文（图9、图10）又是一类情况；其他玺印等又是另外一类情况。再例如战国的竹简上手写的字（图11、图12）和铜器上范铸的（图13）或刻划的字（图14），效果不一样。又如秦代颂功刻石的字（图15）与诏版上的字（图16、图17）不一样。汉代的简札中，郑重的问候名刺（图18）与火急

2　墨书兽骨

3　墨书陶片

4　硃书玉片

5　骨匕刻辞（甲）

6　骨匕刻辞（乙）

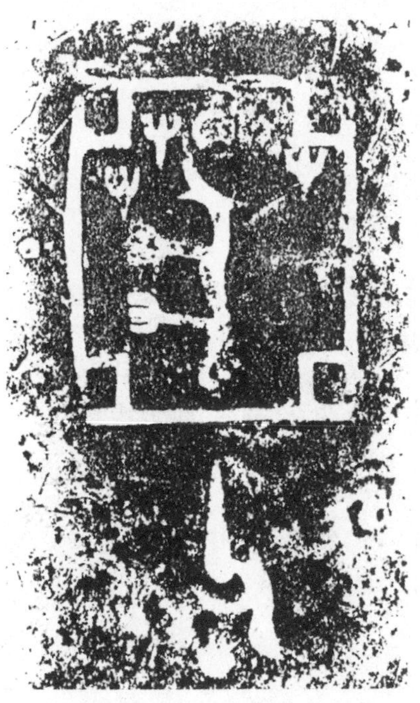

7　帝辛四祀卣象形文字款识

8　象形文字款识

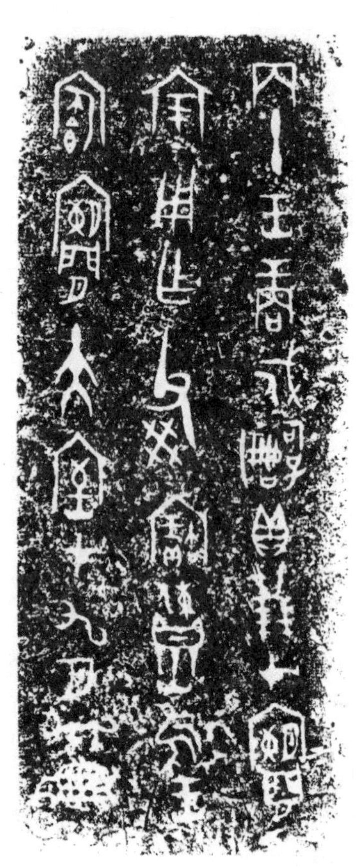

9　戍嗣子鼎

10　帝辛四祀卣

的军书（图 19）不一样，碑版和铜器上的款识不一样，和军书更不一样。如此等等，以下不再详举。各代各类的字迹，虽没有全面见到，但手写、刻划、范铸的各种样品，大致略具。只有西周和秦未见墨迹，战国未见刻石，还有待于地下材料的出现①。

从以上的资料看来，汉字的形状方面，千差万别。简单说来，在下列条件下，各有不同的字体。即：（1）时代；（2）用途，如鼎彝、碑版、书册、信札等；（3）工具，如笔、刀等；（4）方法，如笔写、刀刻、范铸等；（5）写者、刻者；（6）地区。由于以上等等条件的不同，则字体亦即不同。而同在某一条件下，如加入其他条件时，字体便又不同。例如两器同属鼎彝，是用途条件相同，如果加上其他条件的关系，字体即不相同；同一写者所写两件字迹，加上其他条件的关系，亦便互不相同。其余如此类推，变化非常复杂。

以上所说的字体的不同，又要看构造和风格两个方面：

（一）组织构造的变化，其中包括：

（1）各个组成部分的不同，也可以说各单体或偏旁的不同。例如：⾅、曰，艸、廾，酬、酧等。

① 重印时著者按：秦代墨迹今已见，见本文第八节；战国刻石今已见，见图 20。

11　长沙仰天湖楚简

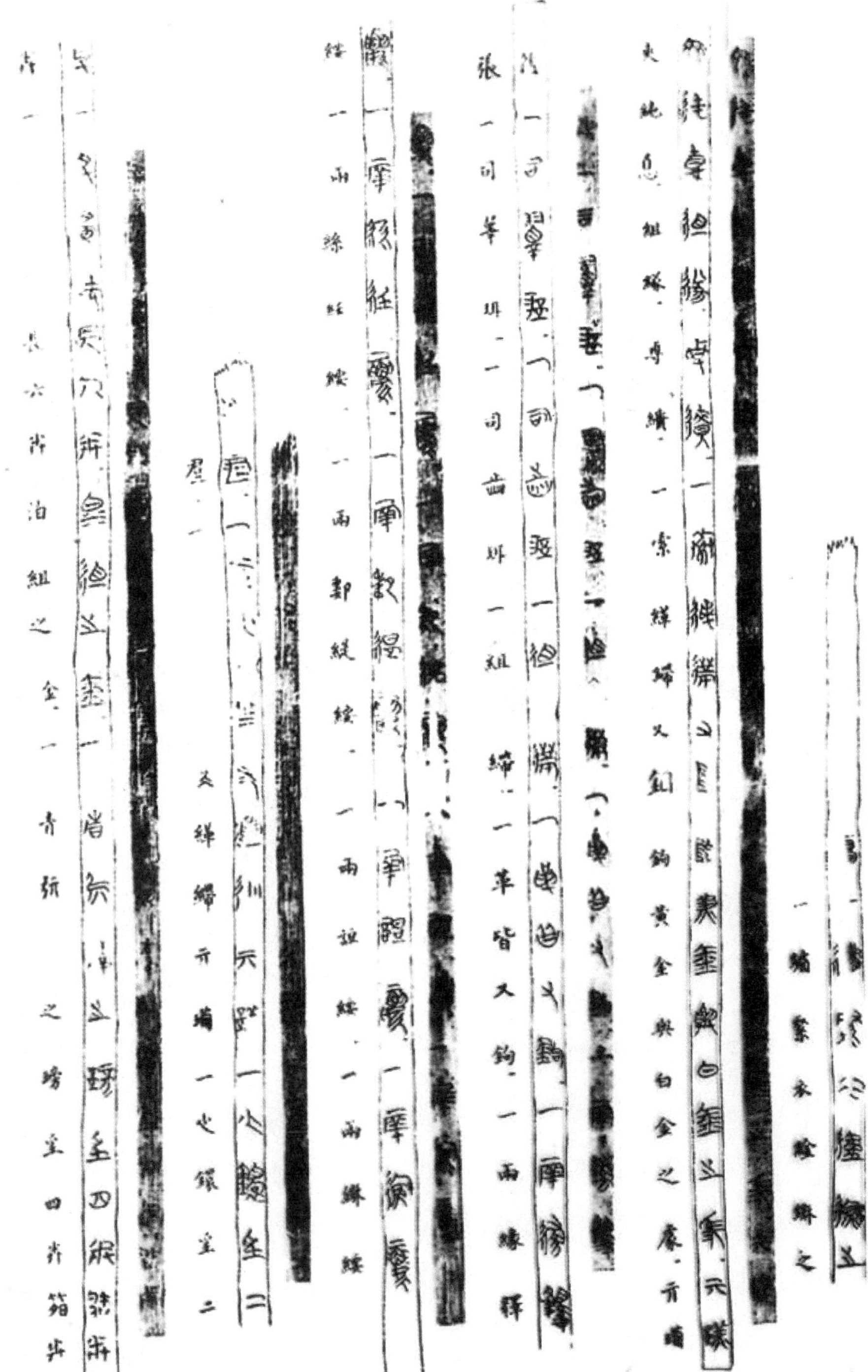

12　信阳楚简

13　曾姬无卹壶

14　楚王酓忎盘

15　泰山刻石

16　诏版（甲）

17　诏版（乙）

（2）各局部的安排以及笔画数量的不同。例如：㕝、𠰋，纹、紊，䨻、雷，仌、氷、冰等。

（二）书写风格的变化，其中包括：

（1）笔画转折轨迹的不同，即圆转或方折等差别。例如：秦泰山刻石（图 15）与秦诏版（图 16、图 17）不同。

（2）点画姿态的不同，例如：一、一，人、人等。

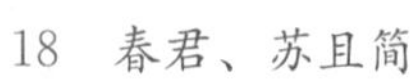

18　春君、苏且简

19　殄灭简

20　战国中山刻石

（3）表现字迹的条件的不同，即用途、工具、方法等等的差别。例如笔写的与刊刻的不同，范铸的字与刻划的字不同，像吕不韦戟中“诏事”二字（图 22）与同戟中“诏事”之外的其他各字（图 21、图 22）不同。

（4）书写习惯的不同，例如时代、地区、写者等等各有其特点，互相不同。

以上各项中间，当然也各有一些相互交叉的地方。尤其是两种大类型紧接递嬗时，也常是先从书写风格变得较多。并且凡一种大类型中也必兼具组织构造和书写风格两项条件的。

21 吕不韦戟（一） 22 吕不韦戟（二）

字体命名的角度也各有不同。有单由构造或单由风格的，也有兼由他项条件的，还有同属一种字形，由于用途的不同，而得两种以上名称的，情况非常复杂。但总的来说，兼包构造与风格的大类型，可以说有四种：即是篆、隶、草、真。其他如行书是草、真的混合物，各种花体字只是各类字的变态或说装饰体而已。

字体风格变化，手写常是开端，范铸刊刻也先由手写，那些直接刻划的也即是用刀代替笔。因为文字的各个组成部分，包括单体或偏旁，常是由表形、表意到表音的基本符号，这是大家公用、约定俗成的。书写风格却每人必然不同，所以签字会在法律上生效，而风格的变化程度，又常是由细微而至显著的。

乙 从文献资料中得到的启示：

文献方面，对于字体名称，最为纠缠。常见同一种名称而各家记述的内容不同，甚至互相矛盾。现在所见到的文献中，有关字体问题的，从《汉书·艺文志》、《说文解字》、《周礼郑众注》以下，直到王国维先生的《史籀篇疏证》等著作，资料很多，所说的也很复杂。但经过综合比较，并与实物对照，得到许多启示，简单归纳，约有六种情况：

（1）秦以前没有字体分类，无篆或隶等等的名称。"六书"并不是字体名称。

这里须要说明两点：第一，唐张怀瓘《书断》卷上说："《吕氏春秋》云：苍颉造大篆。"但是《吕氏春秋·君守篇》原文却是"仓颉造书"。这可能是张氏误记，我们不能据此孤证而轻改流传有绪的《吕氏春秋》原书。所以这一条不足以说明秦始皇"书同文字"之前已有了大篆名称。其次，"六书"不是字体名。《汉志》、《说文叙》、《周礼注》所记六个名称，用辞和排列次序，虽互有小异，但内容为"象形、指事、形声、会意、转注、假借"六事，则都相同。从其作用看，是文字制作的规律。《汉志》说是"造字之本"。按古代在没有共同用的字典时，这种"造字之本"也就是一种识字诀窍，把文字的构成因素加以分析。拿了这把钥匙，即可开许多的锁。所以"六书"虽原是文字的成因，但用以教学童的目的，则是为作识字的诀窍，并不是教他们用这方法去造字，更不是六种字体。

（2）秦代篆是规矩的、标准的"正体"，隶是徒隶用的、不标准的"俗体"。

（3）汉代以来的字形变化，各有专门名称。例如草书、八分等名，都是汉代才有的。

（4）同一名称，常有不同的内容。例如隶这一名称，在秦汉和晋以下各有不同的内容。

（5）同一内容，又常有不同的名称。例如汉碑上的字，或称之为隶，或称之为八分。

（6）名称的兴起，常后于字体的产生和流行。例如周代的一种字，原来并无专名，到了秦代才追称之为大篆。

23　永寿二年瓦罐

以上各条的论证，俱见以下各节。

因此得知，字体的各种专门名称，实自秦代才有的。并且每种名称初起时，常是一般的名称，或说是“诨号”，进一步成为某种形体的专名。《书断》卷上曾用父子的关系比喻字体的发展关系，现在也借为比喻以说明这个问题。

譬如有一某甲，生子某乙，则甲便为父。乙生子某丙，甲便被往上推为祖。丙在甲前为孙，而乙在甲丙之间，在甲前为子，在丙前为父。但若在这一家人世代递传的过程中，也许某一辈的某一人特别出了名，他这一支派的子孙便以他的称呼或诨号作为姓氏。从此这种一时的通称便成了固定的专称了。

具体地从字体上说，即是自秦定篆为标准字体后，于是以篆为中心，对于它所从出的古代字，便加一个尊称的“大”字，称之为大篆。这正像祖父之称为大父、祖母之称为大母。对于次于篆的新体字，给它一个卑称为隶。在给篆所从出的古代字加了“大”字之后，有时又回过头来再给篆加一“小”字，以资区别或对称。有了新草体之后，才给旧

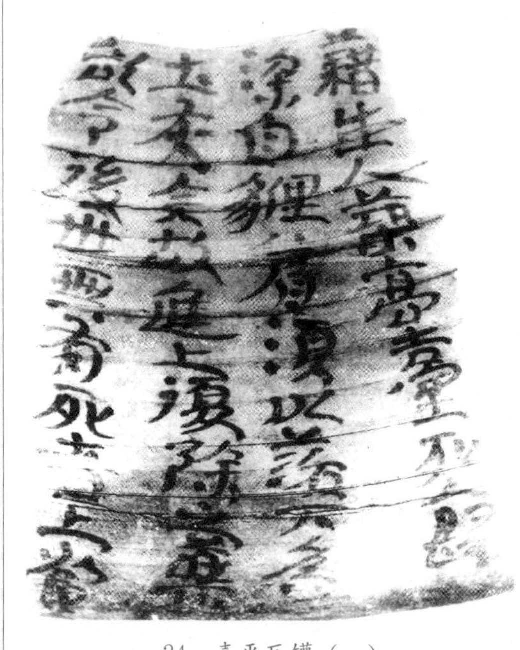

24 熹平瓦罐（一）

25 熹平瓦罐（二）

草体加“章”字，又回过头来给新草体加一“今”字，以资区别或对称。汉魏之际有了新兴的隶体，即“新俗体”，如永寿瓦罐（图 23）上的小字、熹平瓦罐（图 24、图 25）、钟繇的表启（图 26、图 27、图 28）、景元木简（图 29）的字等。才把像两汉、曹魏碑版上的那类旧隶体字升格称为八分，而把隶这一名称腾出给新俗体。但仍嫌混淆，于是给它定些新名称为“真”、或“正”、或“楷”、或“今体隶书”。

至于秦汉和晋以下各以隶来称呼当时的俗体字，正如每一辈的人在父亲面前都是儿子。但汉碑中的隶体，出名最大，于是隶这一通称，便常为它所独享了。

本文即从小篆往上推述籀、古，再往下递述隶、草。

26　钟繇书宣示表

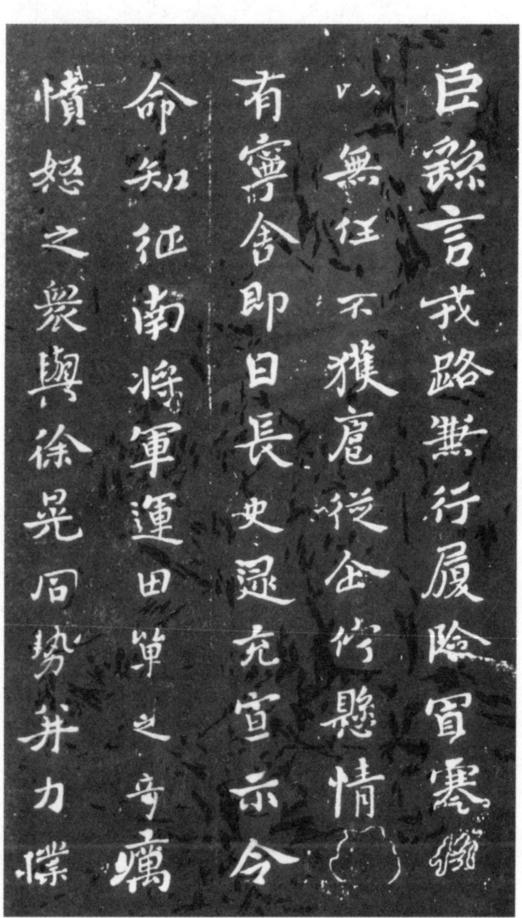

27　钟繇书贺捷表

28 钟繇书荐季直表

29 景元四年简

三、八体、小篆

把各种字体命以专名，始自秦代，现在先从“秦书八体”的问题谈起。

《史记·秦始皇本纪》，二十六年统一天下之后，李斯奏定：

一法度衡石丈尺，车同轨，书同文字。

又，三十四年李斯奏定：

史官非秦纪皆烧之，非博士官所职，天下敢有藏诗书百家语者，悉诣守尉杂烧之。

《说文叙》说：

其后诸侯异政，不统于王……分为七国……文字异形。秦始皇帝初兼天下，丞相李斯乃奏同之，罢其不与秦文合者。斯作《仓颉篇》，中车府令赵高作《爰历篇》，太史令胡母敬作《博学篇》，皆取史籀大篆，或颇省改，所谓小篆者也。是时秦烧经书，涤除旧典，大发吏卒，兴戍役，官狱职务繁，初有隶书，以趋约易，而古文由此绝矣。自尔秦书有八体：一曰大篆，二曰小篆，三曰刻符，四曰虫书，五曰摹印，六曰署书，七曰殳书，八曰隶书。

这里有几个问题：“秦文”是什么？其与六国文不合处何在？怎样罢法和同法？“八体”的分别何在？

按“秦书八体”，今天所见到的秦代实物材料还很不足。始皇以来的秦文，见有戈戟款识、颂功刻石、虎符（图30）、权量、诏版、印玺、

30　阳陵虎符

瓦当等。其中大部分的字，确知是小篆，印玺文字应属“摹印”一类，其余六体，不易实指。此外从文献上知道有《史籀篇》中的大篆，还有《说文叙》中所说“马头人为长，人持十为斗，虫者屈中，苛之字止句”等几个“秦之隶书”。实物中各项字迹之间，无论结构或风格，都有同处和异处。例如始皇五年的吕不韦戟（图 21、图 22）刻划潦草，构造奇异，与六国一些器物中草率的文字相似，而戟中的“诏事”二字的构造和风格则又接近小篆。新郪虎符作于二十六年之前，也接近小篆。但凡二十六年同文以后的文字构造，则都是小篆，只风格上相互略有差别。如颂功刻石最为庄严郑重，权量诏版多见潦草的现象。所以论“秦文”应从二十六年同文为限，前后划分两截：前截字体原很复杂；六国“不与秦文合”的，只是不与后截通用的“标准体”小篆相合而已。

关于罢和同的方法，我们看到秦人不但消极地不再通行使用那些“不合者”，而且还积极地重编字书如《仓颉篇》等来推行小篆。

今据秦书不全面的实物，再结合文献来作总的考察，“秦书八体”，实有四大方面：一是小篆以前的古体，即大篆；二是同文以后的正体，即小篆；三是新兴的“以趍约易”的俗体，即隶书；四是其他不同用途的字体。

自上观之，秦人对于文字既用法律手段进行同和罢，而秦文在不同用途上风格又不尽同，例如颂功刻石与权量诏版书写风格不同等等，可知当时曾对于字体的书写风格在用途上各划出它们的范围，不得相混，所以规定字体名称，实是有其客观需要的。换句话说，这也是“同文”手段中的一个环节。

秦代正体，或说“主流”，既是篆书，“篆”又怎么讲？按《说文·竹部》：

篆，引书也。

什么又叫“引”?《说文·丨部》：

丨，上下通也。引而上行读若囟，引而下行读若退。

可见“引”是划线、划道。再看“篆”这个字是“从竹彖声”。古代车的毂约上画的花纹叫“篆”，《周礼·春官宗伯》下：“孤卿夏篆”，《郑注》：“五采画毂约也。”又钟带上的花纹叫“篆”，《周礼·冬官考工记》下：“钟带谓之篆。”圭璋琮上的花纹叫“瑑”，《考工记》下：“瑑圭璋八寸”，又说：“瑑琮八寸。”《郑注》：“瑑，文饰也。”又在训诂上“椽”是圆形的榱，“缘”则有边缘、围绕、缠绳等义。这些都是从“彖”得声的字，可为篆的旁证。因知篆至少有两方面的基本含义：一是形状是圆的；二是用途是庄严郑重的。

再看秦代颂功刻石的篆字，不但笔画的轨迹没有硬方折的，其笔画线条也极匀净，比起商周铜器上的文字来，图画性减少，而便化的、图案的、线条的符号性增强。例如山之为山，豕之为豕。所以称为“引书”，正说明它已变成了匀净的线条组织了。所以秦文中不合这种庄严圆转风格的“约易”字体，便被加上“隶”的卑称。

四、籀文、大篆

“籀文”是什么样？在哪里有？为什么得名为“籀”？

籀文最可靠的样本，要属《说文》重文中注出是籀文的那二百二十五个字。此外石鼓文常被人指为是籀文，但论证并不充足。

至于为什么得名为籀？按汉代人说籀文是《史籀篇》中的字，而《史籀篇》是周宣王时太史名籀的人所作，因而得名，这一说相沿最久。至近代王国维先生在《观堂集林》卷五《史籀篇疏证》中又提出新说：因为《苍颉篇》首句是“苍颉作书”，所以推测《史籀篇》首句也必是“太史籀书”，这里“籀”字是“抽读”的意思，不是人名，又说《说文》里“存其字谓之籀文，举其书谓之《史篇》”。并说“籀文非书体之名”。又在《观堂集林》卷七《战国时秦用籀文六国用古文说》一文中说籀文是西土文字，古文是东土文字。又在同书同卷《说文所谓古文说》一文中，也涉及这个问题，此外还有不少人对于《史籀篇》中的字是否周宣王时人所作，提出疑问，也有不少人对于王国维先生的说法提出争论，这里不再多举。总之，《史籀篇》这个书名，是由于太史籀，还是由于抽读，现在姑不论，而“籀文”的名称是从《史籀篇》书名而来，则是毫无疑义的。

现在值得探讨的，是以下几个问题：（1）“籀”是否字体名？（2）如果是一种字体，为什么仅仅《说文》里有二百多字？（3）它的形状有什么特点？（4）石鼓文（图 31）是否籀文？（5）《史籀篇》是否周宣王时所作？下面依次研究。

（1）《汉书·艺文志》说："史籀十五篇"，注云："周宣王时太史作大篆十五篇，建武时亡六篇矣。"又说："《史籀篇》者，周时史官教学童书也。与孔壁中古文异体。"《说文叙》说："及宣王太史籀著大篆十五篇，与古文或异。"从以上的材料中得知名为《史籀》的十五篇书，即是名为大篆的十五篇书。那么大篆这种字体名，即是《史籀篇》中的字样，应无疑义。《说文叙》中提到本书体例时说："今叙篆文，合以古、籀。"可知《说文》重文中标明籀文的二百二十五个字，即是《史籀篇》中的字。大篆既明列为八体之一，那么说籀文是大篆这一体的诨称或别名，似乎亦无不可。问题只在于籀之为体，其特点是在于组织构造，或在于艺术风格，还是二者俱有罢了。

（2）籀文既是一种字体，为什么《说文》里只出二百多字？按自段玉裁先生《说文叙注》以至王国维先生《史籀篇疏证》和《说文今叙篆文合以古籀说》考知《说文》体例是，凡古文、籀文与小篆相同的字出小篆；与小篆不同的字才出古、籀。可以说《说文》中小篆各字包括了可能包括的古、籀，而所出的只是与小篆组织构造不同的古、籀各字而已。段后王前还有许多学者提出过这样论证，今不具引。

31　石鼓文

再举一个字的例证来说明：文字的发生孳乳，必先有"一"、"二"、"三"，后有"弌"、"弍"、"弎"。而《说文》所出的古文中，只有"弌"、"弍"、"弎"。乾嘉诸学者考订那种"一"、"二"、"三"，是古、篆同有的字，所以只出小篆。也就是说，小篆的

"一"、"二"、"三"已包括了古文。

今按魏《正始石经》的古文中，固然有从"弋"的"弌"、"弍"、"弎"，但《春秋》文公十一年残石中另有"一"字，古、篆、隶三体都作一横画的"一"（图 32）。僖公部分残石中又有"二"、"三"各字，也都只是两三横画并不从"弋"的字。可见"古文经"中原是两种俱有，许慎用小篆统率古、籀，其体例愈发明显了。况且《说文》的著书目的是为解释经书，并不是要客观罗列各种各类的古字体来作成一部古代文字汇编性质的书，所以即使不是包括于小篆的字，也未必毫无放弃的。即如"奇字"一项，原是"新莽六书"之一，但《说文》中只出"仓、儿、无、晋、𣅀"五个字。难道当时的"奇字"仅只有这五个字吗？岂有仅仅五个字即被列为一体之理！这不难推测，"奇字"对于《说文》所要求的解经目的关系不大，所以并不全出。

32　正始石经

从以上的种种因素看来，《说文》只出籀文二百多个字，是可以了然的。

（3）籀文的形状有什么特点？《史籀篇》既亡，《说文》一书又是屡经传写的，籀文的笔法风格也无从印证，只剩了这一部分与小篆组织构造不同的二百多字。所以古器物上的字即使原来是用《史籀篇》中字写的，我们也无从确指。因此清代以来，虽有许多人作《说文古籀补》，但都笼统地说："古籀"，没有人能够明说某字是补的古、某字是补的籀，正是这个缘故。

籀文究竟有什么特点？从前还没有人作过具体的界说或描述。王国维先生在《史籀篇疏证序》里曾作分析说：

> 史篇文字，就其见于许书者观之，固有与殷周间古文同者，然其作法，大抵左右均一，稍涉繁复，象形象事之意少，而规旋矩折之意多。推其体势，实上承石鼓文，下启秦刻石，与篆文极近。

按所谓“象形象事之意”，即是图画性；“规旋矩折之意”，即是线条的、便化图案的符号性。但我们看两周铜器中这种现象也不是没有的。有些铜器的铭文中呈现一种由两项条件所组成的特殊迹象，那两项条件是：（甲）笔画线条较匀，不是随形轻重的，接搭处也没有凝结的样子。（乙）有竖行气，也有横行气，或更有方格，在格中写字。凡这两项条件同时俱有的，那字的风格便有王国维先生所说的那些现象。

无格而有横竖行气的例如史颂𣪘（图 33）、周夨令𣪘（图 34）、虢季子白盘、陈曼簠（图 35）、大良造鞅量（图 36）以至石鼓文（图 31）等。

33　史颂𣪘

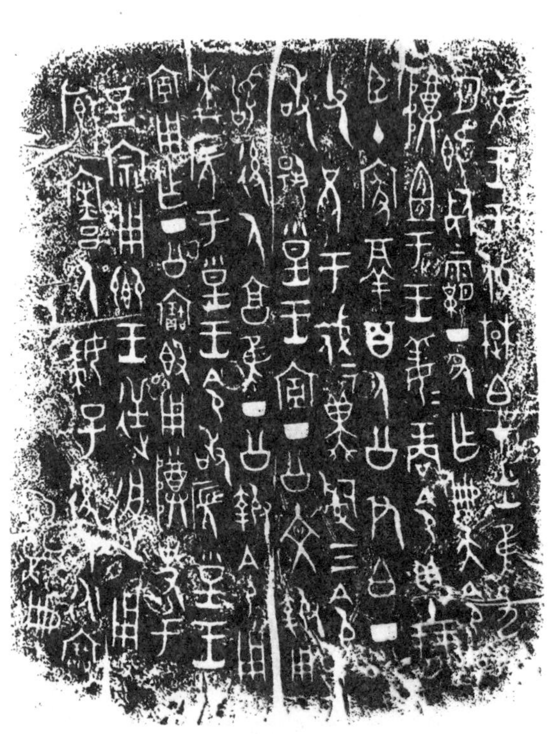

34　周夨令𣪘

35 陈曼簠

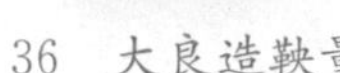

36 大良造鞅量

37 宗妇𣪕

38　秦公𣪘

39　骉氏钟

有格的例如：宗妇𣪘（图 37）、秦公𣪘（图 38）、曾姬无卹壶（图 13）、骉氏钟（图 39）等等。

还有虽然有格，而不按格写字的，像小克鼎（图 40）等，便与无横竖行气的铭文字体相同，轻重不匀，而“象形象事之意”仍是较多的。

再看曾伯陭壶在壶内的铭文（图 41），横竖行气都有，便有上述的那样风格，在壶盖周围的铭文，是环形的两圈字（图 42），词句完全与壶内的相同，而字的风格看去便似不一样。秦大良造鞅量的字（图 36）有横竖行气，便与秦大良造鞅镦（图 43）不一样。这当然还有用途不同的关系。从这里看出“左右均一”、“规旋矩折”的特点，并不能算《说文》中籀文所独有的特点，同时也不能说凡有横竖行气的器物铭文便都是籀文。至于“稍涉繁复”，似更不能成为特点，因为秦代以前各种器物铭文的字，比小篆繁复的多得很，也不足以证明它们都是籀文。

（4）石鼓文是否籀文？按指石鼓为籀文是唐人开始的，《史籀篇》

唐时已亡，其取作比较的根据，也不外乎《说文》。自其风格看，石鼓文也是笔画作匀圆线条，又有横竖行气的；自其构造言，石鼓中只有“树、囿、鼐、嗣”四字和《说文》中籀文相同，而石鼓的“树”字还多一笔，严格说只有三字相同。其余各字和《说文》中籀文全不相同。如说其余字是包进小篆的字，而石鼓却有许多字并不见于《说文》小篆；如说它们是建武时亡佚的六篇中字，那唐人又从何知道呢？

总之，《史籀篇》既亡，可作比较的依据不足，大前提不能确立，所以也无从确指《说文》所出的二百多字以外哪些字是籀文。那二百多字的书写风格有什么特点，也无从知道。退一步说，姑信《说文》书中能传籀文的风格面貌，也姑信那些有横竖行气的铭文即属籀类，但那些铭文中许多已在西周前期，那便更足以说明《史籀篇》成书不晚了。所以确指石鼓中字即为籀文，根据是不足的。

(5)《史籀篇》是否周宣王时的作品？今不论史籀是谁，也不论这书是否周宣王时所作，先说《史籀篇》是中国历史上最古的一部字书，应无问题。按在古代把文字整理编订成为一部教科书，是一件大事，这常在政治文化强盛或有所改革的时代。那么纵非出于宣王时，也绝不会

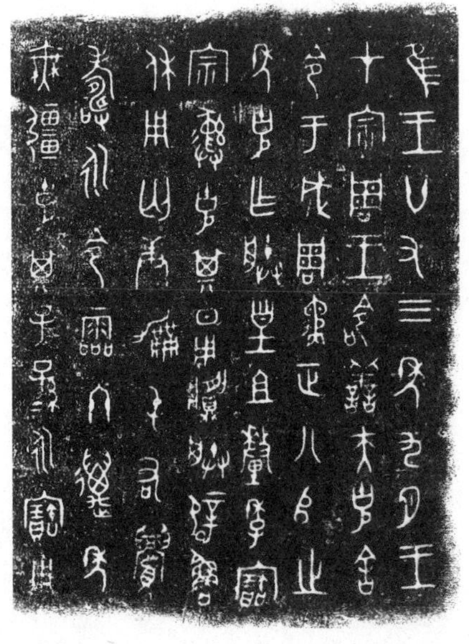

40　小克鼎

41　曾伯陭壶

42 曾伯陭壶盖

43 大良造鞅镦

出自衰季之世。所以汉代人所传的说法，我们觉得有其一定的原因的。如果说图案性强的字，是较后于图画性强的字，而《史籀篇》中已多采取了图案性强的字，这可以说明籀文是周代一种包括构造与风格都严肃而方便的新兴字体，这种字体被采用在当时的教科书《史籀篇》中。可惜今天除了《说文》中那二百多字之外，已不能实指哪些字是，哪些字不是了。

五、古 文

“古文”，有广狭二义：广义的，凡小篆以前的文字都可以称为古文。如《说文叙》说：“郡国亦往往于山川得鼎彝，其铭即前代古文，皆自相似。”鼎彝，商、周都有，则其所指的古文，范围自然很广。狭义的，是指秦以前写本的书籍中的字，特别是秦以前所写的经书的字。

《说文》中所出的古文共五百一十字，是古文经中与小篆组织构造不同的字，它们与籀文同例，都是小篆所不能包括的异体字。《说文》分注古文、籀文，还有标明它们书篇出处的作用。

《汉志》说《史籀篇》字“与孔氏壁中古文异体”，而《说文叙》说《史籀篇》字“与古文或异”，这并不矛盾。《汉志》是记书籍，说明二书中的字体不一样；《说文》是说解文字，尤其是讲文字的组织构造，又经过字字排比，知道它们的构造有异有同。

至于这些狭义的古文，是什么时候的字体？它与籀文谁先谁后？《说文叙》说：“及宣王太史籀著大篆十五篇，与古文或异。至孔子书六经，左丘明述《春秋传》，皆以古文。”这里是说史籀改变了他以前的古代字体。而孔子、左丘明则仍沿用了古代字体。这是认为《史籀篇》中字是新兴体，而古文经中字是旧体。王国维先生在《战国时秦用籀文六国用古文说》中说：“六艺之书，行于齐鲁，爰及赵魏，而罕流布于秦（原注：犹史籀篇之不行于东方诸国）。其书皆以东方文字书之……是六国文字即古文也……此语承用既久，遂若六国之古文即殷周古文，而籀篆皆在其后，如许叔重《说文叙》所云者，盖循名而失其实矣。”按所谓“此语承用既久”，是指“古文”这一词汇沿用久远。

孔壁中古文经的抄写时代，固然不能知道，但往上不会早于孔子生存的时间，还有汉代政府藏书中所谓“中古文”和一部分私家所藏的古文经籍，上限更不可知，但它们的下限都不会晚于秦始皇三十四年，自然可以说它大致是六国时的写本。又其中文字经过传写，必会染上时间、地区、写者的种种色彩。但迻写经书，必不能完全离开古字的构造，清人所见的“殷周古文”，只是一部分甲骨和铜器上的文字，这在比较研究古代字体上是不够全面的。我们知道比较研究古代字体，除时间这一个条件外，必须兼顾到用途、工具和方法的种种条件。即如碑版与抄书不同，抄书又有工整草率的不同。抄书与碑版相比，不但书写风格有差异，即其字的组织构造，也常有所不同。商周鼎彝铭文，不但用途是隆重的，虽有“弄器”，但占少数，而且方法多是范铸的，与手写的简册自不尽同，与刊刻的甲骨也不尽同。所以拿甲骨上刊刻的和铜器上范铸的“殷周古文”来与手写在简册上的古文经作比较，从风格到构造，也常是不易吻合的。即在今天，这方面可作比较研究的资料也还不甚齐全，例如西周与秦，未见墨迹，六国未见刻石等，所以在进行比较研究时，仍有一定的局限①。

现在姑从《说文》所出的重文异体字中看看古文和籀文，除了每个字的组织构造外，还有什么差别迹象？按《说文》所出的古文共五百一十字。其中包括古文自己同字异形的重文五十字。这五十字中，同一个字多到三种不同构造的，即有“及、杀、篁、鷃、箕、良”六个字，其他同一个字而有两种不同构造的便有四十四字。

至于籀文，《说文》中共出二百二十五字。其中同一字而有异形的只有“其、墙”两字，而每个字也只有两种不同构造。换句话说，就是二百二十五字中，只有两个“其”字，两个“墙”字，其余的字全不重复。

以上七百三十五字中，古文有此字，籀文亦有此字的，共四十二

① 重版时著者按：战国刻石今已见，见图20。

字，其中古、籀构造形状完全无分别的，有“马、盟”二字，古、籀互相假借的，有“爽、鼎”二字。

从以上的一些迹象看来，可见籀文在构造规格上不像古文那么多样。如果说构造安排较整齐是籀文的特点之一的话，再合起来加以推测，可知《史籀篇》中各字的规格要求是较为严格的。而古文中同字异形的字所以较多，是否与它流传的时间较长、地区较广有关？似乎也值得加以考虑。

总起来说，大篆之前和与它同时的字，原不止一种。周编《史籀篇》字书，作了一次整理编订，这是周代的一项新体字。但书中的字并不见得即是这时新造的。连前总括可以称为广义的古文。秦人依据《史籀篇》字“或颇省改”，成为秦的“正体字”，即小篆，于是尊谥《史籀篇》字为大篆，所以大篆得列于“秦书八体”。古文经也曾在秦流行，例如张苍曾为秦御史，即藏有《古文春秋左氏传》，到汉朝才献出来。而秦的禁止经书，是始皇三十四年的事，这年以前，经书在秦原是流行的。大篆是小篆的本生父，所以得列于“八体”。古文经中字则是小篆的伯父、叔父，甚至某代祖辈，与当时的“正体字”不是嫡传关系，所以没有地位。“亲尽则祧”，再加受到小篆的排挤，且不免于烧，于是终致“绝矣”。所以广义的古文可以包括“秦书八体”的大篆；而“秦书八体”的大篆，则是指那些《史籀篇》中的字而言的。纵然大篆中某些字也同具狭义的“古文”的构造，但它并不能代表或包括狭义的“古文”。至于“新莽六书”的古文，虽仅指古文经字，但再加上“奇字”一项，便可兼包其他古体字。因为新莽时古、籀已同是远亲，况且莽重托古，与秦之尚今不同，正不妨都搬出来，装点门面。

所以说西土的秦国曾用籀文是事实，但难说秦未有过广狭二义的古文，只是未把籀文之前和籀文之外的古文算作“正体”来承认和使用罢了。东土的各国曾否行过籀文，未见明文，而所谓“左右均一，规旋矩折”一类情形的字体，东土各国并非没有过的，例如曾姬无卹壶、陈曼簠、䢼氏钟等等。

六、科斗书

“科斗书”、“鸟虫书”、“虫书”，实际是同体的异名。按这三个名称发生的次序，是先有“虫”，次有“鸟虫”，后有“科斗”。为了探讨线索的方便，倒过次序来叙述。现在先谈科斗书。

“科斗”亦作“蝌蚪”，用为书体之名，始于汉末。王国维先生有《科斗文字说》一文，载在《观堂集林》卷七，历引汉晋有关史料：汉末卢植上书云：“古文科斗，近于为实。”所指用“科斗”体写的书籍，是《毛诗》、《左传》、《周官》。郑康成《尚书赞》云：“书初出屋壁，皆周时象形文字，今所谓科斗书。”杜预《春秋经传集解后序》指汲冢书为“科斗”。《春秋正义》引王隐《晋书束皙传》亦指汲冢书为“科斗”，又说：“科斗文者，周时古文也。其头粗尾细，似科斗之虫，故俗名之焉。”

是汉末和魏晋人因古代书册写本的字体笔画像科斗之虫，所以称为科斗。但这种字体，后人少见，只有魏《正始石经》中有之。《说文》虽有古、籀，但辗转传刻，面貌很不足凭。又遇到晋代卫恒说了一段话，于是大家对于这种字体的可靠性，便产生了怀疑。卫恒的《四体书势》说：

> 汉武时鲁恭王坏孔子宅，得《尚书》、《春秋》、《论语》、《孝经》，时人已不复知有古文，谓之科斗书。汉世秘藏，希得见者。魏初传古文者，出于邯郸淳，恒祖敬侯写淳《尚书》，后以示淳，而淳不别。至正始中立三字石经，转失淳法。因科斗之名，遂效其

形。太康元年，汲县人盗发魏襄王冢，得策书十余万言，按敬侯书，犹有仿佛。古书亦有数种，其一卷论楚事者，最为工妙……

按敬侯即卫觊，晋初的书家。临摹邯郸淳字似真，固属可以理解。至于与卫觊相比，认为《正始石经》“转失淳法”，便有问题发生：所谓“淳法”，是指文字的组织构造呢？还是指书写风格呢？如果是字形构造的失，那便完全成了“错别字”，不仅止“失法”而已矣。观其所谓“效科斗之形”，明是笔画姿态的问题。也就是艺术风格方面的问题。再看《正始石经》古文的笔法，是否这一次写碑人杜撰的呢？

从商代文字看起，甲骨、玉片、陶片上凡用朱或墨写的字，都有一种情状，即是笔画具有弹性，起处止处较尖，中间偏前的部分略粗，表现了毛笔书写的特色。在两周铜器上也出现过这样的字，例如智君子鉴（图44）、嗣子壶等。还有楚帛书、长沙仰天湖楚简（图11）、信阳楚简（图12）等。虽然互相有其差别，但总的风格上都属于同类的，是古代的一种“手写体”。这种弹性与商周某些铜器上随形轻重和接搭凝结的笔画姿态并不相同。可见《正始石经》的古文纵然有失掉“淳法”的地方，但并不同于伪造。

44　智君子鉴

为什么说“因科斗之名，遂效其形”呢？我们看无论上边所举古代墨迹或前举鉴、壶等铜器中的哪一件，笔画的弹性都很自然，并不是死板地每一笔一定墨守头尾尖、胸部粗的固定样式。这在商陶片的“祀”字上即看得非常清楚，长沙楚简也和信阳楚简的弹力不同。回头来看魏石经的古文，实有一种

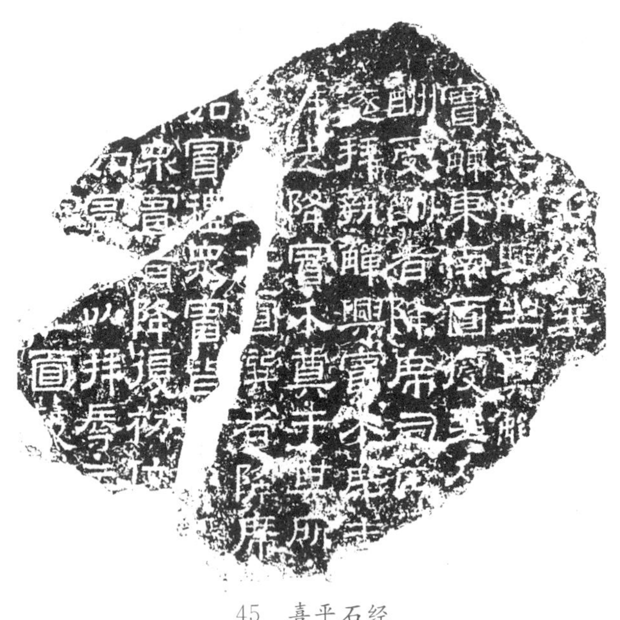

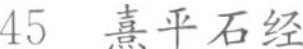

45 熹平石经

46 楚王酓肯盘

毛病，即是笔画的弹力表现得非常呆板一律，胸部都较夸大。其实这也不难理解，把简册上的字迻写入碑，便有整齐一律的要求，即如汉隶书的木简中春君等简，总算是最工整而接近汉碑的了，武威出土的《仪礼》简更是精写的经书，但拿来和《熹平石经》（图 45）比较，仍然有手写的和刊刻的差别。又如楚王酓肯盘（图 46）字，因为是要作花体装饰用的，所以夸张处更强烈，尖处更尖，胸部更大，也可以为《正始石经》的古文解嘲。所谓“效科斗之形”，实即是笔画胸部过肥而已。

可以了然，“淳法”的失掉，至少包括两层关系：一是因为每个书写人的个性风格不同，所以在传抄转写时不能不有其差异；二是碑版和简册的用途不同，所以艺术效果的要求也就不同。那么可以说：《正始石经》虽然笔法上某些地方失了“淳法”，但字的组织构造和它所属的大类型、总风格，都是有其出处，不同于杜撰的。

王国维先生在同一篇文中又引王隐《晋书束皙传》说：“有人于嵩

高山下得竹简一枚，上两行科斗书，司空张华以问皙，皙曰：‘此汉明帝显节陵中策文也。检验果然’。”王先生据蔡邕《独断》、杜佑《通典》证明：“汉代策文皆用篆，不用古文。”于是认为这是魏晋间扩大“科斗”这一名词范围。并说“凡异于通行隶书者，皆谓之科斗书，其意义又一变矣”。

按《独断》之文见卷四述汉制简策篆书的事。《通典》之文见卷五十五，乃述晋代沿袭古制“竹册篆书”的事。这里“篆书”一词，有两种解释的可能：一是把“篆书”当做大类型的名称，其中可以包括古文。因为汉末时即小篆也成了“古体字”。《仪礼聘礼疏》引《左传服虔注》：“古文篆书，一简八字。”可见古文这时已统属于篆书这一大类中。那么《独断》、《通典》中所说的篆书，是否包括古文或科斗在内？现在是不易判断的。二是科斗一名为篆书类手写体的总诨称。因为科斗的得名，是在于笔画起止出尖锋、行笔先重后轻的特色，也就是由于手写体富有弹力的特色。汉陵策文是竹简上手写而成的，那么科斗一名，实际是篆这一大类手写体的总诨称，包括手写的古、籀、篆。在没有再发现汉陵策文得到新证明之前，我以为第二种解释的可能是较大的。

再看汉代篆书墨迹，我只见到敦煌木简中的甲子简等和武威的一些铭旌。都表现笔画的弹性，有时还看到笔肚较肥处。《正始石经》中的小篆，笔画虽较匀细，但常见入笔顿挫，收笔保留尖锋的手写特色。我们知道《正始石经》是从简册上迻写入碑的。《后汉书·蔡邕传》说：“奏求正定六经文字，灵帝许之，邕乃自书册于碑，使工镌刻，立于太学门外。”按“书册于碑”即是将册上的字写入碑中，可为魏刻石经的旁证。殿版《后汉书》的《考证》说：“册字何焯校本改丹。”按涵芬楼影印绍兴本《后汉书》亦作“册”。何氏只从“书丹上石”问题上着想，没从迻写入碑的问题上着想。这种迻写既然要保存简册上字的原来样式，又要符合碑版用途的工整风格，所以造成与那些古简册墨迹不同的呆板气息。

这种篆类手写体的传统，到唐代还仍然保持。我们看唐写《说文·木部》残卷（图 47），其中无论古文、籀文或小篆，虽然笔画胸部并不太肥，但都是带有尖锋的。日本旧抄本《说文·口部》残卷十二字（图 48），抄写格式及笔法与唐写木部都相同，也是手写体的风格。王国维先生说："孔壁汲冢古文之书法，吾不得而见之矣。《说文》中古文，其作法皆本壁中书，其书法，在唐代写本，与篆文体势无别；雍熙刊版，则古篆迥异。"见《观堂集林》卷二十，《魏石经考》五。其实这不是唐写本"无别"，而正是唐写本保存了手写体的传统。而宋雍熙刊版《说文》，有意求篆书的庄严郑重，把它写刻得特别圆些而已。其实细看宋版本（图 49），篆书起止的笔锋仍在，比起明清一般刻本（图 50）那样十足匀圆，还是有所不同的。

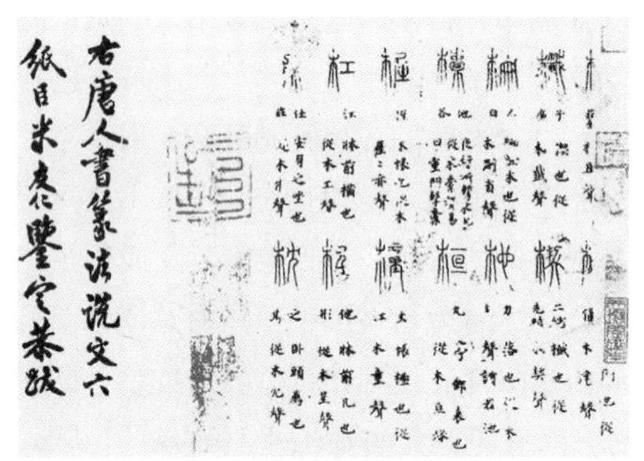

47　唐人写说文解字木部

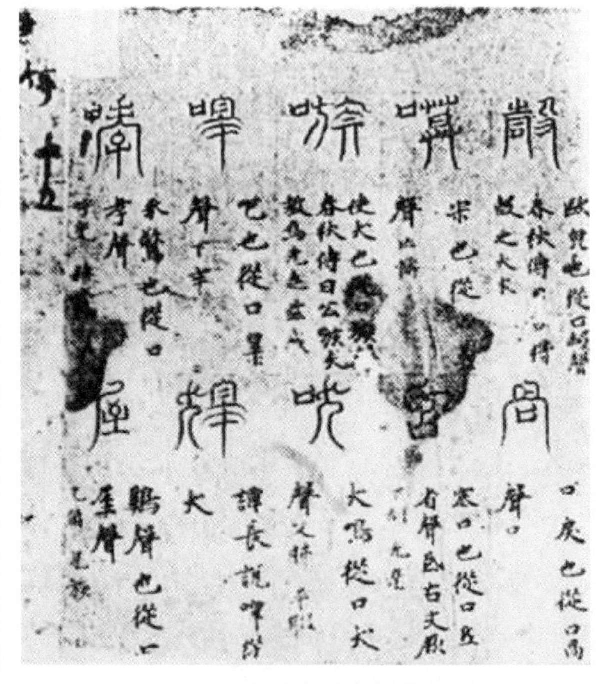

48　日本古写本说文解字口部

王国维先生在这篇文中还历数自《正始石经》以下，郭忠恕《汗简》、夏竦《古文四声韵》，吕大临、王楚、王俅、薛尚功等人所摹的三代彝器，以至清代的《西清古鉴》，都是用的两头尖的笔画。说这种笔画的字体"盖行于世者几二千年，源其体形，不得不以魏石经为滥觞”。而在文中前部先引了卫恒“转失淳法”之说，又把宋人所摹的彝器款识和近代的金文拓本相比较。在这篇文中可以看出王国维先生也在怀疑这样字体，不过说得婉转罢了。今天我们知道这正是篆类手写体的传统风格，溯源可以直到商代。

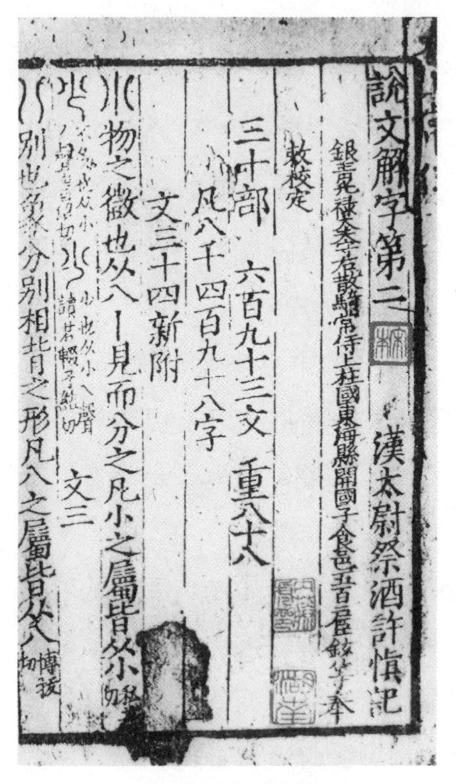
說文解字第二 漢太尉祭酒許慎記
銀青光祿大夫守右散騎常侍上柱國東海縣開國子食邑五百戶臣徐鉉等奉
敕校定
三十部 六百九十三文 重八十八
凡八千四百九十八字
文三十四新附
小 物之微也从八丨見而分之凡小之屬皆从小 私兆切
少 不多也从小丿聲 書沼切 尐 少也从小乀聲讀若輟 子結切 文三
八 別也象分別相背之形凡八之屬皆从八 博拔切

49 宋版说文解字

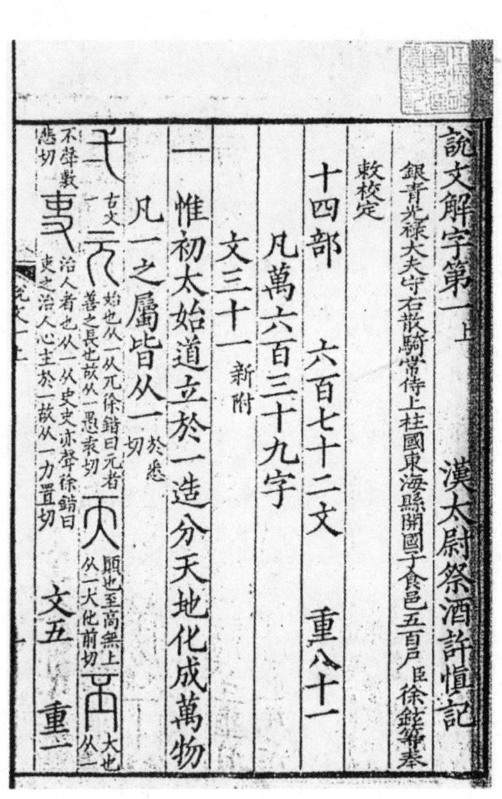
說文解字第一上 漢太尉祭酒許慎記
銀青光祿大夫守右散騎常侍上柱國東海縣開國子食邑五百戶臣徐鉉等奉
敕校定
十四部 六百七十二文 重八十一
凡萬六百三十九字
文三十一新附
一 惟初太始道立於一造分天地化成萬物
凡一之屬皆从一 於悉切
弌 古文一
元 始也从一从兀徐鍇曰元者善之長也故从一 愚袁切
天 顛也至高無上从一大 他前切
丕 大也从一不聲 敷悲切
吏 治人者也从一从史史亦聲徐鍇曰吏之治人心主於一故从一 力置切
文五 重一

50 清藤花榭本说文解字

七、鸟虫书、虫书

还有“虫书”、“鸟虫书”的问题。《说文叙》记“秦书八体”：“四曰虫书”，没有说明用途。又记“新莽六书”：“六曰鸟虫书，所以书幡信也。”《汉志》载太史试学童“六体”：“六体者，古文、奇字、篆书、隶书、缪篆、虫书。皆所以通知古今文字，摹印章、书幡信也。”按“秦书八体”与“新莽六书”和汉太史“六体”有继承关系，本是非常明显的，所以现在先从“书幡信”的字来研究新莽的鸟虫书、汉太史的虫书，然后再从而向上推论秦的虫书。

由于幡信不易保存，所以秦汉的幡信，久已无人见过。近年武威发现许多的汉墓，包括西汉至东汉晚期的，其中发现许多铭旌。东汉末的铭旌上的字，有接近隶书的，有笔画匀圆的。东汉前期的，像武威铭旌（图51）的字，组织构造是篆类，笔画带有尖锋。幡信是纺织品，不容刊刻，所以必须手写。幡信本不限于铭旌，而铭旌却属于幡信类。铭旌是在灵前举扬的，性质极其郑重，因之要用古体或“雅体”的字。可以明白，所谓鸟虫书，实际也就是篆类手写体的别名。所以称为鸟虫，不过是说它的弹性笔画又像鸟又像虫而已。

再看秦代的虫书。按“秦书八体”，以风格得名的有大小篆；以用途得名的，有刻符、摹印、署书、殳书、隶书。至于虫书，如果是有特殊形体构造，则不合于秦代“同文字”的精神；如果是以用途得名，又是做什么用的？汉代既明标出书幡信，秦代何以不标明？如果秦代也只是书幡信，又何以不称为“幡书”？现在从以上对于科斗、鸟虫书的研究，可以明白，秦之虫书，即是大小篆的手写体，所以无从专提用途。我们只要看那些颂功刻石，笔画匀圆，绝非不经加工的手写原样，那么日常用笔书写的文字，明摆着是一大宗风格，所以需要给它立一个名称。至于汉代日常通用的字体，已不是篆类，古体字已成为某些用途上的门面物，它的用途范围于是缩小到题写幡信等物，这也是自然的趋势。

由于铭旌上大字，使人联想到汉代碑额。它们常表现手写体的特色。像汉尹宙碑额（图 52）的笔画，头尾尖、胸肚肥，固然最为明显，

51　武威铭旌

52　尹宙碑

53　北魏嵩高灵庙碑额

54　东魏高盛碑额

即其他汉碑额，也常见活动顿挫的姿态，与秦刻石那种整齐匀圆的样子，往往不甚相同。这个风气，一直影响到南北朝的一些碑额、墓志盖，例如北魏嵩高灵庙碑额（图 53），笔锋起处收处都极明显；东魏高盛碑额（图 54），字虽力求肥重圆浑，但笔画起止的地方，仍然似乎有意识地要表现出一些尖锋。其他碑额、墓志盖也常有这种现象。这也可以见到古代字体的某种方法和风格，在某种用途上成了习惯或制度以后，即使演变日久，也会遗留一定的痕迹。只是现在还不能便确定它们是“幡信”的旁支，还是“署书”的后裔？

此外牵涉到一个问题，即是许多古器物上所见带有小曲线装饰、或带有鸟形装饰、以及接近鸟状的字（图 55），很多人称之为鸟书，也有人指为鸟虫书，实际都是一种“花体字”。它们是否即是“秦书八体”、“新莽六书”、“汉太史六体”中的虫书或鸟虫书呢？

按今天所见的幡信类中的汉代铭旌，还没有一个是用那种带有小曲线装饰或鸟形装饰以及接近鸟状的字体来写的。先秦器物上所见这种字体，多数是兵器上的款识，另一部分是钟上的款识，少数是其他器物上的款识。到了汉代，才见于印文（图 56）。按《说文·殳部》：“殳，以杖殊人也。《周礼》：殳，以积竹八觚，长丈二尺，建于兵旅，贲以先驱。”又：“杸，军中士所持殳也。司马法曰：执羽从杸。”又《几部》：

“⺄，鸟之短羽飞⺄⺄也。读若殊。”可知古代兵器和鸟羽装饰曾有密切关系。那么兵器上的文字多作鸟形装饰，也就不难理解了。因此那种带有鸟形装饰的文字是否即是“秦书八体”的“殳书”呢？为了慎重，暂且不作肯定。但至少可以说，汉代文献中并未见有实指这种字即是鸟书的记载或线索。六朝以下的著述中，对于古字体名的推测，多不可靠，他们常给一些花体字命以专名，动辄达到十几体甚至几十体，所以现在不引、不据。

当然，我们今天并不妨给它们命以鸟书、虫书之名，即如甲骨文、钟鼎文、金文等命名之例。但这与探讨秦、汉当时书体名实问题，似乎是两回事。再退一步说，至少书幡信的字体之所以得鸟书之名，未必由于它带有鸟形的装饰。

再看《三国志·王粲传注》引《魏略》说邯郸淳：“一名竺，字子叔，博学有才，又善苍雅、虫篆、许氏字指。”我们知道邯郸淳写的古文最著名，那么所谓虫篆即是被卫觊所模仿过的古文，即是《正始石经》“转失淳法”的古文，也就是手写体的古文。因此也可知科斗即是虫篆的别名。

又《三国志·魏志·卫觊传》说他“好古文、鸟篆、隶、草，无所不善”。又《后汉书·阳球传》记载阳球奏罢鸿都文学时说：“或献赋一篇，或鸟书盈简，而位升郎中。”

55　楚王酓璋戈

56　婕伃妾娋

又《后汉书·蔡邕传》称灵帝“初好学，自造《皇羲篇》五十章，因引诸生能为文赋者。本颇以经学相招，后诸为尺牍及工书鸟篆者皆加引召，遂至数十人。”以上三条资料中可注意的是提到鸟篆时都是指书法艺术，而不是从能认识、讲解古字角度而说的，并且在与撰文相对提出书法艺术时，只提鸟篆，并无小篆及其他字体。这可以窥知当时对于手写“庄严古雅”的字，也即是手写体的篆书，都称之为鸟篆。因此可知秦汉所谓的虫书和鸟虫书，只是篆书手写体的一种诨称，与带有小曲线装饰或鸟形装饰以及接近鸟状的花体字似非同类。

八、隶书、左书、史书

按“隶书”、“左书”、“史书”和“八分”，都是同体的异名。现在分别加以探讨。

什么叫隶书？我们已知就是徒隶的字，是“以趁约易”的“俗体字”。所谓俗体，有两种情况：一是组织构造方面的，自《说文》以下，像《干禄字书》、《九经字样》直到《康熙字典》，全都对于所谓正字和俗字有所辨别。例如《康熙字典》所载：“吻、酬、羣、冰”是正字，“脗、酧、群、氷”是俗字。一是艺术风格方面的，如说“院体书俗”，传说李邕自称的“似我者俗”等等。

《书断》卷上引蔡邕《圣皇篇》：“程邈删古立隶文”，此后都承认隶是程邈所作。按字体本是约定俗成的，一人创造一种字体的说法，自是不合情理，但一人编一种字书，以及创始一种风格或流派，则是很可能的。现在为叙述方便，姑仍沿用程邈之名。这种隶，究竟是什么样子？我们所见到的秦代文字实物，已如前边第三节所述。其中最郑重的是颂

57　瓦量

58 新莽嘉量

功刻石的字，自是标准篆书。最普通常用的字，是一般权量和诏版的字，其字有较工整的如瓦量（图 57）；也有很潦草的如诏版（乙）（图 17），即工整一类的，也和颂功刻石的风格不同，而潦草一类的，更饶有“以趍约易”的现象。但不论工整的或潦草的，都有一种特点，即是虽构造不同，而笔画轨迹常是硬方折的，不像颂功刻石那样匀圆。再看《说文叙》说“新莽六书”：“三曰篆书，即小篆，秦始皇帝使下杜人程邈所作也。”按新莽时遗文，篆类的字，常见方折轨迹的，或较潦草的。虽有较圆的字，但并不多。至于嘉量中间的铭文（图 58），最为庄严郑重，但也就愈发方硬了。可见这些即是新莽时的小篆，这固然也可能含有用途的因素，例如汉代铜器款识（图 59）常是一种方硬的字，但嘉量中“黄帝初祖”一段主要铭文，比起同一器上其他记录容量的款字，反倒更为方硬，可见这时是愈郑重愈求方硬。这时的篆书既称为“程邈所作”，那么秦时所谓程邈的隶书，当即是那些硬方折的或较潦草的字体了。我们知道，方折散开的笔画，写起来实比圆转勾连的方便得多。而圆转勾连中的许多细节，也就容易被省略去了。再加潦草随便，这当即是“俗”处，不标准处。最初由篆变隶时，恐也就是从这种地方变起的。

许慎所以加上“秦始皇帝使下杜人程邈所作也”十三字，正是怕读者不明白新莽小篆和秦隶的关系。而后世习知“程邈作隶”又习知汉碑中字体是隶，于是发生混淆。如《汉书·艺文志》颜师古注说：“篆书谓小篆，盖秦始皇使程邈所作也。隶书亦程邈所献。”这是骑墙之论。至段玉裁《说文叙注》便说那“秦始皇帝”等十三字是错简，应在“新莽六书”的“四曰左书，又秦隶书”一条之下。都是没理解名同实异的变化关系。又可见前代俗体到了后代便成为正体或雅体的规律。

至于秦代有无更接近汉隶的字体，今日还未发现秦代手写的狱讼军书，实物资料还不全。但《说文叙》里说：

> 诸生竞逐说字解经谊，称秦之隶书为仓颉时书……乃猥曰马头人为长，人持十为斗，虫者屈中也。廷尉说律，至以字断法，苛人受钱，苛之字止句也。

什么是“马头人”呢？《段注》说：“谓马上加人，便是长字，会意……今马头人之字罕见，盖汉字之尤俗者。”照这样说，这字应是“𫘝”样，的确没有见过。按段氏实误读许说，“马头人”即是用“马”

59 汉铜鼎

字的头来作这个字的上部，下边再加“人”字，即是汉隶的“長”字，与“先人为老”的“兂”同例。至于篆书“斗”字作“㕟”，并不作“人”旁“十”字的“什”。但汉隶的“斗”字却正作“什”。篆书的“虫”字作“㐌”，也不作“中”字下边弯屈，但汉隶却作“虫”。“苛”字汉隶或作“岢”，而汉隶的“艹”、“䒑”头又常与“止”头相混，例如“歬”字隶变作“前”，再变作“前”，即是一证，“可”字又讹为“句”，所以“苛”字说成“止句”。足见这种写法的“长、斗、虫、苛”，实际都是汉碑和汉简中的字。许慎说它们是“秦之隶书”，可见这种构造的字秦代已有了。这是由于笔画方折的风格变化，已经影响到某些字的构造变化了。

我们又知道，一种字体不会是一个朝代突然能创造的，汉代日常通行的正体字，也就是阳泉熏炉（图 60）、太初简（图 61）、五凤元年十二月简（图 62）、阳朔四年简（图 63）、春君简（图 18）、华山碑（图 64）、熹平石经（图 45）一类的字。它们必然有前代的基础，至多是有所加工整理罢了。所以无论是硬方折轨迹的俗体，或“长、斗、虫、苛”的俗体，对篆来说，都是隶书。

至于左书，又作佐书，究竟是什么样？《说文叙》记“新莽六书”：

> 一曰古文，秦始皇帝使下杜人程邈所作也；二曰奇字，即古文而异者也；三曰篆书，即小篆……四曰左书，即秦隶书；五曰缪篆，所以摹印也；六曰鸟虫书，所以书幡信也。

60　阳泉使者舍熏炉

61　太初简

62　五凤元年十二月简

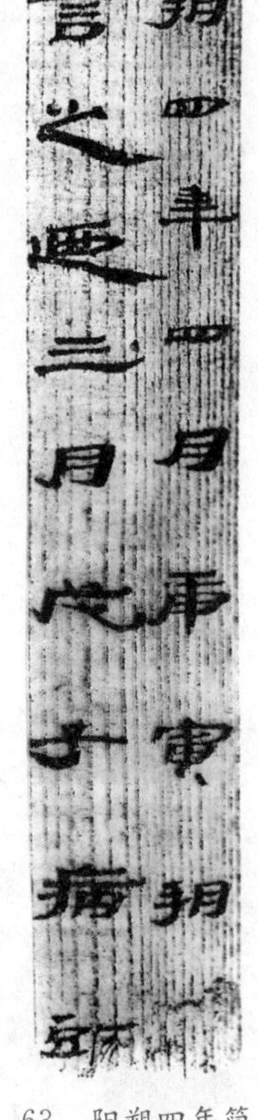

63　阳朔四年简

按《汉志》记汉律太史试学童“六体”，内容是：“古文、奇字、篆书、隶书、缪篆、虫书。”可见新莽的“左书”即是汉的隶书，这是左书即是汉隶的证据之一。

这里要附带辨别两个问题，一是《说文叙》记述“秦书八体”之后，接着说：“尉律：学僮十七已上始试，讽籀书九千字乃得为史，又以八体试之……及亡新居摄……时有六书。”而《汉志》说：“汉兴萧何草律，亦著其法，曰：太史试学童能讽九千字以上，乃得为史。又以六体试之……六体者：古文、奇字、篆书、隶书、缪篆、虫书。”可知学童受太史考试始得为史，这是自萧何以来的汉律。而所试内容，却前后不同。西汉承秦之后，试以“八体”；东汉承莽之后，试以“六体”。《汉志》是以刘歆《七略》为蓝本，叙述没有《说文叙》详细，好似萧何之律即试“六体”。这可知《汉志》所说的“六体”，即是“新莽六书”。二是莽小篆既是秦程邈作，而莽左书又是秦隶，并不矛盾，最初来源只是“走了样”的秦篆；线条仍匀、轨迹更方的，成了莽小篆；笔画起止加重，风格、结构走样更多的，成了莽左书；可谓同一来源、两路发展而已。

再看新莽木简，如天凤简（图 65）、始建国二年简（图 66）即是汉碑中的字体，它既非古文、奇字、小篆，又非摹印和书幡信的字，自是当时的左书了。这是左书即隶书的证据之二。

又卫恒引崔瑗《草书势》云：“惟作佐隶，旧字是删，草书之法，盖又简略。”亦可证佐即是隶，这是证据之三。

64 郭香察书华山碑

65 天凤元年简

这里还可以往前推证秦有汉隶样的，或说有接近汉隶样的字。《说文叙》说："四曰左书，即秦隶书。"我们已知"新莽左书"是这种样子，可知秦时已有天凤简那样或接近天凤简那样的字体，也就是前边所说"长、斗、虫、苛"那种的字体了，但不知风格与构造哪一方面较多？我想这种秦隶的风格，还是手写特点较多的吧！①

至于左或佐的取义，《段注》以为"其法便捷，可以佐助篆所不逮"。其实佐之为职名，也就是"助理"之义。这在隶书的用途上固然是有此作用，但隶书之隶，是由于徒隶；佐书之佐，是否也是由于书佐呢？按汉代书佐地位很低，所以"新莽俗书"命以佐名，正如"秦俗书"命以隶名一样。汉西岳华山庙碑的写者是"书佐郭香察"，即是一证。按华山碑末分明题着"遗书佐新丰郭香察书"，但自宋至清若干人认为是郭香这人去察看别人的字迹，把写碑的人让给蔡邕，来抬高碑字的声价，是毫无根据的。

66　始建国二年简

什么又叫史书？前人常误以为指《史籀篇》字，《说文叙段注》辨明是指隶书。段氏列举了《汉书·元帝纪》以下、《后汉书·和熹邓太后传》以下的材料共六条，说他们这些纪传中"或云善史书，或云能史书，皆谓便习隶书，适于时用，犹今人之工楷书耳"。这是对的。但为什么把隶书叫做史书呢？我想这与史的身份有关。古代的史，实是天子诸侯的文化奴仆。往上可以升为大

① 重印时著者按：本文撰写时，湖北云梦睡虎地秦律简还没出土。现在看到了秦时手写的官狱职务的文书（图67），它虽有个别构造和细微风格与天凤简一类不尽相同，但大类确属于"长、斗、虫、苛"那种字体。可以印证本文当时推论尚不违背实际。

67　秦律简

官，往下不过是王侯的随身侍役。汉代一般衙门的某些小官吏叫做史和令史，天子的史与古代一样仍叫太史。职务与古代虽不尽同，但他们身份与职守关系的微妙是一样的。所以太史公司马迁说：“文史星历，近乎卜祝之间，固主上所戏弄，倡优畜之，流俗之所轻也。”这可以说明史的书与佐的书是同一性质的。

（今逢此册三版时，承文物出版社重新摄制插图各版，其中秦律简部分更加清晰。秦简的字迹在汉字字体的发展历史中，占有极重要的地位，现在也更补充一些管见）

湖北云梦县睡虎地所出的秦律简，墓主是一个秦时的司法官吏，这批简中的字迹无疑地应是古传说的秦始皇赵政命程邈所造的那种字体，所写既是狱讼内容，自然是最标准的秦隶字体。现在看来，这些字迹的形状和写法，基本和西汉简牍中的字体没有什么特大的区别。可见秦隶实是篆到隶中间极其重要的转折点。

我们看从大汶口瓦器上一些类似文字的符号，到后世还沿用来仿写的古文、小篆，都是笔画以线为主，笔画轨迹以圆势为主。而自秦代粗刻的诏版渐有直笔画、方转折的刻法。秦律更是点画不避方扁，笔画轨迹以方为主。这种写法，沿袭直到今天，因此我们不妨以“篆类”来称秦隶以前的字体，以“隶类”来称秦隶以后的字体。即至今天所用的楷书以至宋体字，仍是隶类演变出来的。那么秦律简出土的重要性，自是不言而喻了。秦隶之所以产生，应该是由于所写的文书繁多，必须加以简便化，才能适应抄写的需要。正是秦政烦苛所造成的。后世社会生活日趋复杂，行动日需方便，所以隶书一流行，篆类不再为日用文字之体，赵政更是政令烦苛的祸首，程邈适应了他的要求，都与隶书的创造毫无功绩可言的！

九、八　分

什么叫“八分”？八分这个名词是汉末才有的。《古文苑》卷十七：魏闻人牟准《卫敬侯碑阴文》说：“魏大飨群臣上尊号奏及受禅表觊；并金针八分书也。”“飨”下原误衍“碑”字，“觊”原误“颤”，“金针”一作“金错”。“受禅表觊”，是说《受禅表》是卫觊所书的。又群书引宋周越《古今书苑》所载蔡文姬的话说：“臣父造八分，割程隶八分取二分，割李篆二分取八分。”我们知道汉《熹平石经》的字体和魏上尊号碑（图 68）、受禅碑（图 69）、孔羡碑（图 70）的字体一类。《魏书·江式传》说：“太学立碑，刊载五经，题书楷法，多是邕书。”邕，是指

68　曹魏上尊号碑

69　受禅碑

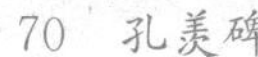

70　孔羡碑

71　咸熙二年简

蔡邕。《唐六典》卷十说："四曰八分，谓石经碑碣所用。"知八分这一诨号，当时是指这类字体的。

何以到了汉魏之际，这种隶书忽然又出现了八分这个诨号？这只要看汉永寿瓦罐、汉熹平瓦罐（图 24、图 25）、魏钟繇表启、魏景元木简和魏咸熙木简（图 71）、吴谷朗碑（图 72）等等，即可知这时字体出现了一种新风格：其笔画更较轻便。例如汉碑中字横画下笔处下垂的顿势，所谓"蚕头"，收笔处上仰的捺脚样子，所谓"燕尾"，都没有了。这些字实是后世真书的雏形。这是当时的新俗体、新隶书，因为汉魏的正式碑版上并不见这类字。既有新隶字，于是旧隶字必须给予异名或升格，才能有所区别，所以称之为八分。八分者，即是八成的古体或雅体，也可以说"准古体"或"准雅体"。蔡文姬所说："割程隶八分取二分，割李篆二分取八分"，不宜理解为篆和隶体若干数量的问题，事实上也无法那样去"割"。按汉时篆和篆以前的字体是古体或雅体，隶是

72　吴谷朗碑

通用的正体，草和新隶体是俗体。蔡文姬的话只是说明八成古体或雅体，二成俗体而已。

唐张怀瓘《书断》卷上因“八”字有“相背”之义，便把八分解作字有“八字分散”之势，这是毫无根据的。难道因“五”字有交午之义，便可解《五经》为“交叉线”吗！我们不是不允许用“八字分散”或“八字相背”等词来比喻或形容汉碑字体，但与汉末人“八分、二分”的命义是不相符的。《书断》还引王愔解释八分的话，以为是“字方八分”的尺度概念，更无根据。即如上尊号、受禅二碑的字，每字长宽各边，都远远超过今尺八十厘，何况汉尺还小于今尺呢！

汉碑字体的特点，在于规矩整齐，所以称为楷法。楷是“标准”、“整齐”，可为“楷模”的意思，这也即是它得升为雅体的一种资格。后来楷这一形容词当做书体的专名，则是晋代以后的事。所以在汉魏之际八分与旧隶体的分别，只是称呼不同而已。

这中间又有一个王次仲的问题：《书断》卷上引蔡邕《劝学篇》：“上谷王次仲，初变古形。”按各书引《劝学篇》之文，俱是四言为句，见清代辑佚各书。《书断》引此二句，实衍“王”字。汉代人称隶书为“今文”，所谓“变古形”，自是改变隶书以前的字形，而成为汉代“今文”的字形。晋卫恒《四体书势》说：“隶书者，篆之捷也。上谷王次仲始作楷法。”可知王次仲是传说中首先把秦隶书加工整齐的人。汉魏之际旧隶体既被称为八分，再推源这种加工的创始人是王次仲，于是王次仲这个古代人名便与八分这个旧字体的新诨号合起来了。至于王次仲

是怎样一个人呢?《水经·谷水注》说:

> 魏上谷郡治……郡人王次仲,少有异志,年及弱冠,变《苍颉》旧文为今隶书。秦始皇时,官务烦多,以次仲所易文简,便于事要,奇而召之,三征而辄不至,次仲履真怀道,穷数术之美,始皇怒其不恭,令槛车送之。次仲首发于道,化为大鸟,出在车外,翻飞而去。落二翮于斯山,故其峰峦有大翮小翮之名矣。《魏土地记》曰:"沮阳城东北六十里,有大翮小翮山,山上神名翮神,山屋东有温汤水口,其山在县西北二十里,峰举四十里上,庙则次仲庙也。"

《书断》卷上引《序仙记》,与此前一段略同,后边也引了《魏土地记》的话,可见与郦道元、张怀瓘二书史源有关。《水经注》或亦是引自《序仙记》的,但不知谁有增删。

这分明是一个美化了的神话传说,实际上是一个悲剧,它和《列仙传》所记汉淮南王刘安"鸡犬飞升"的故事正是一类。这位王次仲是违反了秦始皇的命令而被杀的。他的时代也有许多异说:刘宋羊欣《采古来能书人名》说他是后汉人;唐张怀瓘是主张秦时人的说法的,但也引了异说。《书断》卷上引王愔的话说他是汉章帝建初中人;唐唐玄度《十体书》说他是汉章帝时人;《书断》卷上引南齐萧子良的话说他是汉灵帝时人。按东汉时隶书流行已久,不可能算是"初变古形",这是因为东汉章帝以来,立石刻碑的风气才逐渐旺盛起来,检看碑目可见。古人把碑字出现众多的时间看成是创始碑上字体的时间罢了。

后世隶、八分的内容也随时代有所发展:羊欣在《采古来能书人名》中杂述晋王洽、王珉"能隶行",王羲之"善草隶",王献之"善隶藁"等等。现在看到这些名家的字迹,多是今草、真书和行书,只有一少部分是章草,并没有汉隶的字。可知这时所谓的隶,即是真书。宋赵明诚《金石录》卷二十一,《东魏大觉寺碑阴》条说:碑题"银青光禄大夫臣韩毅隶书,盖今楷字也"。其所称"今",乃指北宋,是北朝曾称

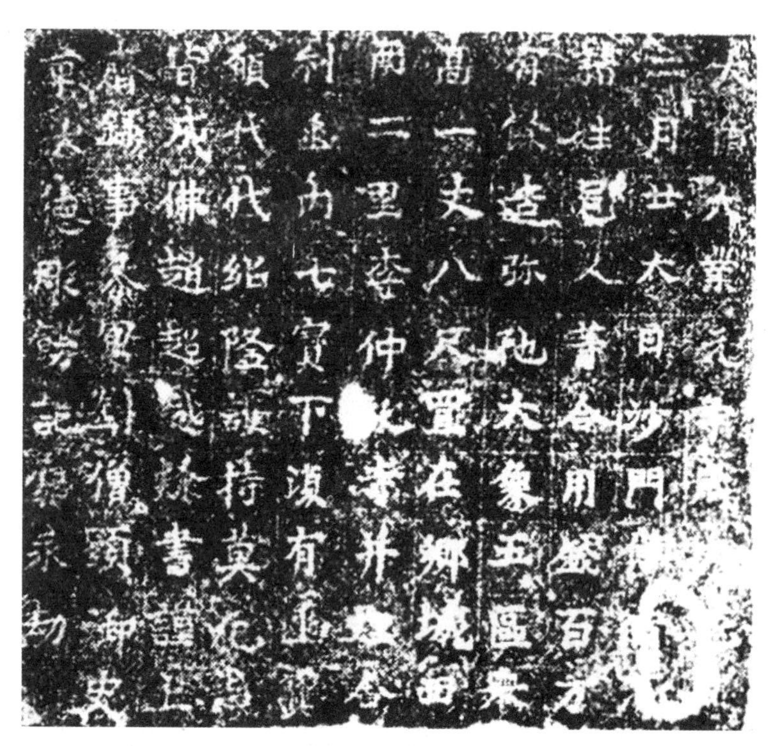

73　隋赵超越书舍利函铭

真书为隶。又隋大业元年舍利函铭（图 73），字是真书，铭文书人款识云：“赵超越隶书谨上。”是隋代曾称真书为隶。又《唐六典》卷十：“五曰隶书，典籍表奏及公私文疏所用。”又《晋书王羲之传》说他“善隶书，为古今之冠”。是唐人称真书为隶。可见隶书这一名称，后世也不限指熹平石经、上尊号碑的字。又唐韦续《纂五十六种书》曾称钟繇的“章程书”为“八分书”。《书断》卷中，“妙品”类“八分”一门列张昶至王羲之九人；“能品”类“八分”一门列毛弘至王献之三人。我们知道王僧虔说钟繇的“三体书”是“铭石”、“章程”、“行押”。铭石既是上尊号碑字体，章程自是表启字体。羲、献也都只以真、草和行书著名，没见有上尊号碑样的八分体。可知唐人也曾扩大八分的范围，用以指称真书了。

总的说来，字体自汉魏之际新俗体出现之后，便发生名称重复的情形，看时也就不免混淆。例如梁庾肩吾《书品》说：“程邈所作隶书，今时正书是也。”梁时正书，既是真书，也就是新隶体，它与秦隶名同实异。后世对于字体发生名实混淆的情形更多，大半由于实物材料不足和重名或异名的出现。而隶和八分的混淆，重要的有三个原因：一是“隶”这一词，秦俗书为隶，汉正体为隶，魏晋以后真书为隶，名同实异。唐韦续《纂五十六种书》称程邈隶书为“古隶”，唐虞世南《述书旨》称晋人真楷为“今体”，似都是为与汉隶区别的。又如宋《宣和书谱》指王次仲的楷法为“今之正书”，又对于隶和八分的名与实，也有许多误解和纠缠，见卷二“隶书”、卷三“正书”、卷二十“八分书”的叙论。宋以后此类情形更多，不详举。二是“楷”这一词，对于写得风格规矩整齐的字都称之为楷，是泛用的形容词；用“楷书”这词来称真书，则是专名，名同实异。三是笔画的“波势”，秦俗书无波；汉木简较工整的有波，较潦草的无波；汉碑某些有波，如华山碑等，某些无波，如鄐君开通褒斜道记（图 74）。新隶体，即真书，捺笔有波而横画无波。有人专从波势或细微的风格上来寻这两个名称的关系，也常陷于

74　鄐君开通褒斜道记

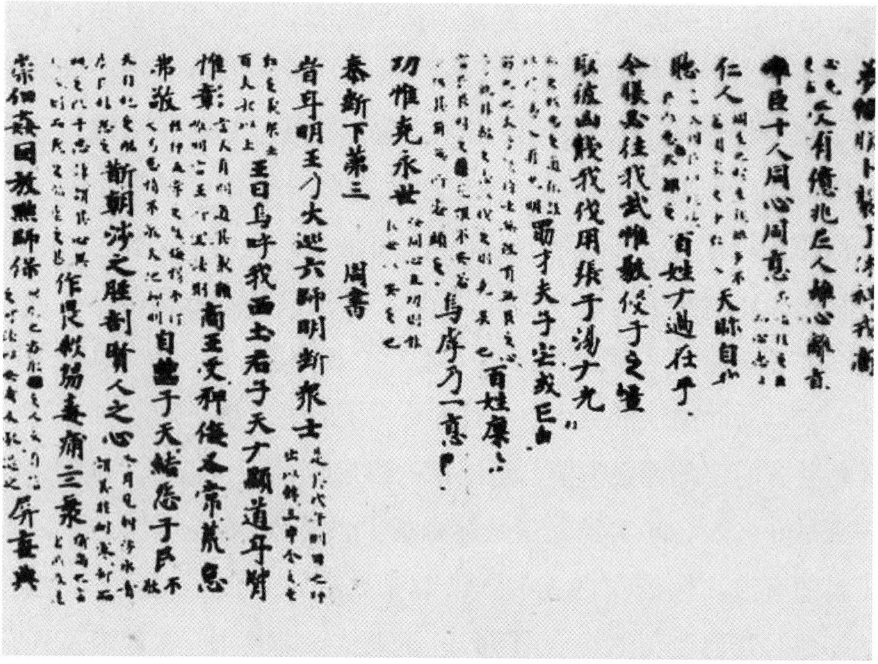

75　唐人写隶古定尚书大禹谟

矛盾。所以研究古代字体自古文到八分的名称时，对于南北朝以至元明的文献资料，实需极其慎重的。

有一条常被引用而尚有问题的资料，《水经·谷水注》：

> ……言古隶之书，起于秦代……或云即程邈于云阳增损者。是言隶者，篆之捷也。孙畅之尝见青州刺史傅弘仁说：临淄人发古冢，得桐棺，前和外隐为隶字，言齐太公六世孙胡公之棺也。惟三字是古，余同今书。证知隶自古出，非始于秦。

首先，其字样是辗转传述的，不是郦道元亲见的。其次棺上字《永乐大典》本作“隐为隶字”。他本“隐”下有多“起”字的，意义全别。如是“隐为”，乃并不分明。三是其“同”是构造还是风格？例如唐写隶古定尚书（图 75）构造是古文，笔画是真书。从笔画姿态角度讲，可以说古同于真，从组织构造角度讲，也可说古异于真。所以这条资料还有待于进一步地研究和地下这类材料的再发现。

十、草书、章草

"草"，本是草创、草率、草稿之义，含有初步、非正式、不成熟的意思。在字体方面，又有广狭二义：广义的，不论时代，凡写得潦草的字都可以算。但狭义的、或说是当做一种专门的字体名称，则是汉代才有的。《说文叙》说："汉兴有草书"，但直到"新莽六书"，仍不列草书这一体。可见所谓"汉兴有草书"只是说明它已产生，但还未列为正式的、合法的字体。我们看到出土的两汉的包括王莽时期的木简，草书的不少，但都是些军书、账簿等等。那些书籍类的和郑重启事问候的简牍，仍是汉碑字样的隶书。可见汉代草书一直是当做起草的、非正式的字体，是私用的字体，军书虽也是公文，但军事迫于机宜，可以不拘。

76　晋王羲之书十七帖

汉代草书简牍中的字样，多半是汉隶的架势，而简易地、快速地写去。所以无论一字中间如何简单，而收笔常带出燕尾的波脚。且两字之间绝不相连。直到汉魏之际以至晋代，才有笔画姿态和真书相似，字与字之间有顾盼甚至有联缀的草字（图 76）。这容易理解，即是前者是旧隶体也即是汉隶的快写体；而后者是新隶体也即是真书的快写体而已。后人为了加以名义上的区别，对前者称为“章草”，而对后者称为“今草”。

“章草”这一名称，在文献中最早出现的，要属王献之的话。张怀瓘《书断》卷上说：“献之尝白父云：古之章草，未能宏逸，顿异真体，合穷伪略之理，极草踪之致，不若藁行之间，于往法固殊，大人宜改体。”张怀瓘《书义》亦引这话，但略简。《书断》引崔瑗《草书势》亦有“章草”一名，但《晋书》所载《草书势》“章草”二字实作“草书”，《书断》所引且有节文，知二字殆张怀瓘所改，故不据。并可见前第二节谈《书断》把《吕氏春秋》“苍颉造书”引为“苍颉造大篆”，也是张氏所改的。又所谓卫夫人《笔阵图》及王羲之《题笔阵图后》俱有“章草”一名，但二篇俱出伪托，亦不据。王献之这段话，还没见其他反证，所以暂信张怀瓘之说。再次像刘宋羊欣《采古来能书人名》中有章草这一名称。《书断》卷上引南齐萧子良的话说：“章草者，汉齐相杜操始变藁法。”梁虞和《论书表》中亦见章草名称。以后便是唐人称述的，更多，不必详举了。

章草的“章”字又怎么讲？前代人有种种推论。近代又有许多人著论探讨。总的说来，不出五种说法：

(1) 汉章帝创始说。宋陈思《书苑菁华》引唐蔡希综《法书论》说：“章草兴于汉章帝。”

(2) 汉章帝爱好说。《书断》卷上引唐韦续《纂五十六种书》说，“因章帝所好名焉”。

(3) 用于章奏说。《书断》卷上记后汉北海王受明帝命草书尺牍十首，章帝命杜度草书上事，魏文帝命刘广通草书上事等等。

(4) 由于史游《急就章》说。见《四库提要·经部小学类·急就章》条。

(5) 与“章楷”的章同义，也即是“章程书”的章。近人多主此说。

77　皇象本急就篇　　78　神爵四年简　79　五凤元年十月简

按章草之名创始于汉章帝和汉章帝爱好的说法，都是以皇帝的谥法为字体名。在古代以帝王之谥为字体名称的，汉前汉后俱无成例，其为傅会，可不待言。至于《急就》在汉代并不名“章”。如《三苍》亦俱分章，也不叫什么“苍颉章”，且史游是编订《急就》文词的人，不是用草字写《急就》的人。今日所见汉代写本《急就》觚都是隶书的，章草写本（图 77）传说最早出于吴时皇象。《书断》卷上引王愔云：“汉元帝时史游作《急就章》，解散隶体粗书之，汉俗简堕，渐以行之。”这是误认史游是草书的创始人。按草书西汉前期已有，见神爵简（图 78）、五凤元年十月简（图 79）等，并非史游才开始粗书的。只剩章奏、章程二义，值得注意。

考章字的古义，有乐章之义，即所谓“从音、从十”。有爰书之义，《观堂集林》卷六《释辪下》，说“章”字从“䇂”，与“辠”、“孽”等字同含“辠”义，是认为章是罪状、爰书之义。又有章奏、章程之义。还有图案之义，凡章黼、文章等都属此义。引申为章明之义，章明亦作彰明。现在试拟找出这些方面的共同意义，实有“条理”、“法则”、“明显”的意思。即用作谥法的章字，也是有取于这个意义。所以相反的意义，杂乱便是无章。再拿今草和章草相比较，章草是较为严格，今草是较为随便的。那么汉代旧草体之得章名，应是由于它的条理和法则的性质比较强烈。也可以说正由它具备了这种性质，才有合乎章程、用于章奏的资格。

无论旧体或新体的草书，到了汉末，已成为满城争唱的时调，只看汉末赵壹的《非草书》一文所讥讽的，便可以见到当时人对于草书的普遍爱好。再看《四体书势》和《后汉书·张奂传》引张芝所说：“匆匆不暇草书”也都说明这时草书不但已成为公开的、合法的字体，并且还成为珍贵的艺术品，但“亲而不尊”，仍不见登于碑版。

十一、余　论

从以上的资料和研究中，看到下列一些问题：

（甲）每一个时代，当然不仅止一个朝代，都不止有一种字体。凡用途、工具、方法、地区、写者、刻者不同，则构造或风格即各有所不同。尤其是手写的和刊刻、范铸的，在艺术效果上的差别更为显著。

（乙）每一个时代中，字体至少有三大部分：即当时通行的正体字；以前各时代的各种古体字；新兴的新体字或说俗体字。以人为喻，即是有祖孙三辈，而每一辈中又有兄弟姊妹。例如秦时有祖辈的大篆，有子辈的小篆，有孙辈的隶书。而其他五体，各有所近，又是各辈的兄弟姊妹。

前一时代的正体，到后一时代常成为古体；前一时代的新体，到后一时代常成为正体或说通行体。

（丙）从字体的用途上可见一种字体在当时的地位，例如草稿、书信，与金石铭文不同。凡一种字体在郑重的用途中，如鼎铭、碑版之类上出现，即是说明这种字体在这时已被认为合法，可以“登大雅之堂”，也就是小孩已长大，不但“胜衣”，而且“加冠”，是成年人，可以与长辈“同席”了。所以秦颂功刻石不用隶字，汉至隋碑刻不用草字，汉代章奏用草书须由特许。至于钟繇表启、谷朗碑等用新隶体，即初期的真书，标志着这时它们已然成年合法。

从晋到唐，真书经过长期试用，证明它在当时最为方便。构造上可以加减。用它翻写《古文尚书》（图 75）固然可以，而把它们删截某些肢体，它们仍然活着。例如古文的“奌”，可以用真书笔画姿态改写为

80 唐太宗书晋祠铭

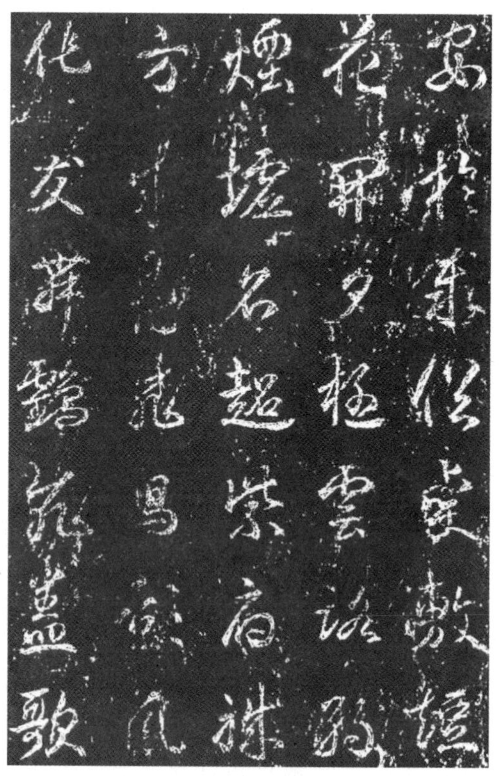

81 武则天书升仙太子碑

“兒”。“馬”、“魚”的四个点，可以变为一横。“覆”、“復”去掉偏旁，只剩“复”字，也可以代表那两个字。诸如此类，不待详举。它还可以接受不同的艺术风格，如方圆肥瘦、欧褚颜柳等。笔画稍微活动或连写，可以成为行书，再活动可以成为草书。到了宋代以后，把它再加方整化，又成了木版刻书的印刷体。由于它具有这些优长，所以长期地被使用，成为一千多年来汉字字体的大宗。

其他各种字体，如今草、行书，到了唐代也都已成年。所以行书入碑的有晋祠铭（图80）、温泉铭，草书入碑的有升仙太子碑（图81），但新兴的狂草仍然没有入碑的。

在两周时，古代的字体积累还不算太多，所以需用装饰字时，常常另造花体字，特别在乐器和兵器上更多。唐代以来，自真书以上各种字体，积累已富，变化也多，古体字已足够作装饰门面用，所以特造的新花体便不多了。像宋僧梦英的十八体篆书有许多花样，唐武则天飞白书升仙太子碑额有许多鸟形，宋仁宗飞白书“天下昇平四民清”七字有许多蛇头，但终究少有沿用的。

（丁）古代写者的创作思想中，所崇尚的标准，也各有不同。较重要而且明显的，有下面几种：

（1）以圆转为郑重的：例如篆书，在秦代以圆转为庄严郑重。

（2）以方整为郑重的：例如王莽时的小篆，比秦隶又方整得多。汉隶比之篆书，本已以方折顿挫为特点，但到东汉后期以来，有些碑刻愈发方整“如折刀头”了。其中也可能含有一定的工具因素，但不能说全出无意识的。我想大概是因为这时手写的隶书常趋于圆熟便易，于是郑重用途的碑版字体，便更加妆点方整，以表尊严。这是手写的便易隶书或说新隶体出现后的一种反响。

（3）以古体为郑重的，例如在碑铭、墓志中，碑额和志盖常用古体，所以号称“篆额”或“篆盖”。碑文和志文用当代的通行正体，碑阴的字有时可以比碑阳的字潦草随便些。只有碑额、志盖也由碑阳的正体“自兼”的，如吴谷朗碑额（图82）、梁始兴王碑额（图83）、魏张猛

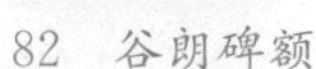
82　谷朗碑额

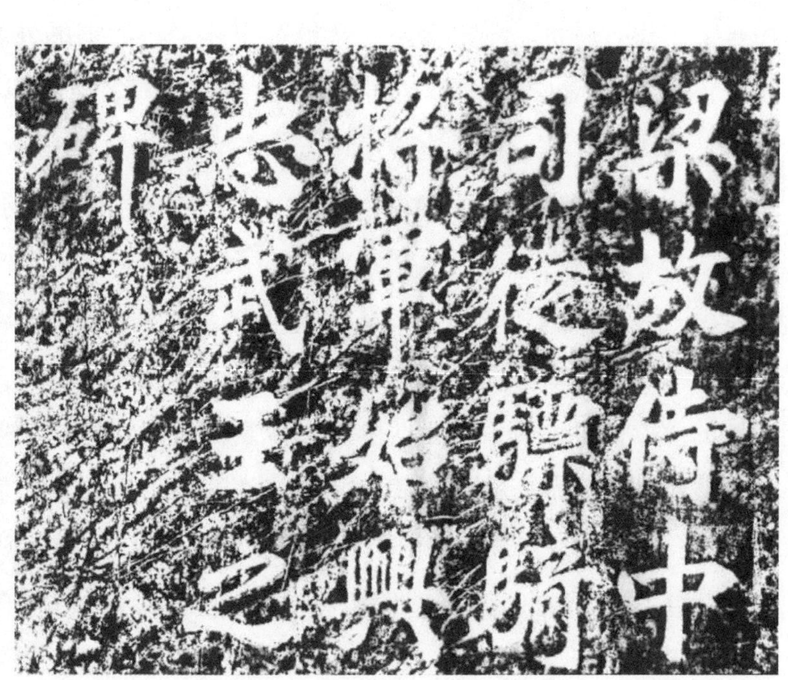

83　梁贝义渊书始兴王碑额

84 北齐韩宝晖墓志

龙碑额等，但绝少倒过来碑额或志盖用子辈或孙辈的字体，而碑阳或碑阴用祖辈以上字体的。像唐阙特勤碑正文是唐明皇御书汉隶字体，而碑额却是真书，这在古石刻中，是比较稀有的。再看汉永寿瓦罐，中间“永寿二年”一行大字，波磔郑重，纯是汉隶旧体，而旁边小字，则接近真书，即是当时的新隶体了。那一行大字也正是近于碑额、志盖的作用。又如唐《开成石经》的经名大题用汉隶，篇题和经文用真书。还有后世木刻书籍，本文虽是宋体字，而书的外签常是另一种字；封面，近代或称扉页，常用篆、隶、草、真、行等早于宋体的字；序文又常用手写体，也是这种道理。

自真书通行以后，篆隶都已成为古体，在尊崇古体的思想支配下，在一些郑重用途上，出现了几种变态的字体：

第一种是构造和笔画姿态都想学隶书，但书写技巧不纯，笔画无论方圆粗细，写得总不像汉碑那样地道，有的隶意多些，有的隶意少些。多些的可以说隶而近真，少些的可以说真而近隶。总之都是一种隶真的化合体。例如苻秦广武将军碑、魏元悰墓志、北齐韩宝晖墓志（图 84）、乾明修孔庙碑、文殊般若经碑额及碑文（图 85）、隋暴永墓志（图 86）、陈叔毅修孔庙碑、唐褚亮碑等等。按这种风格，导源实自汉末的新隶体，试看永寿瓦罐的小字，熹平瓦罐和谷朗碑等，可见隶初变真时，是这种情况。自此分成两途，一是愈发严格的真书，即二王、智永，以至

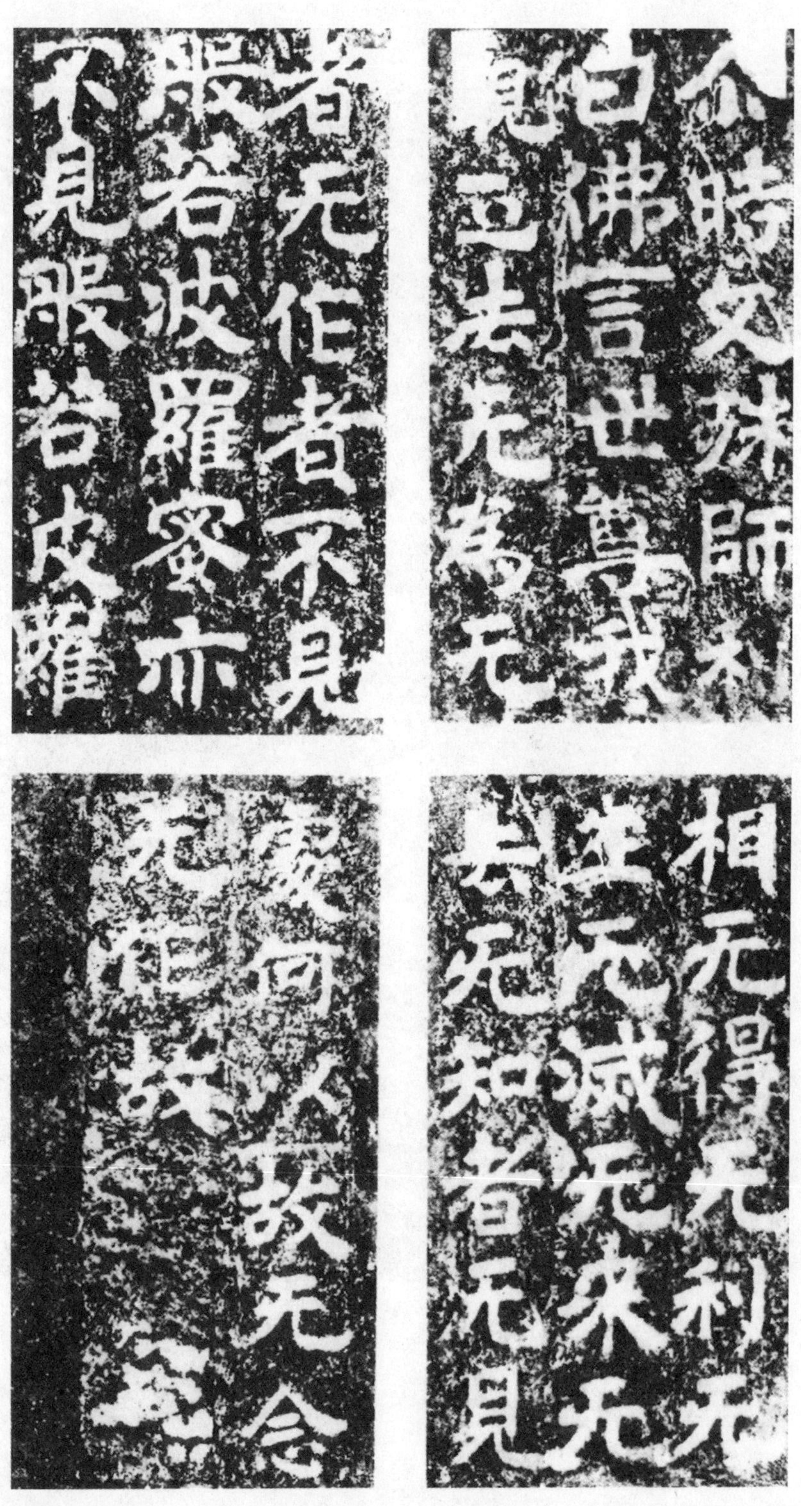

85 文殊般若经碑

86 隋暴永墓志

欧、虞的真书；一是仍沿汉末新隶体的路子；广武、元悰以来诸石，即是属于后者。

第二种是杂搀各种字体的一种混合体。这自汉夏承碑在隶书中杂搀篆体，已开其端。后世像魏李仲璇修孔庙碑、北周华岳庙碑（图 87）、唐邕写经记（图 88）、隋曹植庙碑等等，不但其中大部分字是那种技巧不纯的汉隶或真与隶的化合体，并且一些整字或偏旁随便杂搀篆隶形体。最特别的是西魏杜照贤造像记（图 89），在篆、隶、真之外，还有又似草又似行的字，真可谓集杂搀之大成了。

第三种是用长方条笔画写方块字，横画末尾还要表现隶书的波脚，

87　北周赵文渊书华岳庙碑

88　唐邕写经记

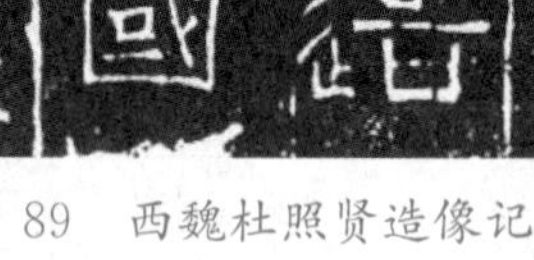

89　西魏杜照贤造像记

90　爨宝子碑

例如晋爨宝子碑（图 90）、宋爨龙颜碑（图 91）、梁太祖神道阙、魏嵩高灵庙碑（图 92）、吊比干碑（图 93）、魏灵藏造像记、隋杜乾绪造像记、唐房彦谦碑（图 94）等等，无论字迹尺寸大小，大至北魏云峰山的一些石刻，小至鞠彦云墓志（图 95），都是有意作出庄严的架势。有时具有一少部分带有隶书组织构造或笔画姿态，但主要的部分，都是真书。

以上这些变态字体，曾引起后世不少的混乱。有人称之为正书，有人称之为八分。叶昌炽《语石》卷八驳孙星衍《寰宇访碑录》说："孙氏所录魏碑八分书者，如吊比干文，亦正书也。"还有人把这些字体现象说成是由篆到隶或由隶到真的过渡，其实这些碑志的书写时代，篆、隶、真早已过渡完成。至多可以说是沿用了过渡体，或说是向前追摹，而不是这时才开始过渡。尤其那种杂搀字体，更不过是掉书袋习气而已。还有翁方纲、包世臣诸家曾特别赞叹乾明修孔庙碑和文殊般若经碑，以为是真书的最高艺术标准，实即受到这种又真又隶形状的迷惑。当然隋唐以前人或由于工具关系，或由于习惯关系，自然地存留某些真书以前的笔画姿态，也是有的，例如常见的古写佛经中的笔法风格。但在刻入碑版时，则多少具有有意识求古的倾向，不尽由于自然的习惯。即以古写经而论，在书写时，也有庄严的要求，和当时世俗通行的文件写法也会有些区别的。还有人看到二爨碑的架势，以为晋宋时代的字只应该是那样，因而认为王羲之《兰亭叙序》是梁陈以后的人伪造的，见汪中先生所藏兰亭帖后李文田跋。以上各项由于错觉而生的议论，都是从这三类变态字体引起的。

架势既要庄严，笔画又要表现有弹性，二者常常不可得兼。在南北

91　刘宋爨龙颜碑

92　魏嵩高灵庙碑

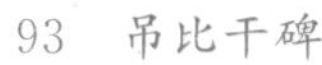

93　吊比干碑

94　欧阳询书房彦谦碑

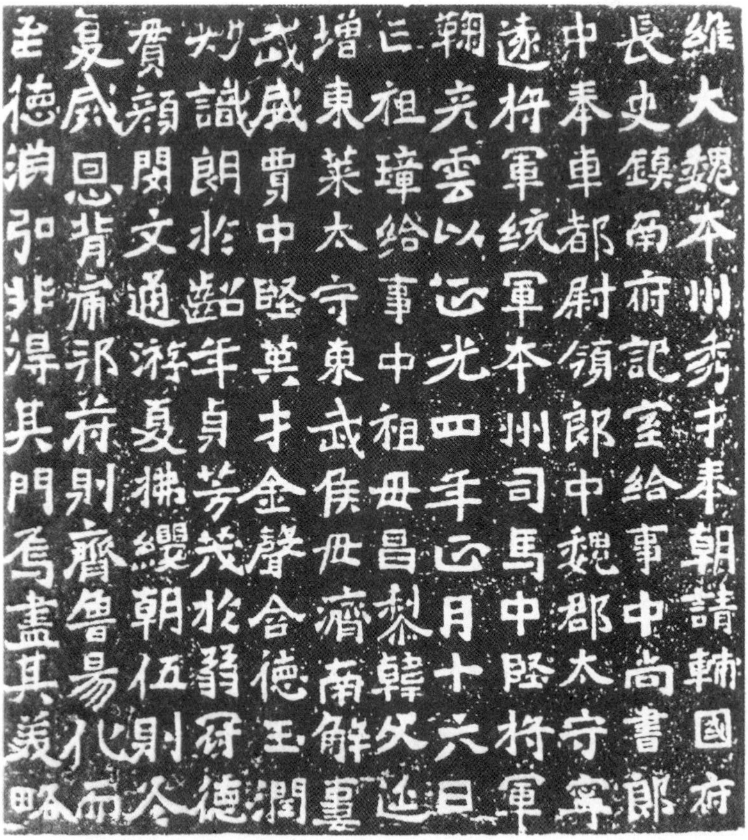

95　鞠彦云墓志

97　欧阳询书九成宫醴泉铭

96　高盛碑

朝以至隋代，都不断有人试作探求。例如魏高盛碑（图 96）等，完全是真书，但每字的架子都写得极方，填足了方格的四角，仿佛庄严，但并不自然。直到唐初欧阳询九成宫碑（图 97）等，才真正得到统一。也可以说真书的体势姿态，到了唐初，才算具足完成。这虽属于艺术风格的问题，但从隶到真字体变化的曲折，至此始告结束。虽然欧阳询的儿子欧阳通在所写的道因碑中还偶然写出横画末尾的波脚，也仅止是进化后残留的尾巴尖而已。

后　记

1. 古代汉字形体方面，历来存在一些问题，尤其是文献记载的字体名称和实物中的字体形状，往往分歧错互，因而引起许多争论，本文试图加以探讨论述。那些不成问题或没有分歧争论的部分，便不涉及。至于自古至今各种字体的演变经过和各时代流派的变化，则是字体史和书法史的范围；又如每个字的偏旁组织、象形谐声种种问题，则是文字形义的研究范围，本文都不论及。

2. 关于古代字体的这些问题，历代学者著述中多有论到的，也各有不同的见解。乾嘉以来的学者对于古文字的考证日益精密，近代地下发现的古文字资料也日益增多。本文为了避免繁琐，节省篇幅，对于历代论点和流传的资料，引证时尽力择要。所以乾嘉学者段玉裁先生的《说文解字注》和近代学者王国维先生的《观堂集林》中的有关文章引辨较多，其余相类或相同的论点，不复详引，并非有所轻重。

3. 本文插图只为表示字体的形状和风格，文词既不免有所割截，字迹绝大部分都经摄影缩小，也有略展大的。缩、展的比例，各件也不尽一致。其次序是按时代编排，每一朝代的字迹，只在第一件标出朝代称号，同代的其余各件，不复逐一标出。同类的两件，注出（甲）、（乙）；同件的两个部分，注出（一）、（二）。

4. 本文初稿曾发表于《文物》月刊一九六二年六月号，题为《关于古代字体的一些问题》，现在重加补充修改，印成这本小册子，缺点和错误一定仍然不少，敬求读者再予教正！

5. 本文在初稿起草之前、成稿之后以及第一次发表之后，承蒙尊敬的各位师长、前辈、朋友给予教导和鼓励，出版社、图书馆、博物馆给予支持，统此敬谢！

6. 这篇拙论在初稿未写之前，曾和几位朋友谈起，当时感觉兴趣并极力督促我脱稿的，张珩先生是最先的一位。这次改稿完成之后又请他重看，不久他因病住进医院后，仍继续阅看，在他逝世的前一周看完此稿，还写出意见。现在据改付印，记此，谨志纪念！

一九六三年九月

本文论证举例所用的资料，尽量采用普通常见的。近年出土的金石竹帛文字非常丰富，但为说明问题，即那些原用资料也还可用。所以除原举秦大騩权有人提出疑问改用一枚瓦量外，举例插图基本不变。新出土的秦律简可补证第八节中论点，因附加一图，中山刻石可补第二节、第五节中提到的缺憾，也附加一图。文中除校订几处外，也基本没有改动。

一九七八年八月重版时记

本文写作时，还有一些实物未经发现，所以说“只有西周和秦代未见墨迹，战国未见石刻，还有待于地下材料出现”。

又说：“至于秦代有无接近汉隶的字体，今日还未发现秦代手写的狱讼军书，实物资料还不全。”

其后不久在河北满城出土了战国时中山国的石刻，后又湖北睡虎地秦时一个司法官吏的墓中出土了“秦律简”，这是地地道道的秦代的标准隶书，应该即是秦始皇赵政命程邈所造的那种字体，现在看来，这些字基本写法和字形，与马王堆出土的文字没有什么特别区别，那么我们今天自大汶口出土的那些近似文字的符号，笔画的姿态已肇以后成熟的各时期的文字和它们的写法，真可谓一脉相传，源远流长。

约五千年来，可分两个大段，小篆和以前的是篆类时期，汉隶以后至今天的真书是隶类的时期。只有真正的承先启后的“中轴”便是秦隶。但虽唐宋时代考论古代文化的名家也未曾亲见秦隶真形，更无论明清以来了。今天得见“秦律简”的真迹，补足了这一重要的空白，岂非中国文化史、文字史上一件特大可喜的事！

一九九八年三月二十一日附记

論書绝句

启功求教

引　言

此《论书绝句》一百首，前二十首为二十馀岁时作；后八十首为五十岁后陆续所作。初有简注，仅代标题。诗皆信手所拈，几同儿戏。朋友传抄，以为谈助，徒增愧怍耳。

数年前，香港《大公报》“艺林”副刊分期登载，注欲加详，乃为各注数百字。刊载既竣，复蒙商务印书馆香港分馆合印成册，是可感也。

其中所论，有重复，有矛盾，亦有忍俊不禁而杂以嘲嬉者。或以此病相告，乃自解嘲曰：重复者，为表叮咛，所以显其重要性也；矛盾者，以示周全，所以避免片面性也；嘲嬉者，为破岑寂，所以增其趣味性也。强词夺理，其为有痂嗜之读者所见谅乎？

今逢再版，因略加修订，附此小言。平生师友暨敬爱之读者，幸垂明教！

一九八五年岁暮启功自识

于北京师范大学宿舍之浮光掠影楼，时年周七十有三

自　序

以诗论艺，始于少陵六绝句。殆亦自知未必尽适众口。故标曰“戏为”，以示不求人人强同也。不佞功自幼耽于习书，曾步趋前贤论述，而每苦枘凿难符。一旦奋然自念，古人人也，我亦人也，谁不吃饭屙矢，岂其人一作古，其书其法便迥异于后世人人哉。又有清书家论书，每从石刻立说，岂必经斧斤毡蜡，始能传棐几练裙之妙乎。此积疑之初释也。又见古之得书名者，并不尽根于艺能，官大者奴仆视众人，名高者生徒视侪辈。其势其地既优，其迹其声易播。后之观者，遂动色相嗟，以为其秘不可窥，其妙不可及。此积疑之再释也。于是忍俊不禁，拈为韵语，非圣无法，唐突名流。又苦二十八言，未能尽抒胸臆，乃附以自注。有时手挥目送，注已离题，赏音合观，每见会心一笑。此一笑也，何啻心印长传，机锋一喝。其为书为诗，此时俱属第二义矣。友人见约，为之手录百首，云将附印于注本之后而未果，转为赵翔先生聘之以去。竟蒙珍重影印，加以精装，薄海流传，不佞朽骨为之增寿矣。盖昔人尝谓，刊人著述，其功德不减掩骼埋胔。今捧斯册，诵昔人深痛之言，喜慰之极，不觉涕泪之盈襟也。

启功时年第八十岁

一

西京隶势自堂堂，点画纷披态万方。

何必残砖搜五凤，漆书天汉接元康。

汉晋简牍。

此首作于一九三五年，其时居延简牍虽已出土，但为人垄断，世莫得见。此据《流沙坠简》及《汉晋西陲木简汇编》立论。二书所载，有年号者，上自天汉，下迄元康。

汉简北宋出土者，早已无存，仅于汇帖中尚存其文，已经转相临写，非复原来面目。明清人所见汉代字迹，莫非碑刻。且传世汉碑，多东汉人作，偶见西汉石刻，或相矜诧，或疑为伪物。五凤古刻，或石或砖，偶有流传，稀同星凤焉。

今距此诗作时又四十馀年，战国秦汉竹帛之遗，纷至沓来，使人目不暇给，生今识古，厚福无涯，岂止书学一道，隶书一体而已哉！

西汉天汉木简

西汉五凤刻石

二

翠墨黟然发古光，金题锦帙照琳琅。

十年校遍流沙简，平复无惭署墨皇。

陆机平复帖。张丑云：“墨有绿色。”

帖文云：“彦先羸瘵，恐难平复。往属初病，虑不止此，此已为庆，承使唯男，幸为复失前忧耳。吴子杨往初来主，吾不能尽，临西复来，威仪详跱，举动成观，自躯体之美也。思识□爱（或释量）之迈前，执（势）所恒有，宜□称之。夏伯荣寇乱之际，闻问不悉。”

彦先为贺循字，循多病，见于《晋书》本传。或谓彦先卒于陆士衡之后，则此非贺氏。然“恐难平复”，只是疑词，非谓即死也。此帖当书于陆氏入洛之前，所谓“临西复来”，殆吴子杨将往荆襄一带，行前作别耳。

此帖自宋以来，流传有绪。传世晋人手札，无一原迹，二王诸帖，求其确出唐摹者，已为上乘。此麻纸上用秃笔作书，字近章草，与汉晋木简中草书极相似，是晋人真迹毫无可疑者。帖中字有残损处，释文有据偏旁推断者。

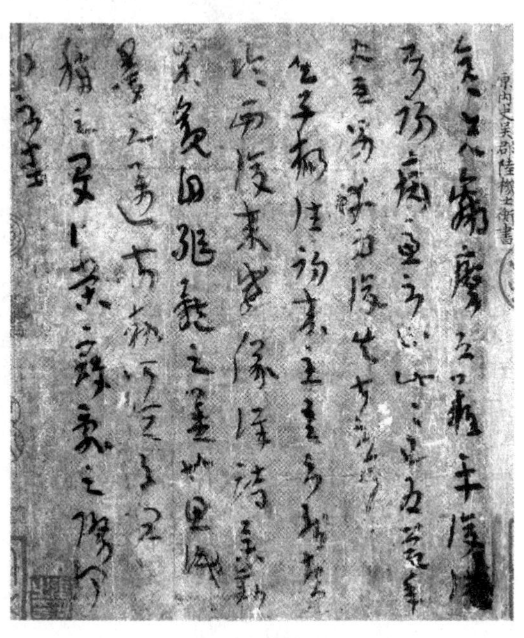

晋陆机平复帖

三

大地将沉万国鱼，昭陵玉匣劫灰馀。
先茔松柏俱零落，肠断羲之丧乱书。

王羲之丧乱帖。

帖首云："丧乱之极，先墓再离荼毒。"此首作时，当抗战之际，神州沦陷，故有此语。离同罹。

唐摹王帖，本本源源，有根有据者，首推万岁通天帖，其次则日本所传丧乱帖及孔侍中帖。此时万岁通天帖硬黄原卷尚未发现，故只论及此帖。

丧乱帖传入日本，远在唐代，当是留学僧、遣唐使所携归者。卷中有"延历敕定"印记，可证其摹时必在公元八世纪以前。此帖与孔侍中帖在当时或属一卷，后为人所割分，以其摹法相类也。

丧乱帖笔法跌宕，气势雄奇。出入顿挫，锋棱俱在，可以窥知当时所用笔毫之健。阁帖传摹诸帖中，有与此帖体势相近者，而用笔觚棱转折，则一概泯没。昔人谓，不见唐摹，不足以言知书，信然。

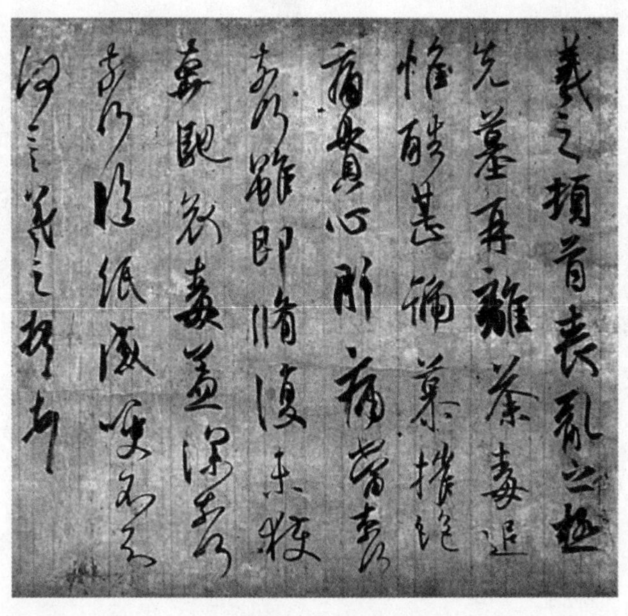

王羲之丧乱帖

四

底从骏骨辨媸妍，定武椎轮且不传。

赖有唐摹存血脉，神龙小印白麻笺。

王羲之等若干人在会稽山阴兰亭水边修禊赋诗事，早有文献记载，兰亭序帖，乃当日诸人赋诗卷前之序。流传至唐太宗时，命拓书人分别钩摹，成为副本。摹手有工有拙，且有直接钩摹或间接钩摹之不同，因而艺术效果往往悬殊。今日故宫博物院所藏有神龙半印之本，清代题为冯承素摹本，笔法转折，最见神采。且于原迹墨色浓淡不同处，亦忠实摹出，在今日所存种种兰亭摹本中，应推最善之本。

钩摹向拓，精细费工，在唐代已属难得之珍品，至宋代更不易得。于是有人摹以刻石，其石在定武军州，遂称为定武本，北宋人以其易得，于是求购收藏，遂成名帖。实则只存梗概，无复神采。试与唐摹并观，如棋着之判死活，优劣立见矣。至清代李文田习见碑版字体刻法，而疑禊序，不过见橐驼谓马肿背耳。

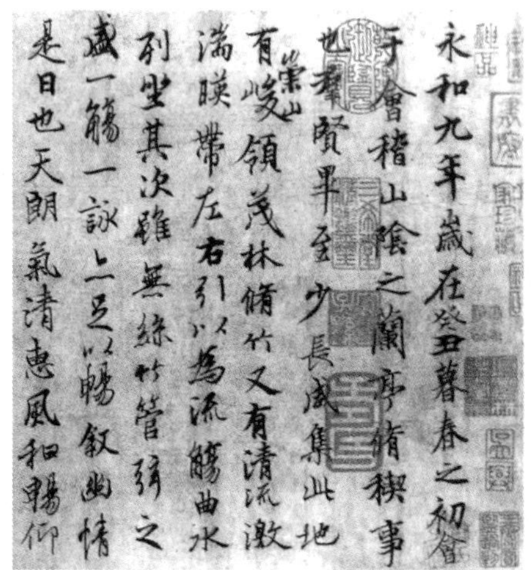

唐摹兰亭序神龙本

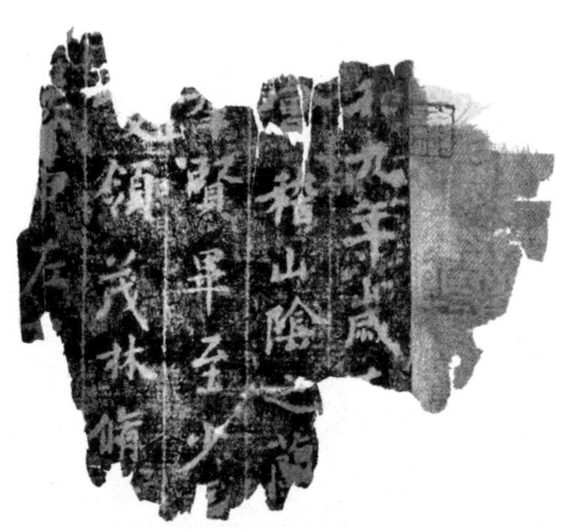

定武兰亭残本

五

风流江左有同音，折简书怀语倍深。

一自楼兰神物见，人间不复重来禽。

楼兰出土晋人残笺云：“□（无）缘展怀，所以为叹也。”笔法绝似宋拓馆本十七帖。楼兰出土残纸甚多，其字迹体势，虽互有异同，然其笔意生动，风格高古，绝非后世木刻、石刻所能表现，即唐人向拓，亦尚有难及处。

如残纸中展怀一行，下笔处即如刀斩斧齐，而转折处又绵亘自然，乃知当时人作书，并无许多造作气，只是以当时工具，作当时字体。时代变迁，遂觉古不可攀耳。

张勺圃丈旧藏馆本十七帖，后有张正蒙跋，曾影印行世，原本今藏上海图书馆，有新印本，其本为宋人木板所刻，锋铩略秃，见此楼兰真迹，始知右军面目在纸上而不在木上。譬如画像中虽须眉毕具，而謦欬不闻，转不如从其弟兄以想见其音容笑貌也。

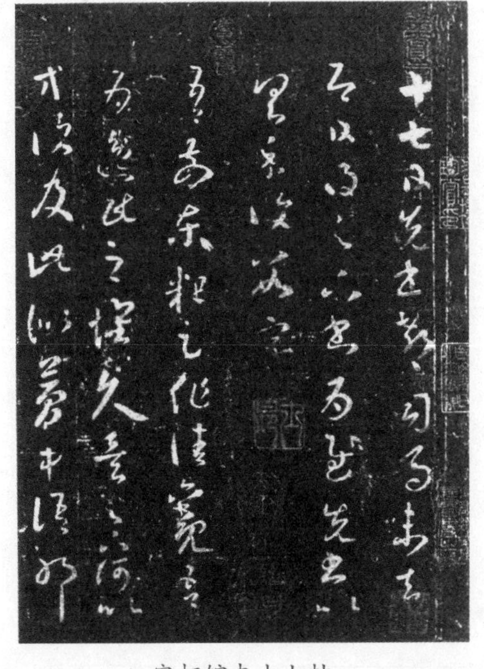
宋拓馆本十七帖

楼兰出土晋人残纸

六

蝯翁睥睨慎翁狂，黑女文公费品量。

翰墨有缘吾自幸，居然妙迹见高昌。

六朝碑志笔法，可于高昌墓砖墨迹中探索之。

何绍基蝯叟得魏张黑女墓志孤本，甚自矜重，一再临写。包世臣慎伯撰《艺舟双楫》，推挹北碑，以郑文公碑为极则。张黑女志累经影印，郑文公碑世尤习见，学人临写，俱难措手。即以蝯叟功力之深，所见临黑女志虽异常肖似，顾自运之迹，竟无复黑女面目，亦足见其难学矣。慎翁楷法之精者，学王彦超重刻庙堂碑，略放则拟郑文公碑。惟见其每笔蜷曲，不见碑字敦重开张之势，故何氏于黑女志跋中讥包氏未能横平竖直，盖由于此。

高昌墓志出土以后，屡见奇品。其结体、点画，无不与北碑相通。且多属墨迹，无刊凿之失，视为书丹未刻之北碑，殆无不可，惜包何诸公之不获见也。

高昌墓砖墨迹

七

砚臼磨穿笔作堆，千文真面海东回。

分明流水空山境，无数林花烂漫开。

智永写千字文八百本，分施浙东诸寺，事见唐何延之兰亭记。千数百年，传本已如星凤。世传号为智永书者并石刻本合计之，约有五本：大观中长安薛氏摹刻本，一也；南宋群玉堂帖刻残本四十二行，自“囊箱”起至“乎也”止，二也；清代顾氏过云楼帖刻残本，自“龙师”起至“乎也”止，此卷为明董其昌旧藏，戏鸿堂帖曾刻其局部。近获见原卷，黄竹纸上所书，笔法稚弱，殆元人所临，三也；宝墨轩刻本，亦殊稚弱，四也；日本所藏墨迹本，五也。

此五本中，以一、二、五为有据，长安本摹刻不精，累拓更为失真。群玉本与墨迹本体态笔意无不吻合，惜其残失既多，且究属摹刻。惟墨迹本焕然神明，一尘不隔。非独智永面目于斯可睹，即以研求六朝隋唐书艺递嬗之迹，眼目不受枣石遮障者，舍此又将奚求乎？

隋智永书千字文墨迹本

八

烂漫生疏两未妨，神全原不在矜庄。

龙跳虎卧温泉帖，妙有三分不妥当。（当字平读）

唐太宗书碑有二，曾自以二碑拓本赐外国使臣，其得意可知。温泉铭早佚，晋祠铭尚存，但历代捶拓，已颓唐无复神采。真绛帖中摹刻温泉铭铭词一段，标题曰秀岳铭，盖据首句“岩岩秀岳”为题，并不知其为温泉铭。是潘师旦所见，已是残本。此真绛帖今存者已稀，清代南海吴荣光旧藏者，现在北京故宫博物院。吴氏曾摹入筠清馆帖，距绛帖又隔一尘矣。

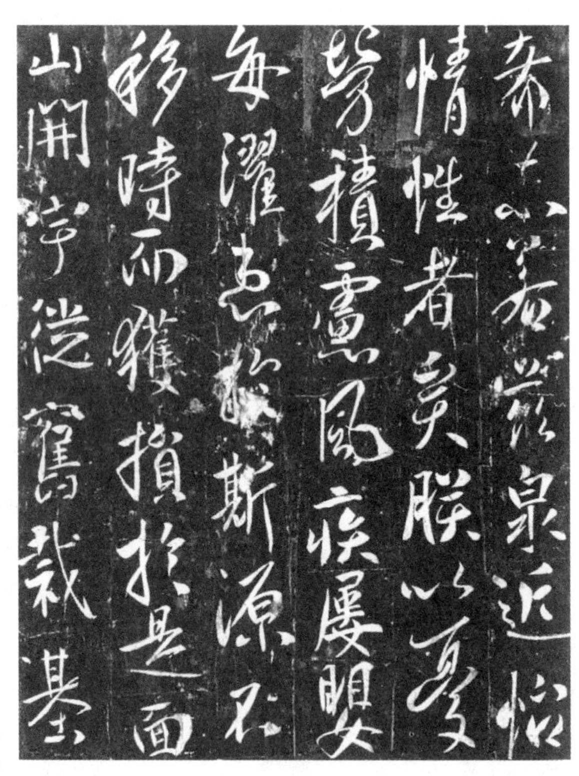

唐太宗书温泉铭

敦煌本温泉铭最前数行亦残失，幸以下无损。米芾“庄若对越，俊如跳掷”之喻，正可借喻。

书法至唐，可谓瓜熟蒂落，六朝蜕变，至此完成。不但书艺之美，即摹刻之工，亦非六朝所及。此碑中点画，细处入于毫芒，肥处弥见浓郁，展观之际，但觉一方黑漆版上用白粉书写而水迹未干也。

其字结体每有不妥处，譬如文用僻字，诗押险韵，不衫不履，转见丰采焉。

九

宋元向拓汝南志，枣石翻身孔庙堂。

曾向蒙庄闻说论，古人已与不传亡。

虞世南汝南公主墓志，汇帖中曾见之，近代流传一墨迹本，曾经影印。其原迹今藏上海博物馆，一九七二年闻馆中专家谈，实属宋人摹本，余私幸昔年从影印本中判断未谬。然其摹法具在，即影印本中亦能辨出，不必待目验纸质焉。

虞书以庙堂碑为最煊赫，原石久亡，所见以陕本为多。然摹手于虞书，知其当然，不知其所以然，与唐石残本相较，其失真立见。城武摹刻本，不知出谁手，以校唐石，实为近似，昔其石面捶磨过甚，间架仅存，而笔画过细，形同枯骨矣。

唐石本庙堂碑，影印流传甚广，惜是原石与重刻拼配之本。然观《黄山谷题跋》，已多记拼配之本，知唐刻原石北宋时必已断缺矣。

积时帖昔藏石渠宝笈，几经浩劫，不知尚在人间否？

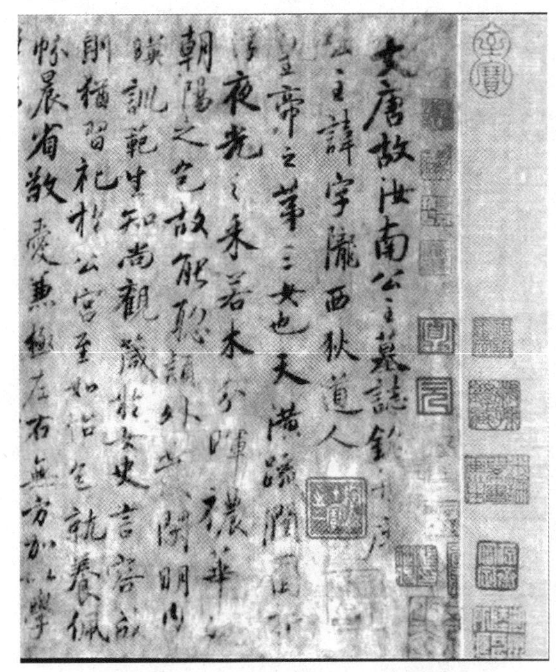

唐虞世南书汝南公主墓志

唐虞世南书孔子庙堂碑

十

书楼片石万千题，物论悠悠总未齐。

照眼残编来陇右，九原何处起覃溪。

见敦煌本化度寺邕禅师塔铭，乃知翁方纲平生考证，以为范氏书楼真本者，皆翻刻也。覃溪所见化度寺塔铭多矣，其所题跋考订，视为原石者数本，近代皆有影印本。

若潘宁跋本为覃溪自藏，题识尤多，蝇头细字，盈千累万。世行影印覃溪手自钩摹之本，后附诸跋，皆潘跋本中之物，为梁章钜抽出，附于钩摹本后者。合而观之，覃溪盖认定某一种翻刻本为真，即真龙在前，亦不相识也。

明王偁旧藏本有其钤印，诒晋斋曾收之。覃溪细楷详跋，以为宋翻宋拓。及以敦煌本较之，知为原石，今藏上海图书馆。想见当日经覃溪鉴定，判为翻刻，因而遂遭弃掷之真本，又不知凡几。庸医杀人，世所易见，名医杀人，人所难知，而病者之游魂滔滔不返矣。

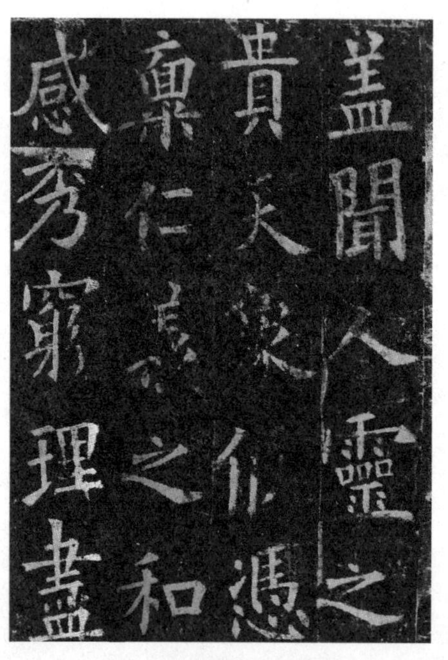

唐化度寺碑敦煌本

十一

乳臭纷纷执笔初，几人雾霁识匡庐。

枣魂石魄才经眼，已薄经生是俗书。

唐人细楷，艺有高下，其高者无论矣，即乱头粗服之迹，亦自有其风度，非后人摹拟所易几及者。

唐人楷书高手写本，莫不结体精严，点画飞动，有血有肉，转侧照人。校以著名唐碑，虞、欧、褚、薛，乃至王知敬、敬客诸名家，并无逊色，所不及者官耳。官位逾高，则书名逾大，又不止书学一艺为然也。

余尝以写经精品中字摄影放大，与唐碑比观，笔毫使转，墨痕浓淡，一一可按。碑经刻拓，锋颖无存。即或宋拓善本，点画一色皆白，亦无从见其浓淡处，此事理之彰彰易晓者。

宋刻汇帖，如黄庭经、乐毅论、画像赞、遗教经等等，点画俱在模糊影响之间，今以出土魏晋简牍字体证之，无一相合者，而世犹斤斤于某肥本，某瘦本，某越州，某秘阁。不知其同归枣石糟粕也。

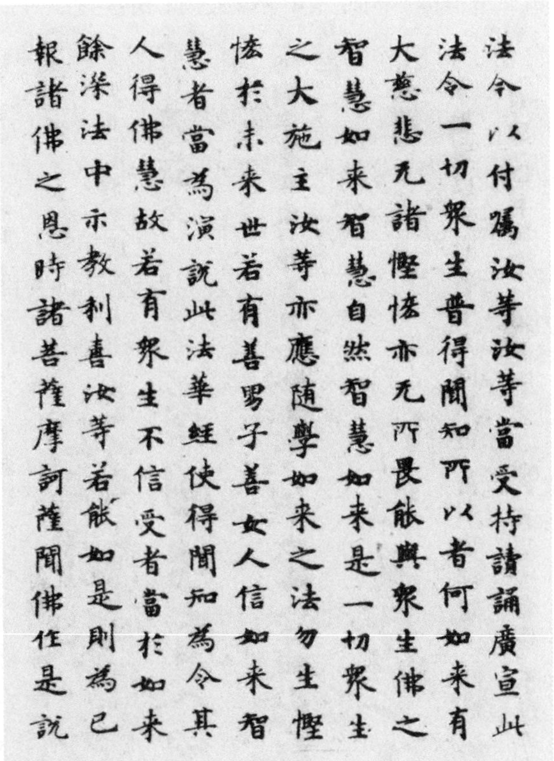

法令以付囑汝等汝等當受持讀誦廣宣此
法令一切衆生普得聞知所以者何如來有
大慈悲无諸慳悋亦无所畏能與衆生佛之
智慧如來智慧自然智慧如來是一切衆生
之大施主汝等亦應隨學如來之法勿生慳
悋於未來世若有善男子善女人信如來智
慧者當為演說此法華經使得聞知為令其
人得佛慧故若有衆生不信受者當於如來
餘深法中示教利喜汝等若能如是則為已
報諸佛之恩時諸菩薩摩訶薩聞佛作是說

唐人写经

十二

笔姿京卞尽清妍，蹑晋踪唐傲宋贤。

一念云泥判德艺，遂教坡谷以人传。

蔡京、蔡卞。

北宋书风，蔡襄、欧阳修、刘敞诸家为一宗，有继承而无发展。苏黄为一宗，不肯受旧格牢笼，大出新意而不违古法。二蔡、米芾为一宗，体势在开张中有聚散，用笔在遒劲中见姿媚。以法备态足言，此一宗在宋人中实称巨擘。

昔人评艺，好标榜“四家”，诗则王杨卢骆，文则韩柳欧曾，画则黄王倪吴，书则苏黄米蔡。此拼凑之宋四书家，不知作俑何人，其说本自俗不可医。顾就事论事，所谓宋四家中之蔡，其为京卞无可疑，而世人以京卞人奸，遂以蔡襄代之，此人之俗，殆尤甚于始拼四家者。“德成而上，艺成而下”，见小戴《礼记》。

古之所谓德成者，率以其官高耳。此诗余少作也，当时尚不悟拼凑、调换之可笑。“一念云泥”云云，未能免腐。

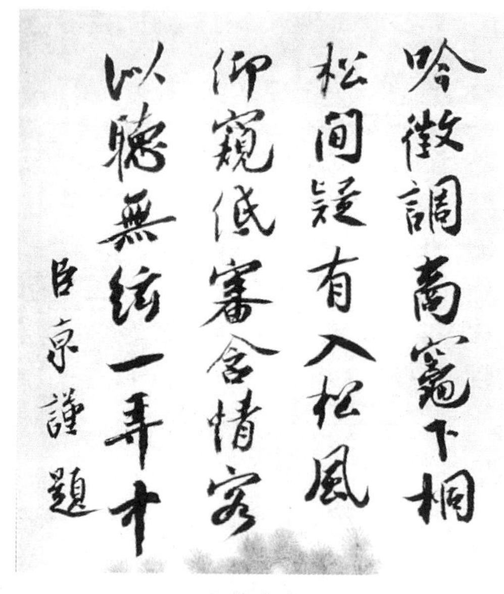

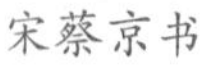

宋蔡京书

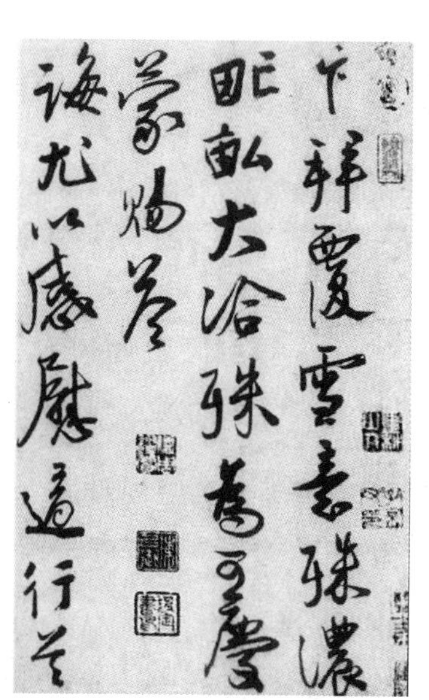

宋蔡卞书

十三

臣书刷字墨淋漓，舒卷烟云势最奇。

更有神通知不尽，蜀缣游戏到乌丝。

米芾。

宋徽宗以当时各书人问米芾，芾历加评骘。问以“卿书如何?”对曰：“臣书刷字。”观此刷之一字，其笔法意趣，不难领略。且不仅可以想象其笔尽其力，而墨在毫中，挤于纸上，浓淡重轻，亦依稀若见。襄阳漫仕不独书艺之精，即此语妙，固不在六朝人下矣。

宝晋斋帖刻米临右军七帖，后有米友仁跋云：“此字有云烟卷舒翔动之气，非善双钩者所能得其妙，精刻石者所能形容其一二也。”右军原帖，亦刻于宝晋斋帖中，比而观之，知小米之言不虚也。

昔东坡称米氏“清雄绝俗之文，超妙入神之字”，米起而自辨云“尚有知不尽处”，遂自夸学道所得。颠语、戏语，自不待深究，其书之妙，则诚有知不能尽而言不能尽者也。

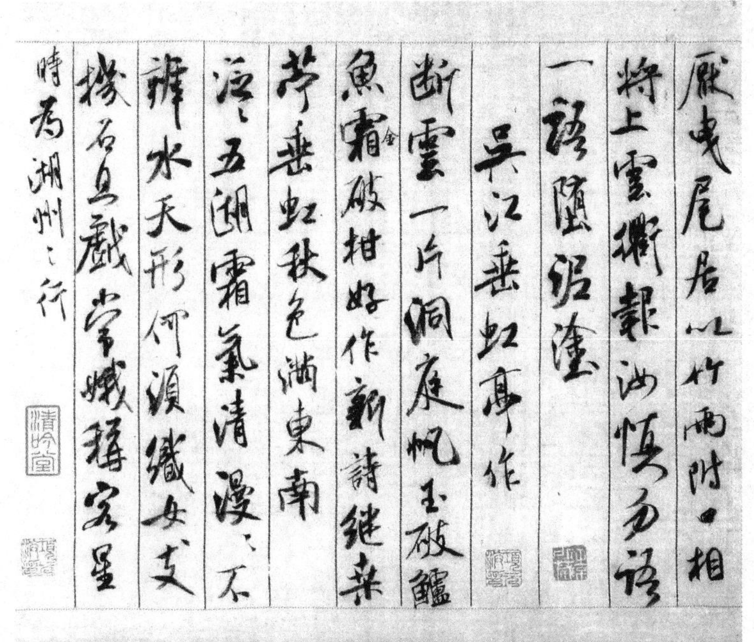

宋米芾蜀素帖

十四

草写千文正写经，温夫逸老各专城。

宋贤一例标新尚，此是先唐旧典型。

王升、张即之。

升亦作昇，字逸老，号羔羊老人。行书似米元章，草书圆润似怀素，而秾粹过之。流传千文一卷，曾刻于南雪斋帖及岳雪楼帖，原迹今已不知存佚如何矣。

即之字温夫，号樗寮。楷书笔法险劲，结体精严，犹存唐人遗矩。流传写经甚多，今有影印者已数本。亦擅书大字，每行两字之长卷，亦有数本。载籍并称其榜书，则已无存矣。

逸老书骎骎入古，世之赝作古法书者，每以其书割截款字以冒唐贤。如馀清斋帖之孙过庭千文，墨妙轩帖之孙过庭千文，俱是逸老之笔。馀清底本，疑出通卷重摹，后加孙款。墨妙底本则割去王款，添“过庭”二字，不知其王升之印章犹在焉。

宋王升草书千字文

金剛般若波羅蜜經
如是我聞一時佛在舍衛
國祇樹給孤獨園與大比
丘衆千二百五十人俱爾
時世尊食時著衣持鉢入
舍衛大城乞食於其城中
次第乞已還至本處飯食
訖收衣鉢洗足已敷座而

宋张即之写经

十五

朴质一漓成侧媚，吴兴赝迹日纷沦。

明珠美玉千金价，自有流光悦妇人。

赵孟頫。

真书行书，贵在点画圆润，结构安详。自此深造，进而益工益精，盖无不至于妍美者。韩昌黎石鼓歌云“羲之俗书趁姿媚”，乃针对石鼓文而言，以篆籀为雅，故作真行者，虽王羲之亦不免俗书之诮。实则篆籀又何尝无姿媚之致哉！孙过庭《书谱》云“篆尚婉而通”，试问婉通之境界，又何似乎？米元章谓柳公权书为“丑怪恶札之祖”，然而《唐书》柳氏本传则谓其“体势劲媚”，可知姿媚、丑怪，与夫雅俗，亦各随仁智之见耳。

赵书真迹，今日所见甚多，然在有清中叶，精品多入内府，世人可见者，率属翻刻旧帖，其中尤多伪帖。若陕西碑林之天冠山诗，用笔偏

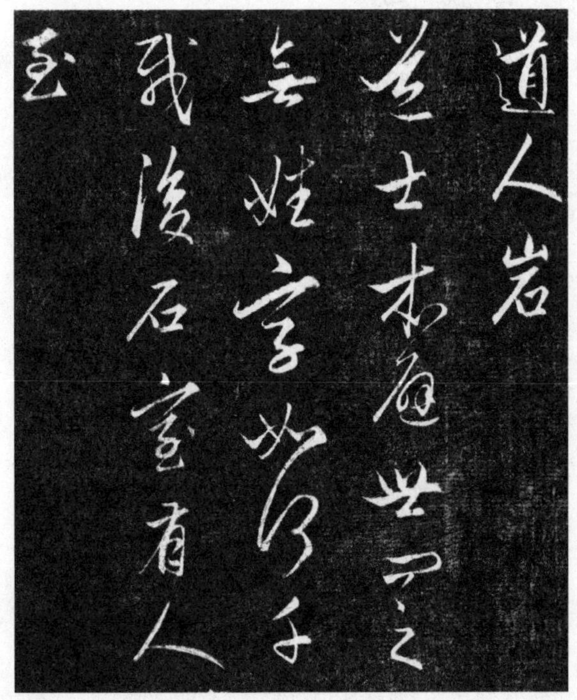

元赵孟頫书天冠山诗伪本

元赵孟頫书三门记

侧，结体欹斜，而通行海内，摹之者，流弊日滋。即此浇漓伪体，当时亦曾有学之得名者，致包慎伯、康长素共斥赵书，盖未尝一见真迹也。

今日传世之真书碑版，如胆巴碑、三门记、福神观记、妙严寺记等，无一不精严厚重，其他简札，更不及具陈矣。此诗少作也，故有微词可悔。

十六

丹丘复古不乖时，波磔翩翩似竹枝。

想见承平文物盛，奎章阁下写宫词。

柯九思。

元代名家之书，无不习染赵松雪法。乃至书籍刻版，亦莫非赵体。最精最似者，当推朱德润泽民，虽赵雍仲穆，亦未能十分克肖，又足见赵法之易学而难工也。柯丹丘掉臂于赵派盛行之际，而能自辟蹊径，以大小欧阳为师，所谓同能不如独诣者。

丹丘善画竹，昔吾宗老雪斋翁尝谓柯书之笔，俱似其所画竹枝，信属妙喻。盖腕力笔踪，于书于画，其用一也。历观元之吴仲圭，明之沈石田，清之龚半千、恽寿平、黄瘿瓢，无论山石轮廓，树木枝干，即人物之衣纹须发，亦莫不与画上题字同节共拍，此书家之画、画家之书，俱易辨而难赝者也。

元柯九思跋陆继善摹兰亭序

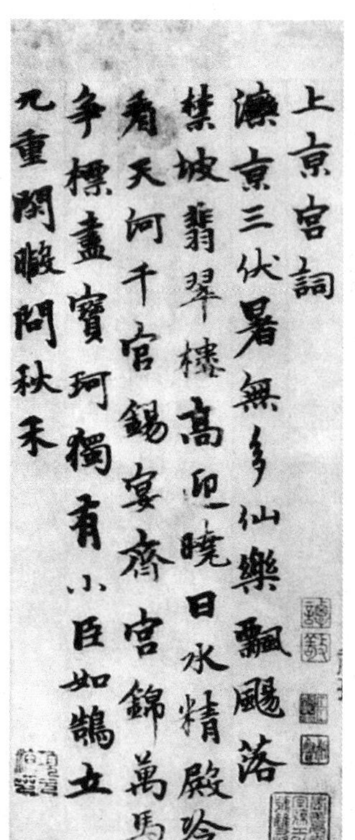

柯九思书宫词

丹丘书传世不多，所见以独孤本兰亭跋尾最佳，惜已烧残。小真书上京宫词，曾见摹本一卷，后得真迹影本，惜原卷不知何在矣。

十七

疏越朱弦久寂寥，陵夷八法亦烦嚣。

论书宁下迂翁拜，古淡风姿近六朝。

倪瓒。

倪瓒以迂自号，世传轶事，怪癖尤多。扬子云谓：诗，心声；书，心画。观其字迹，精警权奇，有阮嗣宗白眼向人之意，盖于世俗书派有夷然不屑一顾之态。按之唐宋法书，亦未见如斯格局者。或谓出自杨义和黄素黄庭经，然今日可见之黄素黄庭，惟玉虹鉴真帖中一本，支离细弱，非复六朝风度，殆出几度重摹矣。更较以西陲出土六朝写经，皆古拙有馀，而精严不足。于是益见迂翁之书，非独傲睨并世群伦，亦且能度越古之作手焉。

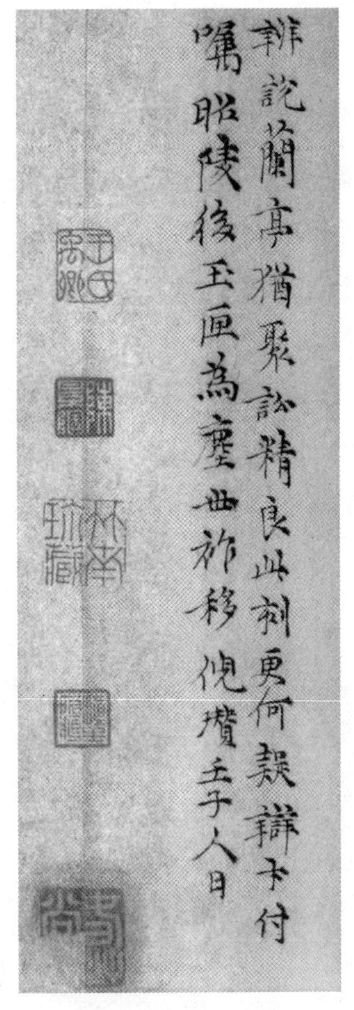

元倪瓒书题兰亭诗

倪书常见者，皆题画之作，世传诗稿残本，汇帖曾刻，亦有影本，潦草不精，或出抄胥之手，惟吴炳本定武兰亭后题诗一首，于世传倪书中，端推上乘。前之陶隐居，后之董香光，俱不复作，书此公案，且待具眼。

十八

万古江河有正传，无端毁誉别天渊。

史家自具阳秋笔，径说香光学米颠。

董其昌。

余于董书，识解凡数变：初见之，觉其平凡无奇，有易视轻视之感。廿馀岁学唐碑，苦不解笔锋出入之法。学赵学米，渐解笔之情，墨之趣。回顾董书，始知其甘苦。盖曾经熏习于诸家之长，而出之自然，不作畸轻畸重之态。再习草书，临阁帖，益知董于阁帖功力之深，不在邢子愿、王觉斯之下也。

董氏早岁曾学石刻小楷如宣示表、黄庭经之类，继见唐人墨迹，始悟笔法墨法之道，屡见于论书及题跋之语。余遂求敦煌石室唐人诸迹而临习玩味，书学有所进，端由于此。

世人于董书，或誉或毁，莫非自其外貌著论，而董之由晋唐规格以至放笔挥洒，其途盖启自襄阳，乃信《明史》本传中“书学米芾”之说，最为得髓。

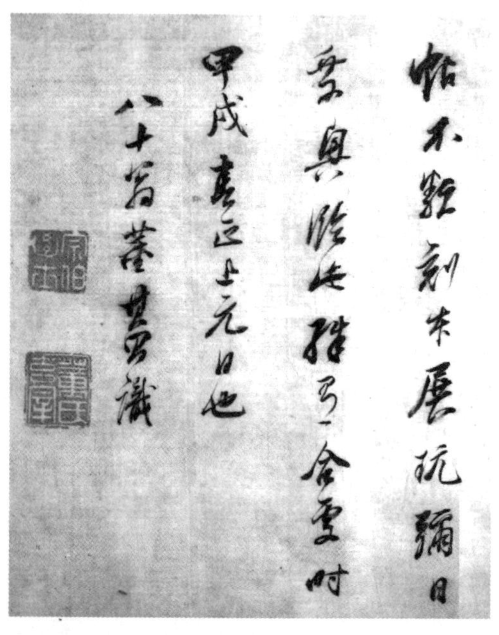

明董其昌行书

十九

刻舟求剑翁北平，我所不解刘诸城。
差喜天真铁梅叟，肯将淡宕易纵横。

翁方纲、刘墉、铁保。

有清书家，有“成刘翁铁”之目。成王爵高，学问又足以济之。试读《诒晋斋集》，可知非率尔操觚者，谓其为爵所掩，亦无不可也。兹故不论。

翁方纲一生固守化度寺碑，字模划拟，几同向拓。观其遗迹，惟楷书之小者为可喜，以其每字有化度之墙壁可依。至于行书，甚至有类世俗抄胥之体者，谓之欧法，则与史事等帖毫无关涉。谓之自运，又每见其模拟一二古帖中字之相同者，吾故曰：翁之楷书，可谓刻舟求剑；翁之行书，则可谓进退失据者也。刘墉书只是其父之法，未见刘统勋书，不能知其底蕴。又自饰之以矫揉偃蹇，竟成莫名其妙之书，此我之所以不解也。

栋鄂铁氏处于乾嘉之际，法书墨迹，俱归内府，取材无所。任笔为书，不失天真之趣，为可尚也。

清翁方纲书

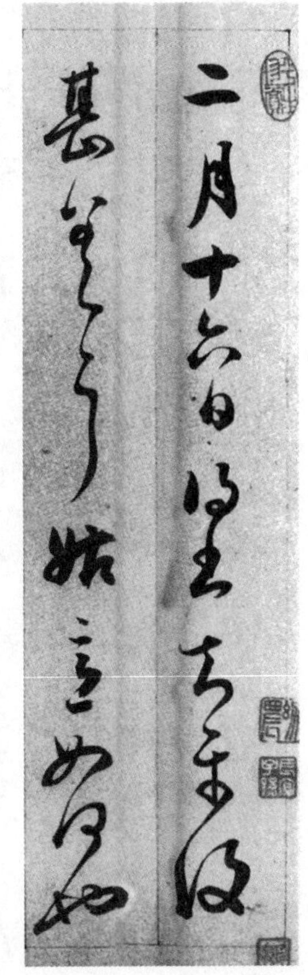

清铁保书

二十

横扫千军笔一枝，艺舟双楫妙文辞。

无钱口数他家宝，得失安吴果自知。

包世臣。以上二十首，一九三五年作。

包安吴文笔跌宕，虽籍安徽，而不为桐城所囿，可谓豪杰之能自立者。

其论书之语，权奇可喜，以为文料观，实属斑斓有致，如汉人之赋京都，读者固不必按赋以绘长安宛洛之图也。何以言之？试观安吴自书，小楷以所跋陕刻庙堂碑一段为最，只是王彦超重刻虞碑之态，于明人略近祝允明、王宠，于北朝人书无涉。其大字则意在郑道昭所书其父文灵公碑，而每划曲折，有痕有迹，总归之于不化。今取北朝人书迹比观之，实未有安吴之体者。地不爱宝，墨迹日出，于是安吴之文词逾其见澜翻，而去书艺逾远也。

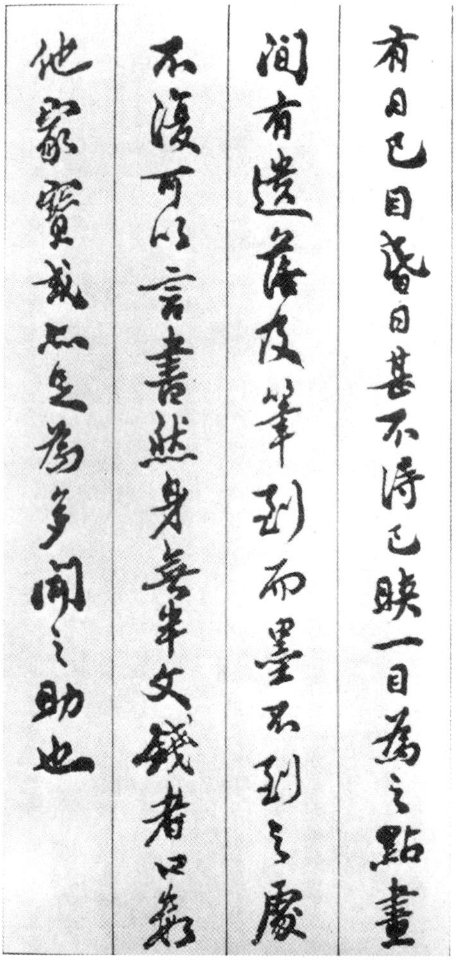

有日已日益日甚不得已暎一目为之点画间有遗落及笔到而墨不到之处不复可以言书然身无半文钱者口数他家宝亦不足为多闻之助也

清包世臣论书诗自跋

曾有自书论书绝句一本，款署“北平尊兄”，未知何人，有影印本，诗后跋语有云：“身无半文钱，口数他家宝。”

安吴晚岁寓扬州，以其好为大言，人称之曰包大话。此闻于吾友医家耿鉴庭先生者。耿扬州人也。

二十一

礼器方严体势坚，史晨端劲有馀妍。

不祧汉隶宗风在，鸟翼双飞未可偏。

礼器碑、史晨碑。

汉隶之传世者多矣。荒山野冢，断碣残碑，未尝不发怀古者之幽情，想前贤之笔妙。乃至陶冶者之划墼，葬刑徒者之刻字，朴质自然，亦有古趣。然如小儿图画，虽具天真，终不能与陆探微、吴道子并论也。

以书艺言，仍宜就碑版求之。盖树石表功，意在寿世，选工抡材，必择其善者。碑刻之中，摩崖常为地势及石质所限，纵有佳书，每乏精刻，如褒斜诸石是也。磐石如砥，厝刃如丝，字迹精能，珍护不替，莫如孔林碑石。历世毡捶，有渐平而无剧损焉。

汉隶风格，如万花飞舞，绚丽难名。核其大端，窃以礼器、史晨为大宗。证以出土竹木简牍，笔情墨趣，固非碑刻所能传，而体势之至精者，如春君诸简，并不出此之外，缅彼诸碑书丹未刻时，不禁令人有天际真人之想！

汉礼器碑

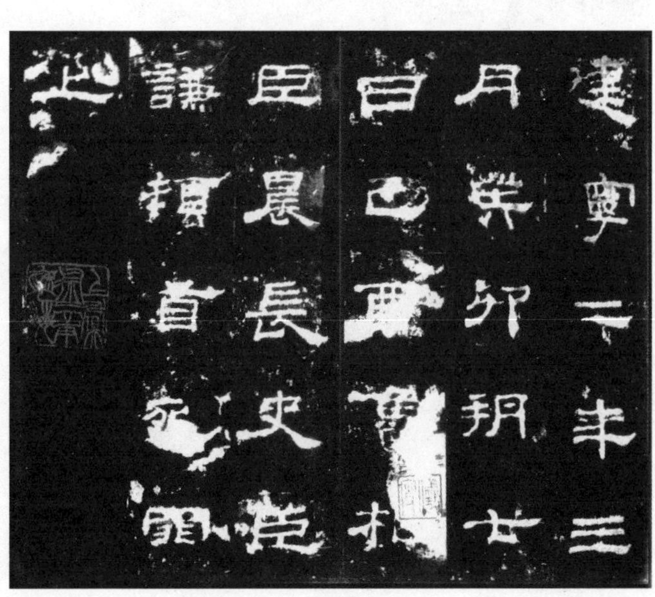

汉史晨碑

二十二

笔锋无恙字如新，体态端严近史晨。

虽是断碑犹可宝，朝侯小子尔何人。

朝侯小子残碑。

碑石上半残失，首行起处曰“朝侯小子”云云，不见碑主姓名，世遂以朝侯小子名之，或曰小子碑。

其石旧藏周季木先生家，曾印入《居贞草堂汉晋石影》中。顾鼎梅先生亦曾辑入《古刻萃珍》。近年石归故宫博物院，不轻易捶拓，墨本不易得矣。

汉朝侯小子残碑

此碑点画工整妍美，极近史晨一路，在汉碑中，应属精工之品。昔郑季宣、杨叔恭诸残碑，以出土时早，曾经乾嘉名辈品题，遂得煊赫于世，而小子碑字迹、镌工，俱无逊于郑杨诸碑，而名不加著者，出土年近而品题者少耳。不佞尝为友人题此碑，戏云：即为此碑吐气，我辈亦须各自奋勉。假令吾二人得为翁覃溪、黄小松，则小子碑亦可侪于郑杨诸石。假令得为欧赵诸洪，则此拓本可值重金，其斤两将逾碑石矣。

二十三

石言张景造郡屋，刊刻精工笔法足。

劝君莫买千金碑，刘熊模糊史晨秃。

张景残碑。

此石近年出土，残损无多，文辞可读。乃景出资为郡中造覆盖迎春土牛之屋，世或称之为张景造土牛碑，盖未谛审也。

此碑体势严整中不失姿媚之趣。且石初出土，字口完好。惟石质似逊于小子残碑，更拓数年，则未卜其丰采如何矣。

此类隶书，在汉碑中，本非稀见，惟古碑传世既久，毡捶往复，遂致锋颖全颓，了无风韵。世传秦鲁名碑，动称宋拓明拓，果出何年，了无确证。争得半划数点未泐，其价每过连城，究其初发于硎时，笔痕刃口，当属何状，则莫之或知也。吾每与友人品评汉碑，宁取晚出零玑，不珍流传拱璧。故于小子、张景诸残石精拓，什袭把玩，常与西陲简牍同观，职此故耳。

汉张景碑

二十四

北朝重造夏承碑，高肃唐邕故等夷。

汉隶缤纷无此体，笔今貌古太支离。

夏承碑疑北齐重立，如北宋之重立吊比干碑也。

汉碑隶体，千妍万态，总其归趋，莫不出于自然。顿挫有畸轻畸重，点画亦或短或长，俱以字势为准。遍观西京东京诸石刻，再印证竹木简牍，无一故作矫揉者。且汉隶既变篆籀，自以简易为主。所谓“马头人为长，人持十为斗”，论文字源流者，以之为俗；当世施用者，以之为便。历观诸碑，除碑额外，隶书之碑文中，绝不搀一篆体。

搀杂篆隶之体而混于一碑中，此风实自魏末齐周开始，至隋而未息。今传夏承碑，字之结构杂用篆法，笔画又矫揉顿挫，转近唐隶之俗者，其整体气息，绝似兰陵王高肃碑、唐邕写经记一派。古碑重写重刻，历代不乏其例，吾故疑此碑为北朝重立者。

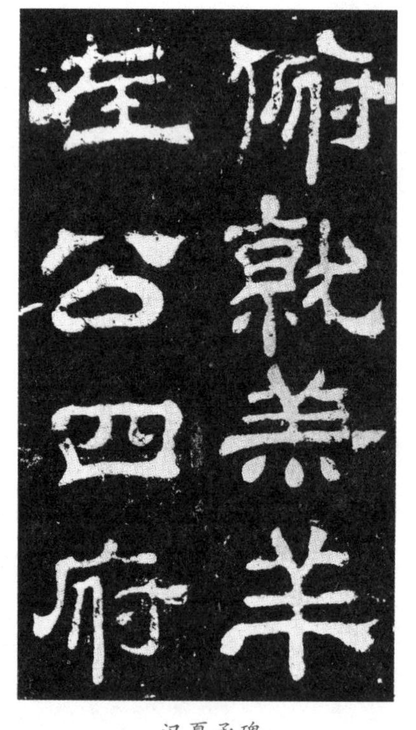

汉夏承碑

汉唐邕写经记

二十五

军阀相称你是贼，谁为曹刘辨白黑。

八分至此渐浇漓，披阅经年无所得。

曹真残碑。

此碑文中有“蜀贼诸葛亮”之语，初出土时，为人凿去“贼”字，故有贼字者，号蜀贼本，无贼字者，号诸葛亮本。继而诸葛亮三字又为人凿去。世虽以蜀贼字全者相矜尚，然实未尝一见也。有其字者，多出移补，或翻刻者。

桀犬吠尧，尧之犬亦吠桀也。犬之性，非独吠人，且亦吠犬，惟生而为桀之犬，则犬之不幸耳。人能无愧其为人，又何惭于犬之一吠哉！明乎此，知凿者近于迂而宝者近于愚矣。

汉隶至魏晋已非日用之体，于是作隶体者，必夸张其特点，以明其不同于当时之体，而矫揉造作之习生焉。魏晋之隶，故求其方，唐之隶，故求其圆，总归失于自然也。

此类隶体，魏曹真碑外，尚有王基残碑，实则尊号、受禅、孔羡诸石莫不如此。晋则辟雍碑，煌煌巨制，视魏隶又下之，观之如嚼蔗滓，后世未见一人临学，岂无故哉！

魏曹真碑

二十六

清颂碑流异代芳，真书天骨最开张。

小人何处通温凊，一字千金泪数行。

张猛龙碑，“冬温夏凊”字未泐者，传为明拓。

真书至六朝，体势始定。羲献之后，南如贝义渊，北如朱义章、王远，偶于石刻见其姓名。其他巨匠，淹没无闻者，不知凡几，盖当时风尚，例不书名也。张猛龙碑在北朝诸碑中，允为冠冕。龙门诸记，豪气有馀，而未免于粗犷逼人；芒山诸志，精美不乏，而未免于千篇一律。惟此碑骨格权奇，富于变化，今之形，古之韵，备于其间，非他刻所能比拟。

温凊凊字，碑书作清，与智永千文同，知南北朝时尚不作凊，只是写清读靖耳。经书传写，偶有异文，后儒墨守，竟同铁案焉。

功获此碑旧拓本，温凊未泐。小子早失严怙，近遭慈艰，碑文不泐，若助风木之长号也。

北魏张猛龙碑

二十七

数行古刻有余师，焦尾奇音续色丝。

始识彝斋心独苦，兰亭出水补粘时。

余藏本尾有残损，曾以向拓法补全之。

其本淡墨精拓，毫芒可见。世传重墨湿墨本，模糊一片，即使损字俱存，亦何有于书法之妙哉！

此拓之尾，不知何时何故，失去数行。有善工以具字本补之，拓墨风神，毫无二致。但多残损点画数处，因假友人所藏明拓本钩摹敷墨，以补其缺。出示观者，每不能辨。指示余所钤印处，始哑然而笑。余颇自诩，今后虽有同时旧拓善本，亦不以此易彼焉。譬如赵子固得定武兰亭，舟覆落水，登岸烘焙，此后其本转以落水得名。余之决眦钩摹又数倍于烘焙之力矣。

北魏张猛龙碑

二十八

世人那得知其故，墨水池头日几临。

可望难追仙迹远，长松万仞石千寻。

“积石千寻，长松万仞”，碑中语也。

余于书，初学欧碑、颜碑，不解其下笔处，更无论使转也。继见赵书墨迹，逐其点画，不能贯串篇章，乃学董，又学米，行联势贯矣，单提一字，竟不成形。且骨力疲软，无以自振。重阅张猛龙碑，乃大有领略焉。

北魏张猛龙碑

北朝碑率镌刻粗略，远逊唐碑。其不能详传毫锋转折之态处，反成其古朴生辣之致。此正北朝书人、石人意料所不及者。张猛龙碑于北碑中，较龙门造像，自属工致，但视刁遵、敬显隽等，又略见刀痕。惟其于书丹笔迹在有合有离之间，适得生熟甜辣味外之味，此所以可望而难追也。

昔包慎伯遍评北碑，以为张猛龙碑最难摹拟，而未言其所以难拟之故。自后学言之，职此之故而已。

二十九

江表巍然真逸铭，迢迢鲁郡得同声。

浮天鹤响禽鱼乐，大化无方四海行。

张猛龙碑书势与瘗鹤铭同调，文有“禽鱼自安”及“鹤响难留”之句。

梁刻瘗鹤铭在镇江焦山，魏刻张猛龙碑在山东曲阜，书碑时正两政治集团对峙，“岛夷”“索虏”，讦詈不休之时，而书风文笔，并未以长江天堑有所隔阂。乃知中华文化，容或有地区小异，终不影响神州之大同也。

自拓本观之，瘗鹤铭水激沙砻，锋颖全秃，与张猛龙碑之点画方严，一若绝无似处者。自书体结构观之，两刻相重之字若鹤字、禽字、浮字、天字等等，即或偏旁微有别构，而体势毫无差异。乃知南北书派，即使有所不同，固非有鸿沟之判者。今敦煌出现六朝写经墨迹，南北经生遗迹不少，并未见泾渭之分，乃知阮元作“南北书派论”，多见其辞费耳。

瘗鹤铭

三十

铭石庄严简札道，方圆水乳费探求。

萧梁元魏先河在，结穴遥归大小欧。

六朝书派，至大小欧阳，始臻融会贯通。端重之书，如碑版、志铭，固无论矣，即门额、楹联、手板、名刺，罔不以楷正为宜。盖使观者望之而知其字、明其义，以收昭告之效耳。扩而言之，如有人于门前贴零丁，曰“闲人免进”，而以甲骨金文或章草今草书之，势必各加释文，始能真收闲人免进之效。简札即书札简帖，只需授受两方相喻即可，甚至套格密码，惟恐第三人得知者亦有之，故无贵其庄严端重也。此碑版简札书体之所以异趋，亦“碑学”“帖学”之说所以误起耳。

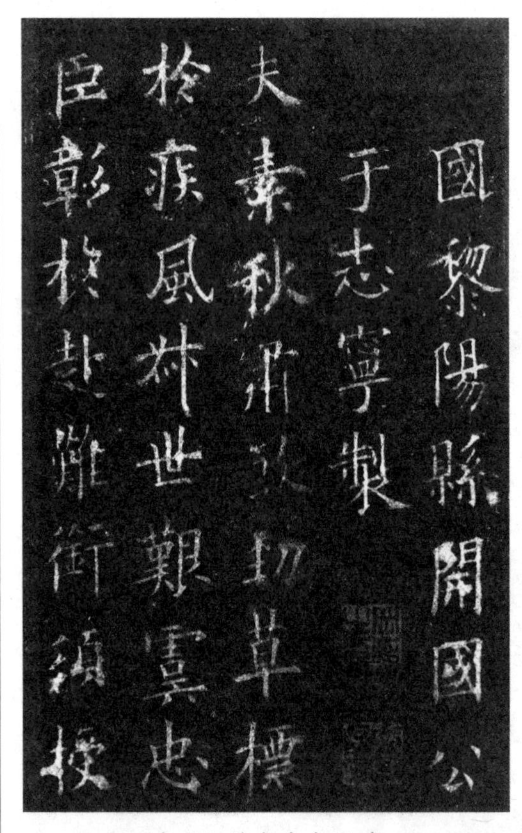

唐欧阳询书皇甫诞碑

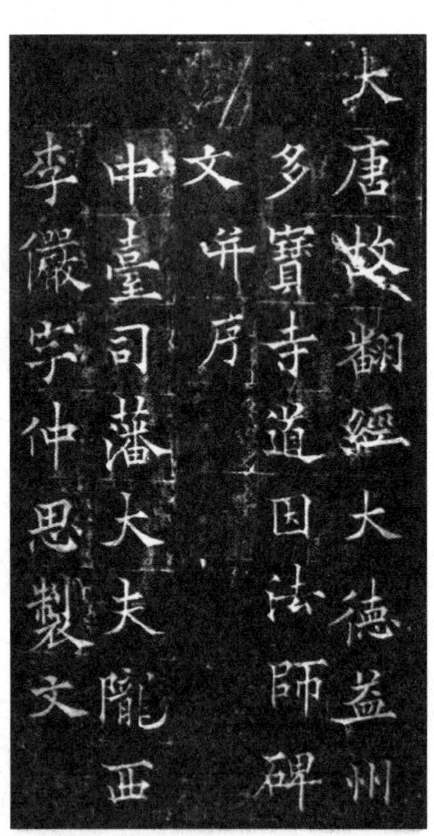

唐欧阳通书道因法师碑

碑与帖，譬如茶与酒。同一人也，既可饮茶，亦可饮酒。偏嗜兼能，无损于人之品格，何劳评者为之轩轾乎？

唐太宗以行书入碑，盖以帝王之尊，不尽顾及路人之识与不识。武则天以草书入碑，其碑乃以媚其面首者。燕昵之私，中冓之丑，何所不至？彼不顾路人之全不能识，而路人亦正掩目而走，又何须责以金石体例乎！

三十一

出墨无端又入杨，前摹松雪后香光。

如今只爱张神冏，一剂强心健骨方。

右六首皆题张猛龙碑。

碑主张君名猛龙，字神囧，此囧字聚讼最多，实则囧字即囧、冏之别构耳。郭宗昌《金石史》释为曶字，又注其音为勿骨切，固风马牛不相及也。

其后碑石微剥，晚拓本字又似圆，于是又有释囦者，盖以古渊字附会也。

余所获明精拓本，其字固分明为“囗”中“只”字，继见魏齐郡王妃常季繁墓志中此字作囧，其为冏之别构，益足信而不疑。盖囧有围义，人居之围墙，马牛之圈圉，义皆可通，故古太仆官职司养马，乃有囧卿之号。而龙喻神驹，豢龙必以神囧，此张君名字相应之所取义，固彰明较著者焉。近代顾燮光先生著《梦碧簃石言》，于张猛龙碑条之注中曾详举异说，折衷定为冏字，是鄙说之所本也。

张猛龙碑

三十二

题记龙门字势雄，就中尤属始平公。

学书别有观碑法，透过刀锋看笔锋。

龙门造像题记数百种，拔其尤者，必以始平公为最，次则牛橛，再次则杨大眼。其馀等诸自郐。

始平公记，论者每诧其为阳刻，以书论，固不以阴阳刻为上下床之分焉。可贵处，在字势疏密，点画欹正，乃至接搭关节，俱不失其序。观者目中，如能泯其锋棱，不为刀痕所眩，则阳刻可作白纸墨书观，而阴刻可作黑纸粉书观也。

始平公造像记

此说也，犹有未尽，人苟未尝目验六朝墨迹，但令其看方成圆，依然不能领略其使转之故。譬如禅家修白骨观，谓存想人身，血肉都尽，惟馀白骨。必其人曾见骷髅，始克成想。如人未曾一见六朝墨迹，非但不能作透过一层观，且将不信字上有刀痕也。

余非谓石刻必不可临，惟心目能辨刀与毫者，始足以言临刻本，否则见口技演员学百禽之语，遂谓其人之语言本来如此，不亦堪发大噱乎！

三十三

王帖惟馀伯远真，非摹是写最精神。

临窗映日分明见，转折毫芒墨若新。

今存之晋人帖，世上流传而非由出土者，只有二纸。一为平复帖，一为伯远帖，其馀莫非辗转钩摹，其能确出唐人之手者，已不啻祥麟威凤矣。伯远原居三希之末，而快雪唐拓，中秋米临，今日已成定谳。论者于伯远犹在即离之间。

余尝于日光之下，映而观之，其墨色浓淡，纯出自然。一笔中自具浓淡处无论已，即后笔过搭前笔处，笔顺天成，毫锋重叠，了无迟疑钝滞之机。使童稚经眼，亦可见其出于挥写者焉。

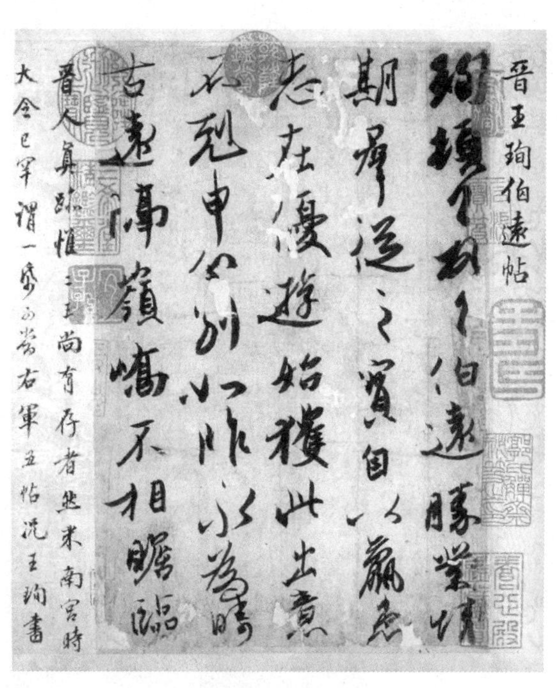

晋王珣伯远帖

惟其纸少麻筋，微见蛀孔，或有疑之者。余近见敦煌所出北周大定元年写经，正有蛀孔。盖造纸因地取材，藤麻互用，苟其书风不古，纸质徒精，亦未见其可据也。

三十四

琅玡奕代尽工书，真赝同传久不殊。

万岁通天留向拓，金轮功绩过天枢。

武则天欲观王方庆家藏其累世先人遗墨，方庆进之，则天命工摹存副本，事载史乘。今残存羲之以下数帖，方庆进呈时署年万岁通天，后世即以名其帖卷。原摹本，纸质加蜡，钩笔极细。棘刺蝇须，不足为状也。

近世此卷未发现之前，论唐摹右军帖，多推日本流传之丧乱帖、孔侍中帖。盖以其有“延历敕定”之印，著录于《东大寺献物账》，足以确证其为唐摹者。今此卷自石渠宝笈流出，重现人间，进帖之年月具在，钩摹自出当时。复有北宋史馆之印，南宋岳倦翁跋，卷中羲献帖外，复有僧虔诸贤之迹。其堪矜诩处，殆不止问一得三矣。

武则天荒淫酷虐，原不足奇，盖历代之统治者皆然，如狼嗜肉而蚊嗜血，其本性所赋者耳。可奇者在自立天枢，以夸功德，留为民族史策之丑，而不自知。今观其摹留此帖，不谓为功不可也，一惠可节，稍从末减！

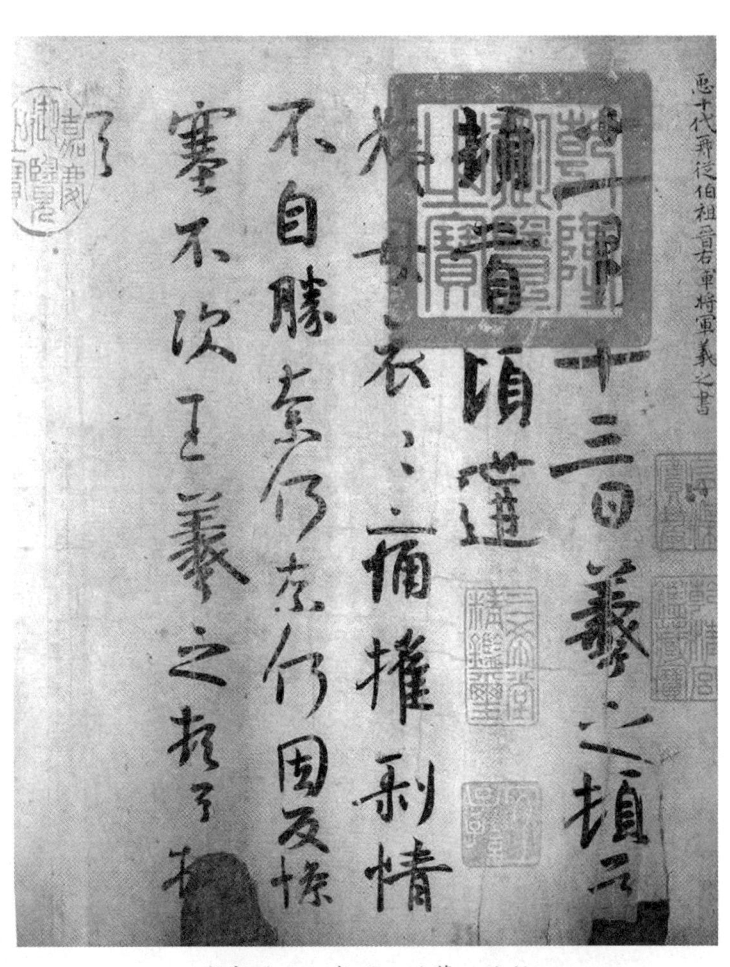

唐武则天万岁通天时摹王氏帖

三十五

或言异趣出钩摹，章草如斯世已无。
梁武标名何足辨，六朝柔翰压奇觚。

佚名章草异趣帖，旧题梁武帝，以其作释典语耳。

此帖两行，字大径寸，体作章草。文曰“爱业愈深，一念修怨，永堕异趣。君不”。笔势翔动，点画姿媚，而古趣盎然，绝非唐以后人所能到。今传世诸章草法书，惟出师颂墨迹可相伯仲，所谓索靖月仪，徒成桃梗土偶而已。

米元章墨迹元日等帖及群玉堂帖所刻论晋武帝书等帖，皆力追此种，可谓形神俱得者。然元章论月仪云：“时代压之，不能高古。”今以异趣较之，元章亦不能逃乎时代也。

此帖昔由西充白氏售诸海外，余闻之白氏云实出唐人钩摹，然自影本观之，毫锋顿挫，一一不失，即作六朝真迹观，又何不可。

章草法书，近世出土不鲜。自汉晋简牍，至唐世所书经论，皆真实不伪者，以云其善，容不尽能，况善而且美者乎？此帖真虽未足，而善美有加，章草之帖，端推上选。

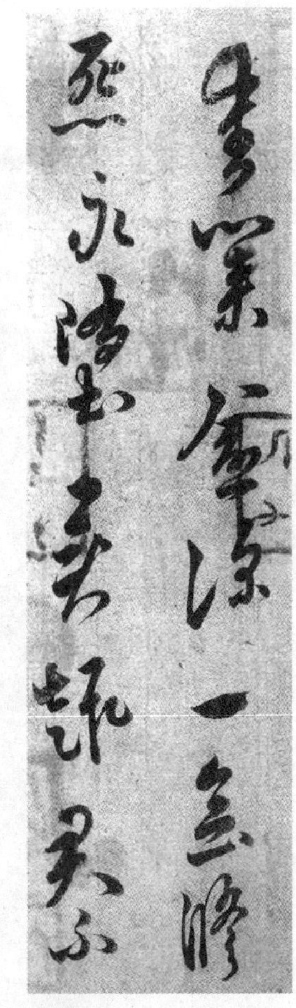

传梁武帝异趣帖

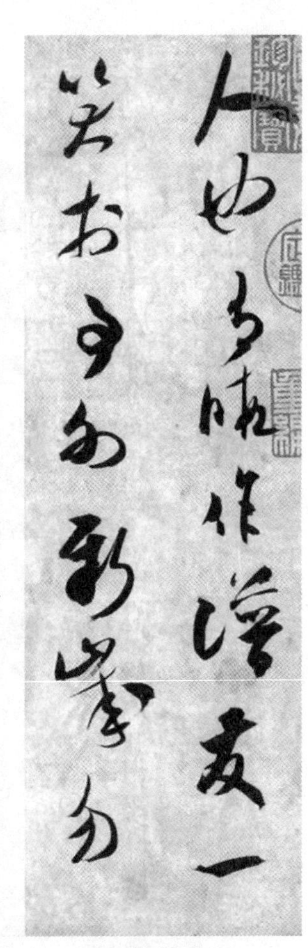

米芾元日帖

三十六

永师真迹八百本，海东一卷逃劫灰。

儿童相见不相识，少小离乡老大回。

智永千文墨迹本，唐代传入日本，持较北宋长安刻本及南宋群玉堂帖刻残本四十二行，再证以六朝墨迹，知其当为永师真迹。

此本自卷改册，不知何时。约当有清季世，入于谷铁臣氏之手，转归小川为次郎氏。始影印行世。有内藤虎次郎氏长跋，以为即《东大寺献物账》中所载之王羲之千文，其言是也。世传千文为集右军畸零单字而成，说虽不经，而其来甚远，账中误题，并无足异。其为遣唐使者携归者则断然不疑者也。永师写千文八百本，散施浙东诸寺，当年唐日交通，必经海道，浙东得宝，事理宜然。

隋智永千字文墨迹本

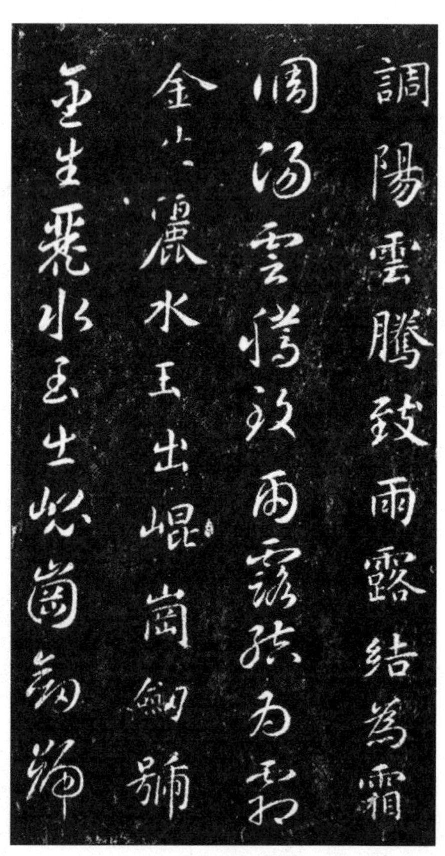

隋智永千字文陕刻本

内藤氏跋疑为唐摹，又见其毫锋墨沈悉出自然，并非双钩廓填者比，乃谓钩摹复兼临写，诚未免遁辞知其所穷矣。余尝戏书其后云：“当真龙下室之时，为模棱两可之论。”此盖时代所限，无如之何。如今所见之西汉帛书，使姚际恒、廖平、康有为见之，又莫非刘歆所造者矣。

三十七

隋贤墨迹史岑文，冒作索靖萧子云。

漫说虚名胜实诣，叶公从古不求真。

佚名人章草书史岑出师颂。米友仁定为隋人书。宋代以来丛帖所刻，或题索靖，或题萧子云，皆自此翻出者。此卷墨迹，章草绝妙。米友仁题曰隋人者，盖谓其古于唐法，可称真鉴。昔人于古画牛必属戴嵩，马必属韩幹。世俗评法书，隶必属蔡、钟，章必属索、萧，亦此例也。

墨迹本有残损之字，有笔误之字，丛帖本中，处处相同，故知其必出一源。余所见各帖本笔画无不钝滞，又知其或出于转摹，或有意求拙，以充古趣，第与墨迹比观，诚伪不难立判焉。

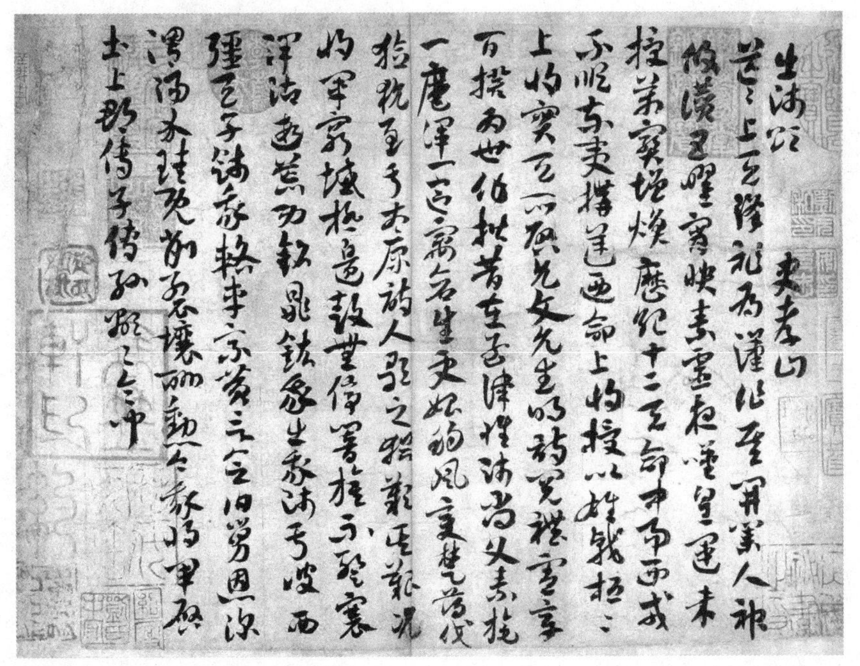

隋人书史岑出师颂

世又传一墨迹本，题作索靖。染纸浮墨，字迹拘挛。宋印累累，无一真者。后有文彭跋数段，曾藏于湮阳端氏，见其所著《壬寅消夏录》，涵芬楼有影印本。后归余一戚友家，曾获见之，盖又在丛帖刻本之下也。

余常遇观古画者，于无款之作，每相问“这到底是谁画的”？因悟失名书画之一一妄添名款者，皆为应此辈之需耳。

三十八

真书汉末已胚胎，钟体婴儿尚未孩。
直至三唐方烂漫，万花红紫一齐开。

唐人真书。

自古字体递嬗，皆有其故。人事日趋繁缛，器用日求便利，此自然之理也。文字为日用之工具，字形亦必日趋便利，始足济用也。试计字

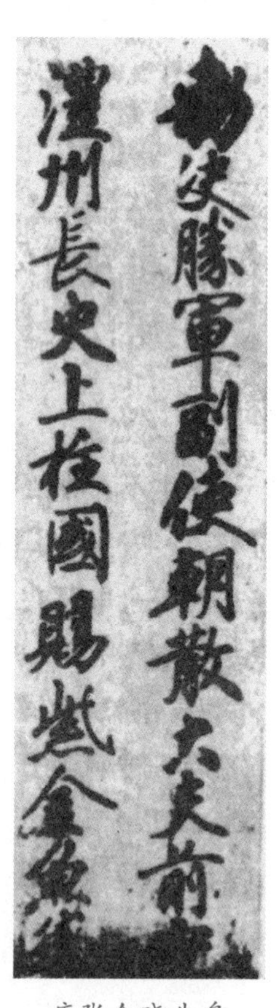

唐张令晓告身

唐人书阿毘昙毘婆沙论

体变迁，甲骨不出殷商，金文延续稍久，小篆与秦偕亡，隶书限于两汉。此谓其当日通用之时，不包括后世仿古之作也。惟真书自汉末肇端，至今依然沿用，中间虽有风格之殊，而结构偏旁，却无大异。其故无他，书写既能便利，辨识复不易混淆，其胜在此，其寿亦在于此。

以艺术风格言，钟繇古矣，而风致尚未极妍；六朝壮矣，而变化容犹未富。至于点画万态，骨体千姿，字字精工，丝丝入扣者，必以唐人为大成焉。此只论其常情，非所计于偏嗜耳。“如婴儿之未孩”，老子语也。

三十九

六朝别字体无凭，三段妖书语莫征。
正始以来论篆隶，唐人毕竟是中兴。

平生不喜雅俗之说，文字尤难以雅俗为判。盖文字者，符号也，安见一二三即雅，而丨〢〣即俗乎？惟文字贵在通行，符号取其共识。如不能通行共识，便成密码。途人共好，遂谓之俗，苟为密码，则虽欲求其俗，亦不可得矣。《干禄字书》所标俗体，以视六朝别字，犹多易识，乃知闭门造字，专辄为书，人不能识，斯真俗不可医者也。

吴天发神谶碑

唐人篆书李思训碑额

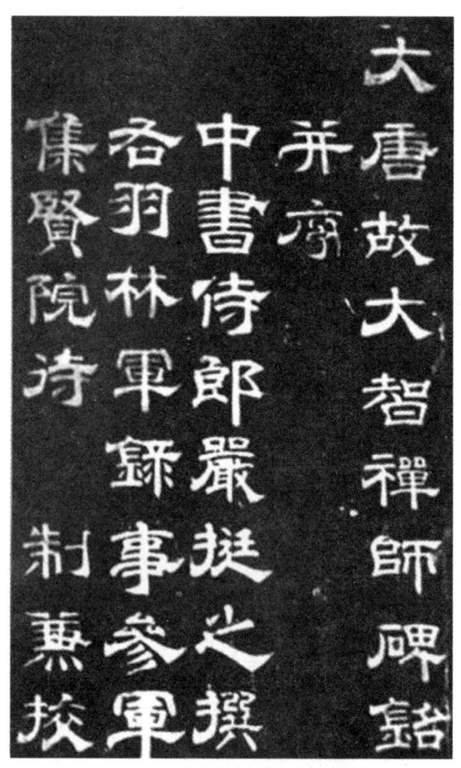

唐史惟则隶书大智禅师碑

六朝俗书，以天发神谶为戎首。扁笔作隶，曹魏已肇其端。其笔毫绝似今之扁刷，而三段神谶碑则以扁刷作篆。车轮四角，行远何堪，况其事其文，俱属吴国之妖孽，不谓为俗，殆不可焉。

平心而论，正始之三体石经，非独第一字犹存孔壁遗型，第二、第三字亦莫非举世共识之体。中经六朝，至唐人始遥接典范。今人不敢薄唐篆而轻议唐隶，吾未见其有当也。

四十

事业贞观定九州，巍峨宫阙起麟游。

行人不说唐皇帝，细拓丰碑宝大欧。（观从平读）

九成宫醴泉铭。

唐太宗集矢于弟兄，露刃于慈父，翦灭群雄，自归馀事。避暑九成，甘泉纪瑞，所以粉饰鸿业者至矣。魏钜鹿之文，欧渤海之字，俱一时之上上选也。然今之宝此碑者，一波一磔，辨入毫芒；或损或完，价殊天地者，但以其书耳。至其文，群书具在，披读非难，而必挂壁摊床，通观首尾者，意不在文明矣。文且无关，何有于事？事之不问，何有于人？乃知挂弓之虬须，有愧于书碑之鼠须多矣！

每见观碑之士，口讲指画者，未尝有一语及于史事，以视白头宫女，闲说玄宗，情殊冷暖，其故亦有可思者。此石今在西安，累代毡捶，已邻没字。而观者摩挲，犹诧为至宝。至榷场翻摹，秦家精刻，至今尚获千金之享，故昔人云：翰墨之权，堪埒万乘也！

唐欧阳询书九成宫碑

四十一

买椟还珠事不同，拓碑多半为书工。

滔滔骈散终何用，几见藏家诵一通。

前诗意犹未尽：夫古董家藏金石，争奇斗胜，辨点画之秾纤，较泐痕之粗细，其意不在文，固人所共喻者。若叶鞠裳先生撰《语石》，自石刻之渊源、形制、文体、书风，以至论人、考史、佚事、馀闻，莫不爬罗搜剔，细大无遗。乐石之学，至此可谓独辟鸿蒙，兼包并孕者矣。惟其自述收集拓本，指归仍在于书，以为书苟不佳，终不入赏。鞠翁犹复如此，又遑论于孙退谷、翁覃溪诸家哉。

未收不知東南摩厓唐人詩刻可采者尚不少宋元名家如石湖劍南遺山諸詩零殘碎璧亦可補全集之遺金石文字有碑攷古如此豈得爲玩物喪志哉然吾人搜訪著錄究以書爲主文爲賓文以攷異訂訛抱殘守闕爲主不必苛繩其字句若明之弇山尚書輩每得一碑惟評隲其文之美惡則嫌於買櫝還珠矣 右輯錄碑文一則

撰書題額結銜可以攷官爵碑陰姓氏亦往往書官於上斗筲之祿史或不言則更可以之補闕郡邑省并陵谷遷改參互攷求瞭於目驗關中碑誌凡書生卒必云終於某縣某坊某里之私第或云葬於某縣某鄉某里之原以證雍錄長安志無不脗合推之他處其有資於邑乘者多矣至於訂史唐

清叶昌炽《语石》书影

然自书法言之，崇碑巨碣，得名笔而益妍；伟绩丰功，借佳书而获永。是知补天之石，尚下待于毛锥；建国之勋，更旁资于丹墨。虽燕许鸿文，韩柳妙制，于毡蜡之前，仅成八法之楦，又何怪藏碑者多而读碑者少乎？

夫撰文所以纪事，濡丹所以书文，而往往文托书传，珠轻椟重。岂谀墓过情者，有以自取耶？

四十二

集书辛苦倍书丹，内学何如外学宽。

多智怀仁寻护法，半求王字半求官。

怀仁集王羲之书圣教序。

唐太宗好王羲之书，一时风靡。其自书晋祠、温泉二碑，即用羲之行押之体，行书入碑，盖自兹始。僧怀仁刻圣教序，逐字集摹王书以成，正可谓双重护法。

古代碑上文，大都列三人衔名，曰篆额，以篆书题额也；曰撰文，撰作碑文也；曰书丹，以朱色书其文于石上，以其笔迹鲜明，易于刊刻也。而集字则不然，必先以蜡纸摹得真迹上字，再以细线勾勒每一点画之背，轧附于石上，然后奏刀，逐线刻之。古碑后或著石工姓名，然皆只称刻石或称镌字而已。惟此碑后有勒石者，有刻字者。盖勒石者，谓勾字附于石上也；刻字者，谓以刀刻石成字也。昔传集字二十年始成，以其工度之，殆非过夸。

佛家以佛书为内典，其学曰内学；教外典籍为外典，其学为外学。书艺于佛家，亦属外学。怀仁集字，千古绝技，而集字书经咒，颇有误字，知其外学精于内学也。

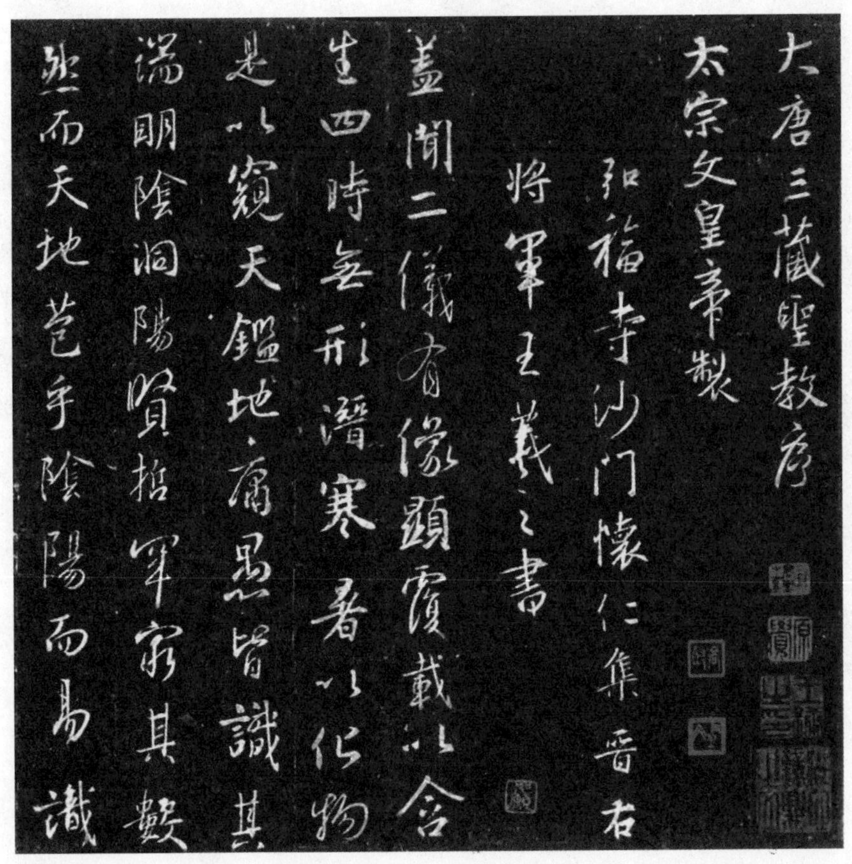

唐怀仁集王羲之书圣教序

四十三

集王大雅亦名家，半截碑文语太夸。

写得阉妻颜色好，圆姿替月脸呈花。

大雅集王羲之书兴福寺碑残石，功德主为宦官某氏。碑记其妻云：“圆姿替月，润脸呈花。”

按此碑残存下半段，故俗呼为半截碑。世之残碑仅存半截者多矣，而此碑独以半截著称，亦可见其于群碑之中，位望特尊，有如赞拜不名焉。其功德主名“文”，姓氏适在碑之上半，已无可考。碑文撰者名字缺失，集字人大雅亦失其姓。

唐大雅集王羲之书兴福寺碑

碑文有云：“惟大将军矣，公讳文。”世或误观“矣”字为“吴”字，读成“吴公讳文”，遂有呼为吴文碑者。又因有雷轰荐福碑故事，竟误以此碑当之，谓其残断，即由雷轰，乃有径题曰荐福碑者。误传之语，此碑独多，当由集摹王书宝之者众耳。然其摹集，拼凑益多，更少顿挫淋漓之胜，远不如怀仁圣教也。

六朝唐人碑志中，每多隽语。此碑“圆姿”二语，读之更欲令人绝倒。不知作者为有心嘲弄，抑为随俗称扬，以唐人于闺阃姿容，并不以赞为渎也。

四十四

草字书碑欲擅场，羽衣木鹤共徜徉。

缑山夜月空如水，不见莲花似六郎。

升仙太子碑。

碑称武则天撰文并书，字作草体，亦不必究诘其是否代笔也。草字入碑，前此未有，以碑文所以昭示于人，草书人不易识，乃失碑文之作用，然于此碑，俱非所论也。

则天媚其面首张昌宗，无所不至。昌宗既号为王子晋后身，乃著羽衣，骑木鹤，舞于殿庭，以娱鸡皮老妪。此妪亦为之树丰碑，立巨碣，大书而深刻之。此际王之与张，追魂夺舍，颠倒衣裳，几可谓集丑秽之大成矣。然而事犹未了也。

缑山有古墓，世传为王子晋瘗蜕之所。则天命发之，棺椁全空，惟馀一剑，埋幽无志，取证莫从。于是腾笑馀波，难于收拾。乃为重瘗起坟，树碑记事，命薛稷书之。以不知名氏，但题曰“眘冥君铭”。汇帖有节摹其铭文者，全碑拓本，不知尚有流传者否？

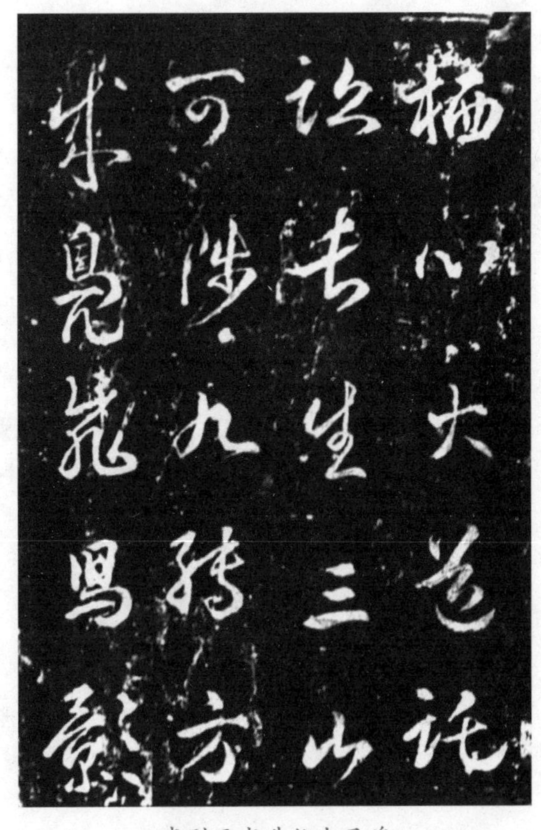

武则天书升仙太子碑

掩骼埋胔，古称善举。不然，宝其铜剑，精考细拓，锢藏深锁，奇货以居。而残骼馀胔，信手抛掷，转不如龟背牛胛，犹获椟盛。则眘冥君者，亦多幸矣。

四十五

书谱流传真迹在，参差摹刻百疑生。

针膏起废吾何有，曾拨浮云见月明。

孙过庭《书谱》墨迹本，前人或疑其未真，余曾撰文考之。

昔人少见法书墨迹，又习于板刊阁帖，石刻碑文。观其点画全白，笔无浓淡，遂有毫锋饱满、中画坚实等种种揣测。《书谱》又但传明人翻刻太清楼本，毫颖全秃，字字柴立。积非成是，遂成吴郡书风之标准。及墨迹复出，笔踪墨沈，轻重可见，而群疑蜂起，莫衷一是矣。

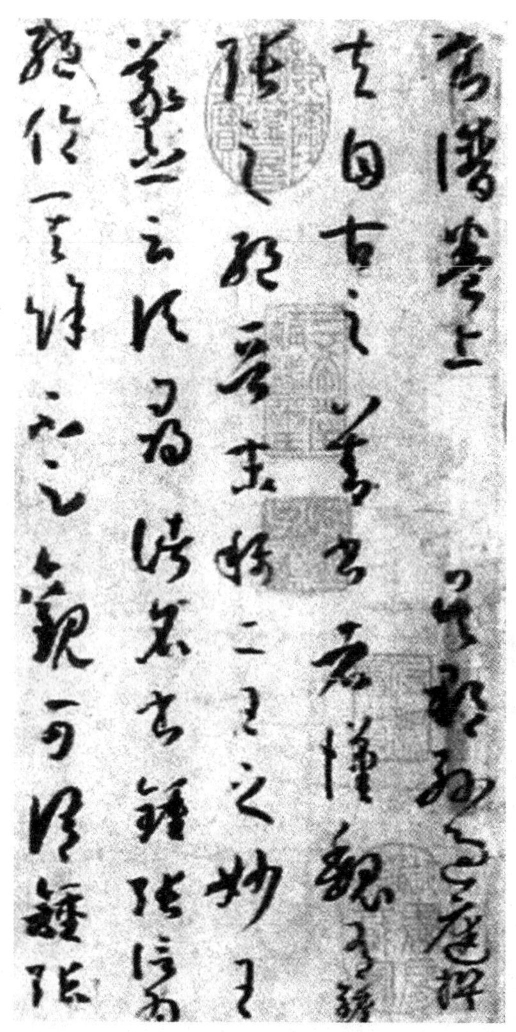

孙过庭《书谱》墨迹

疑者以为宋元人临者有之，以为明清人自停云馆帖摹出者有之，其故无他，点画不与枣板上草书相似耳。最可异者，真本太清楼刻残帙出，观者固信其真矣，字字校之，与墨迹悉符，而疑墨迹者依然如故焉。余初犹诧疑者校对之疏，继悟点画中之浓淡，刻本无而墨迹有，故疑者终不释然耳。呜呼！脏腑洞察，已属常科，而枣石膏肓，犹同玉律，积习成痼，可不畏哉！

四十六

青琐蝉娟褚遂良，毫端犹带绮罗香。

可怜鼓努三龛记，乍绾双鬟学霸王。

伊阙佛龛碑。

褚河南书，世称为青琐蝉娟，不胜罗绮。观于雁塔圣教序，正符所喻，亦褚书之本来面目也。至于女道士孟法师碑，则有意求其严整，未免有矜持之态。惟字不盈寸，引弦尚不难于中彀。至伊阙佛龛碑，则不然矣。

昔日丰碑，贵在大书深刻，结字欲其充实，行毫欲其饱满，所谓擘窠书者，正贵其填足方格也。盖行押书挑剔撩拨，便于简札，唐代之前不以入碑。晋祠、温泉，帝王之笔，作古自我，莫之敢议也。不宁是也，楷正之真书，于书碑者尤或嫌其未古，必搀以隶意，始觉庄严。如北齐诸刻，文殊般若碑，泰山金刚经，呼为隶则似真，呼为真又似隶。胥直此之由也。

河南书趣，本不适于方整，而此碑独架构求其方，笔势求其挺，于是鼎折膑绝，两败俱伤，则误追隶意，舍长就短之故耳。

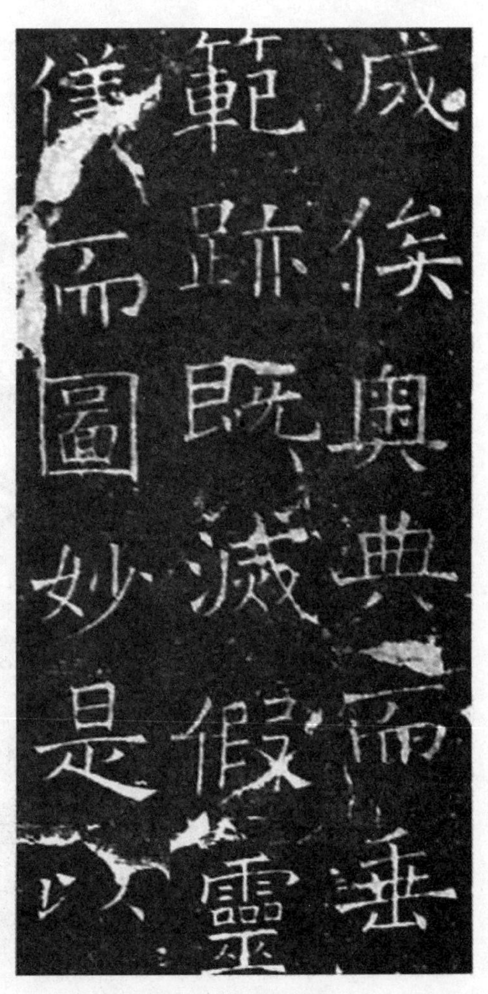

褚遂良书伊阙佛龛记

四十七

翰林供奉拨灯手，素帛黄麻次第开。

千载鹡鸰留胜迹，有姿无媚见新裁。

鹡鸰颂。

此颂因为唐明皇御撰，后有敕字，遂号为御书。然明皇书有裴耀卿奏记批答及石台孝经批字，笔势与此并不尽合，因启后人之疑。疑者有二类，其一疑为米临，此已不足多辨。其一谓为硬黄摹本，其说谓米元章记其所见者为绢素本，米氏鉴定，不能有讹，此非绢本，必属不真。且硬黄摹书，已成常谈，此本既为硬黄，苟非摹书，又将何属？余昔年曾见原迹，墨痕轻重，迥异钩填，然则此桩公案，究竟如何剖决？

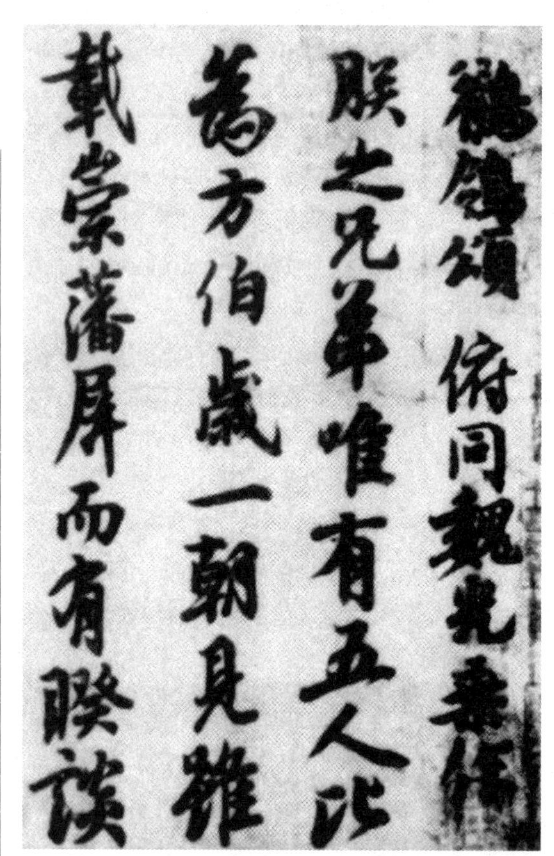

传唐明皇鹡鸰颂

一日阅宋代诏敕、告身，皆出御书院、制诰案书手所写者。文属王言，后有敕字，然无一本出宋帝亲笔。又见乾嘉时南斋翰林奉敕以精笺录御制诗文，或高头巨卷，制逾寻常；或寸馀小册，仅盈掌握。而同一诗文，累见复本。盖词臣精写，以代印刷，清代尚尔，遑论李唐。米氏所见绢本与此纸本，可谓同真同伪。同真者，同出开元翰林供奉也；同伪者，同非明皇手书也。至于硬黄必用以摹书之说，则痴人前不必说梦矣。

四十八

跌宕为奇笔仗精，飙如电发静渊渟。

学来俗死何须怪，当日书碑太逞能。

李邕。相传有自论其书之语云，似我者俗，学我者死。

行押书碑，自晋祠铭始。李靖诸碑继之，而纤弱不能跨皂。怀仁集王右军书，只是巧艺之工，无关书碑之事。李泰和出，行书书碑，始称登峰造极。盖碑版铭石，书贵庄重，而行押佻举，两不相侔。李书则以蝉联映带之笔，作泉注山安之势。欹侧之中，具方严之度。书丹之道，至此顿开天地。

李氏书碑，云麾二李之外，麓山最为煊赫。石室、灵岩，刻手不精；东林、追魂，只传翻刻而已。刻手最精者，推李思训碑，其起止截搭，作用亦最明显，一若其体之固然者。然吾得麓山碑阴，排列出赀人名，字不盈寸，明人以大字题名覆其上，拓者遂少。其字既小，又属例列衔名，不如碑面之精意，其跌宕之姿，竟无所施展。乃知其百态纷呈，未免出于有意耳。

李邕书李思训碑

四十九

真迹颜公此最奇，海隅同慰见心期。

请看造极登峰处，纸上神行手不知。

颜真卿瀛州帖，有“足慰海隅之心”之句。

鲁公书，非独为有唐八法之宗，亦古今书苑不祧之祖。其铭石之作，上下千年，纵横万里，莫不衣钵相沿，千潭月印，已无待末学小子之喋喋也。而宋人独尊其行押，如苏东坡、米溪堂，至以杨凝式配享，号为颜杨。盖墨迹流传，宋时尚夥。观夫忠义堂帖宋拓真本中，简札翩翩，足以洞心骇目。岁序迁流，累经尘劫，宋人所见，今殆百不一存焉。

今世传墨迹，可列上驷者，只见四事：楷书大字首推告身。然名家书告，唐代虽一时偶有其事，并非每告必出名家。且自书己告，实事理之难通者。湖州帖全属宋人笔习，其非唐迹，已不待言。惟祭侄、瀛州二卷，则赤日经天，有目共见。瀛州一帖，尤为欣快时所书。昔人以宋拓圣教序谥为墨皇，正当移标此迹也。

东坡论笔之佳者，谓当使书者不觉有笔，可谓妙喻。吾申之曰：作书兴到时，直不觉手之运管，何论指臂？然后钗股漏痕，随机涌现矣。

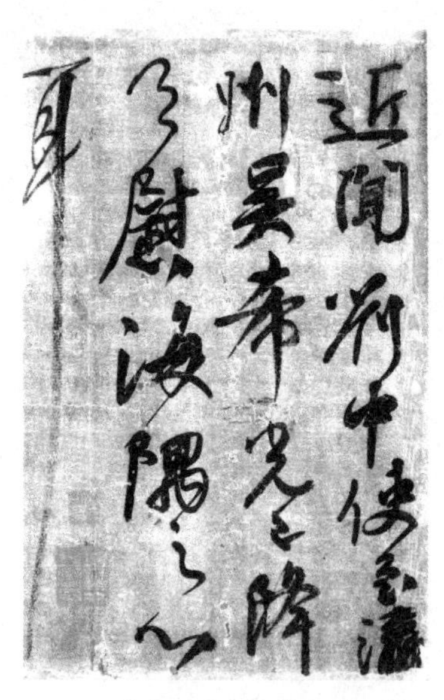

唐颜真卿瀛州帖

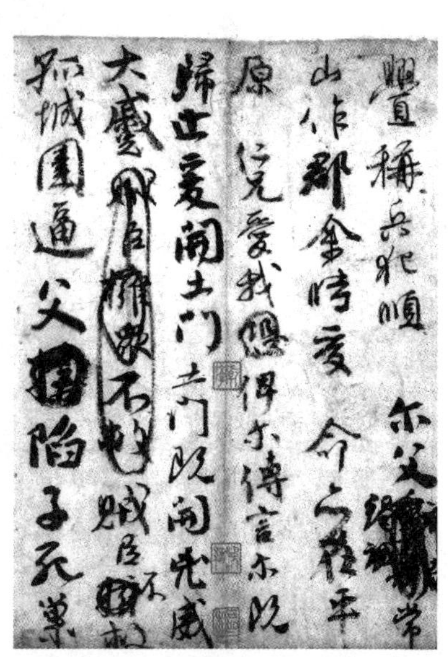

唐颜真卿祭侄文稿

五十

敏捷才华号立成，杜家兄弟远闻名。

正藏文轨传东国，多仗中台笔墨精。

日本天平皇后藤原氏行书《杜家立成杂书要略》一卷，皆拟尺牍之文，乃隋人杜正藏所撰，见《隋书·文学传》。

后氏藤原，名光明子，圣武帝之后。圣武殂后，后曾建紫徽中台，辟官属。中台者，殆犹中土宋代皇后之称中殿耳。

此卷五色笺上所写，行书古厚深美，流漓顿挫，允推上品。日本列之于国宝，宜也。近世为中国所知，始于杨惺吾之《留真谱》，顾仅摹刻数行。又于所跋宋拓索靖月仪帖言及之，谓是唐人之作。日本内藤湖南复遍考隋唐史籍中经籍、艺文诸志，广事比较古代模拟尺牍之文，见所著《研几小录》。然犹未得作者主名，盖未检《文学传》耳。

《文学传》称其父子兄弟俱以文采世其家，故号杜家。遇题赋物，援笔即就，故号立成。正藏曾撰《文轨》，传于新罗、百济。此殆《文轨》中之书简一卷，自新罗以入日本者。如有继严铁桥补辑全隋文者，亟当录入。

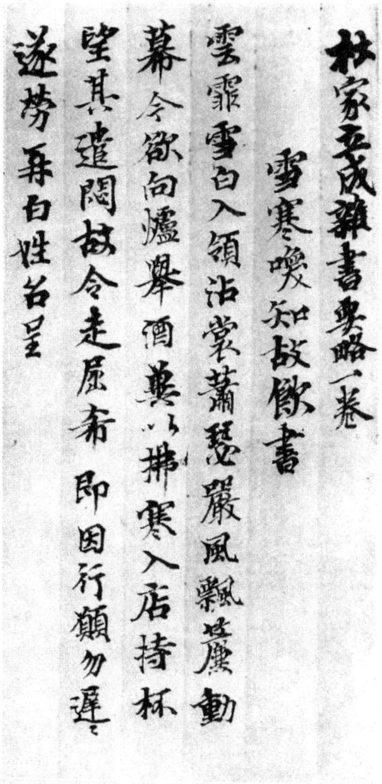

日本光明后书《杜家立成杂书要略》

五十一

东瀛楷法尽精能，世说词林本行经。

小卷藤家临乐毅，两行题尾署天平。

东瀛所传古写本，多出唐时日本书手所录。如《世说新书》残卷、

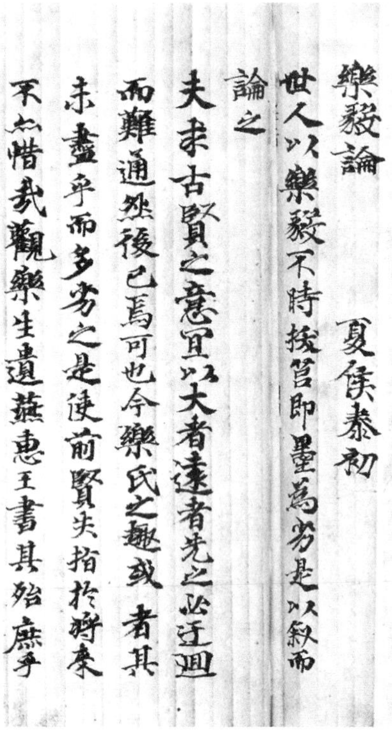
樂毅論　夏侯泰初
世人以樂毅不時拔莒即墨爲劣是以敘而
論之
夫求古賢之意宜以大者遠者先之必迂廻
而難通然後已焉可也今樂氏之趣或者其
未盡乎而多劣之是使前賢失指於將來
不亦惜哉觀樂生遺燕惠王書其殆庶乎

日本光明后临乐毅论

《文馆词林》若干卷，《佛本行集经》虽后有隋代尾款，实出迻录者，皆笔法妍丽，结体精美，即在中土，亦属国工。或以为即唐土名手所书，恐未尽然也。试观《东大寺献物账》，及藤原后所造诸经，固出天平书手之彰明较著者，其与《世说》等迹，并无二致。盖当时楷手高品，犹恪守唐格，和样之书，尚未形成也。

乐毅论为右军真迹，南朝至唐，屡经鉴家道及。而宋后所传，但有石刻。枣石上辨小楷，如蚊睫操刀，只成谐喻，而断断辨“海”字之有无，未免深堪悯笑矣。至明吴廷得旧摹本，刻入馀清斋帖，微见行笔顿挫之意，又启石墨家之聚讼。

藤原后临本既出，无论其于右军真迹，相距何如，但观其结字，固足与石刻相印证，而纵横挥洒，体势备见雄强。右军已远，典型犹在，岂余一人之私言耶！

五十二

羲献深醇旭素狂，流传遗法入扶桑。

不徒古墨珍三笔，小野藤原并擅场。

日本嵯峨帝、橘逸势、释空海书，号为三笔。藤原佐理、藤原行成、小野道风，号为三迹。日本书道，实传东晋六朝以来真谛，盖自墨迹熏习，不染刀痕蜡渍也。

嵯峨帝书以李峤诗为最胜，颇似欧阳信本。橘氏书愿文，跌宕纵横，未见其匹。弘法大师书，传流较多，诸体并长，必以风信帖为最胜。此皆真行之典范，与中土中唐以来名家，固兄弟行也。

稍后佐理、行成，草书最妙，笔端风雨，不减颠素。昔王梦楼题日本书有“但觉体类芝与颠”之句，可谓先得我心。

道风书有屏风稿，点画圆融，有右军快雪时晴帖遗意。又传临右军草书诸帖，远胜枣板规模。惟此临王诸帖又传为行成之笔，疑莫能明耳。

日本嵯峨帝书《李峤诗》

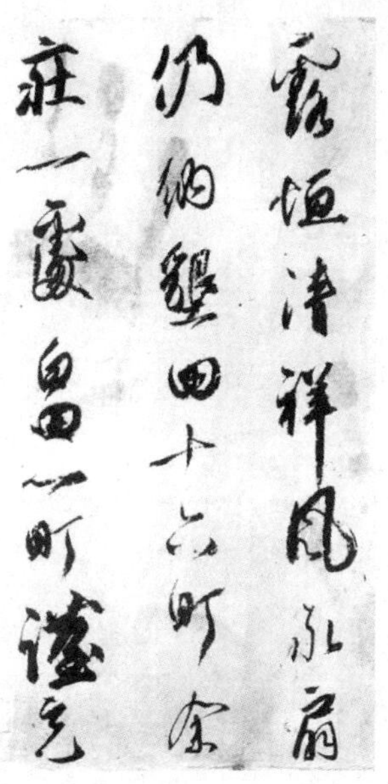

橘逸势书《愿文》

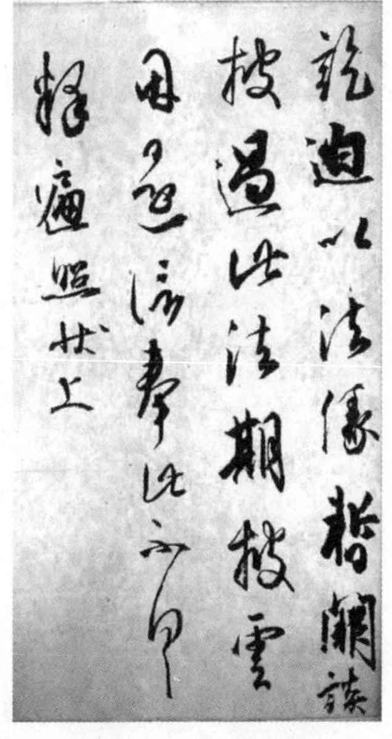

僧空海书《风信帖》

小野道风书《屏风稿》

五十三

笋茗俱佳可迳来，明珠十四迈琼瑰。

精纯虽胜牛腰卷，终惜裁缣吝袜材。

怀素苦笋帖，绢本真迹。其文云："苦笋及茗，异常佳，乃可迳来。怀素白。"

怀素草书传世墨迹，今日得见者，只有四事：一、自叙帖长卷；二、小草书千字文；三、食鱼帖；四、苦笋帖。请分别论之：

怀素自叙长卷，摹本最多。北宋时苏舜钦得一本，前缺一纸共六行，苏氏自为补全。其本是真是摹，并不可知。传至清代，只存石渠宝笈所藏一卷，粗如牛腰，即今日流行影印之底本。四十年前，曾屡获目睹，再以摄影本印证之，自首至邵周、王绍颜跋，皆出钩摹。此后杜衍以下诸跋，始为真笔，并无苏舜钦自跋。知非苏氏之卷。无论其为何人钩摹，精细圆转，实为钩魂摄魄之工焉。绢本小草千文卷，笔意略形颓懒，盖晚年之迹也。食鱼帖近时重现，亦属精摹之本。以精美跌宕求之，苦笋当推第一。惟卷中诸古印，俱出妄人伪钤，且戋戋两行，真有惜墨如金之感。真美精多，兼备何易。劫火不及，巍然留于沪上博物馆中，亦足慰矣！

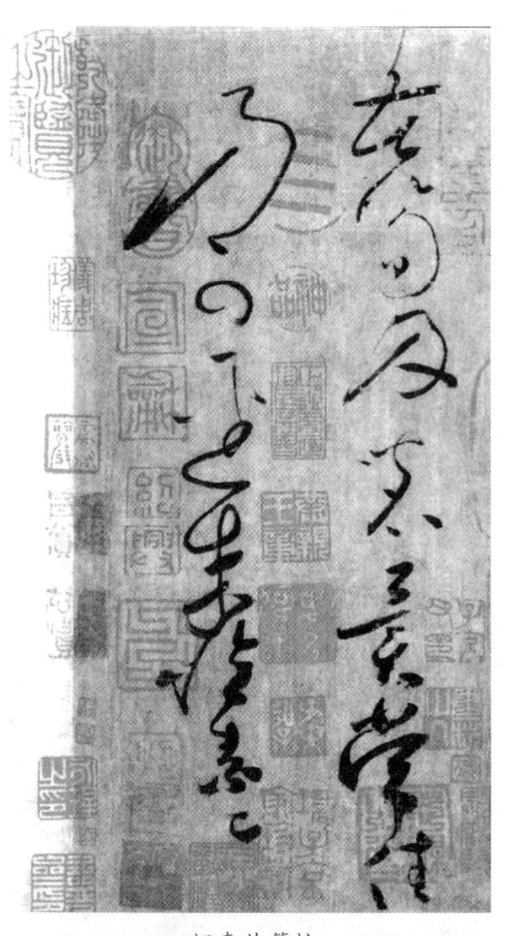

怀素苦笋帖

五十四

劲媚虚从笔正论，更将心正哄愚人。

书碑试问心何在，谀阉谀僧颂禁军。

柳公权书神策军碑、玄秘塔碑。

柳书碑版，传世甚多。今所存者，必以神策军、玄秘塔二碑为最精。玄秘刻手，犹偶有刀痕可见，惟神策孤拓，无异墨迹焉。

柳书，史称其体势劲媚，此言最为确论。至于史传载其对穆宗有心正笔正一语，实出一时权辞，而后世哄传，一似但能心正，必自能书，岂不傎乎？忠烈之士，如信国文公；禅定之僧，如六祖惠能，其心不可谓不正矣。而六祖不识文字，信国何如右军，此心正未必工书之明证也。且神策军操之宦官，腥闻彰于史册，玄秘塔主僧端甫，辟佞比于权奸，柳氏一一为之书石。当其下笔时，心在肺腑之间耶？抑在肘腋之后耶？而其书固劲媚丰腴，长垂艺苑。是笔下之美恶，与心中之邪正，初

柳公权书神策军碑

玄秘塔碑

无干涉，昭昭然明矣。

余为此辨，非谓心正者其书必不善，更非谓书善者其心必不正。心正而书善者世固多有，而心不正书更不善者，又岂胜偻指也哉！

五十五

诗思低回根肺腑，墨痕狼藉化飞腾。

满襟泪溅黄麻纸，薄幸谐谈未可听。

杜牧自书张好好诗真迹，其结句云："洒尽满襟泪，短章聊一书。"此卷硬黄麻纸，墨痕浓淡相间，时有枯笔飞白，中有点定之字，知非出于他人重录。斯樊川之亲笔，人间之至宝也。唐代诗人字迹，即石刻本，且半属依托者，尚不易多见，况豁然心胸，丝毫无容置疑，若此卷者乎！

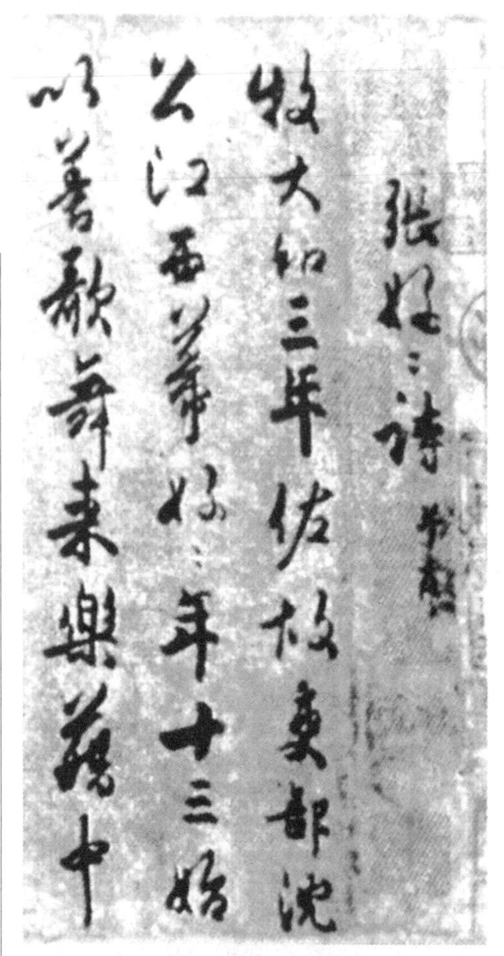

杜牧书《张好好诗》

此卷前有月白绢渗金书签，盖出宣和御笔。四十年前，尚粘连卷首。其后突经扰攘，装池零落，绢签亦失。辗转归张伯驹先生，余获观之。曾于影印本前记所见云："三生薄幸，五国仓皇，俱于纸上，依稀见之。"一日张葱玉、谢稚柳、徐邦达三先生来寒斋，葱玉于敝案头翻观书帖。忽闻拍案而呼曰："快来看，此处有妙文。"及共观之，乃指此四句也。今葱玉弃其宾客，已十八年矣，每读樊川遗迹，复忆挚友燕谈，何胜人琴之痛也！

五十六

谢客先书庾信诗，早悬明鉴考功辞。

腾诬攘善鸿堂帖，枉费千思与万思。

宋人狂草书庾信步虚词诸作一卷，昔人旧题为谢灵运书，丰坊曾详辨之，书于卷后拖尾，复有人作文徵明派之小楷重书一通，附于其后。丰氏所辨，以为谢氏不能预书庾诗，其理至明。而果出谁笔，则仍自存疑，犹不失盖阙之义。其后董其昌继跋之，谓狂草始于伯高，遂直定为张旭之迹。仁智异见，固无妨于并存。惟其刻入戏鸿堂帖时，后加短跋，则谓丰氏跋"持谢书之说甚坚"，且自诩辨非谢书，于伯高之迹，有再造之功。则直成诬罔，盖欺世人之不易亲见丰跋也。

董氏以府怨遭民抄，曾致书其友人吴玄水以自辩，吴氏复书首云："千思万思思老先生。"以董号思白，书语嘱其自省己愆也。

此卷自董题之后相沿以为张旭真迹。按其中庾句"北阙临玄水，南

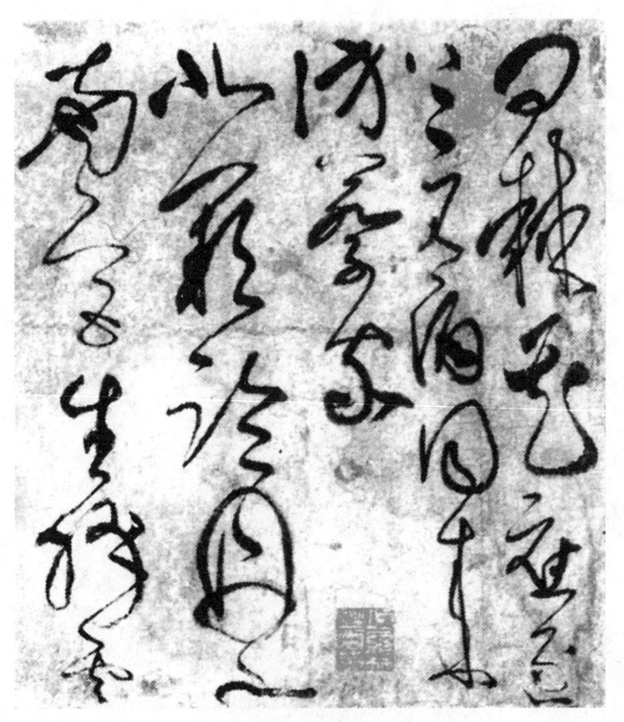

宋人书《庾信诗》

宫生绛云”，玄水书作丹水。北水南火，水黑火红，此五行说，久成常识矣。而改玄为丹，其故何在？按宋真宗自称梦其始祖名玄朗，遂令天下讳此两字。此卷狂草，盖大中祥符以后之笔耳。

五十七

非狷非狂自一家，草堂夏热起龙蛇。
壶公忽现容身地，方丈蓬山是韭花。

杨凝式墨迹四种。

杨凝式书，宋人推挹极高，每与颜鲁公并称，号为颜杨，盖由唐启宋，书法上一大转轴。惟其平生所书，多在寺观园林之壁上，犹之唐人绘画，每随殿宇摧颓而同归于尽。世行碑版，杨书竟无一石焉。

宋人丛帖，如淳熙秘阁续帖、凤墅帖等，俱见杨书之目，而帖既凋残，今偶见存本，其中亦未存杨帖。只馀汝帖中云驶等八字，已无神采可观。

其墨迹今世幸存者，尚有四种：卢鸿草堂图后有杨书跋尾一段，天真烂漫，一气呵成，持比鲁公祭侄稿，竟无多让，见此乃悟颜杨并称之故。其次韭花帖，小真书精警奇妙，得未曾有，摹本甚多，百爵斋藏本乃其真迹。夏热帖挥洒酣畅，惜过于糜烂，存字完者无多。神仙起居法小草书，行笔流滑，帖后一“残”字，笔顺竟连绵倒写，迹近游戏，殆适风疾发时所书耳。此帖亦有摹本，故宫藏者为真迹。

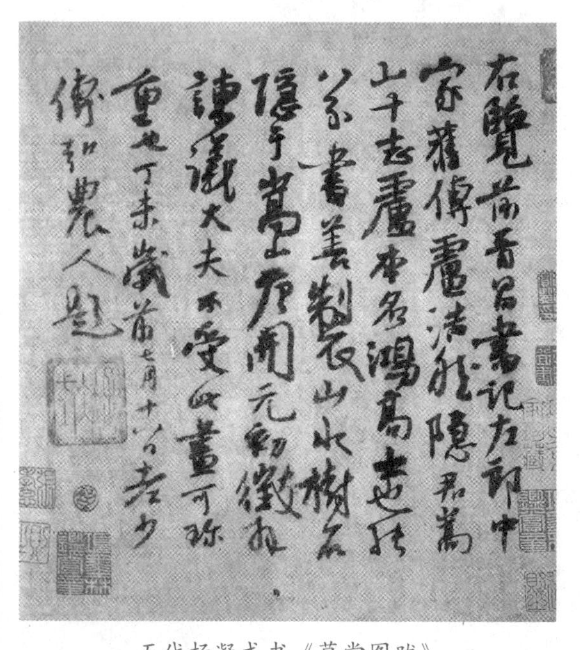

五代杨凝式书《草堂图跋》

五十八

江行署字实奇观，韩马标题见一斑。

有此毫锋有此腕，罗衾何怕五更寒。

南唐后主李煜书。

李后主书，宋人亦每称之。宋丛帖中常载其目。今惟汝帖残石中存其五言律诗一帖，顾已剥蚀模糊，非复真面目矣。凤墅帖残本七卷中，有中主之书，而缺后主。才人不幸，而为帝王，笔砚平生，竟无寸札之留，只馀啼血号天，小词数首，亦可哀已。

今世传有古画题署二事，以余考鉴，盖同出李后主之笔。唐韩幹画马卷首有“韩幹画照夜白”六字，下有花押一。其邻近隔水处有吴说题识，云“南唐押署所识物多真”，知其为南唐之字，笔法健拔，与汝帖中字相类，可知为后主笔。此其一也。又赵幹画江行初雪图，卷首有“江行初雪，画院学生赵幹状”十一字，字大如钱，笔势亦与汝帖中迹相类。或谓此为画者之款，然唐宋画人应诏之款，无在卷首作大字者。此盖后主之标题，“赵幹状”者，犹云赵幹所画者耳。此其二也。观其笔势，似欲锥破统万城墙者，乃知虚张声势，无救亡国也。

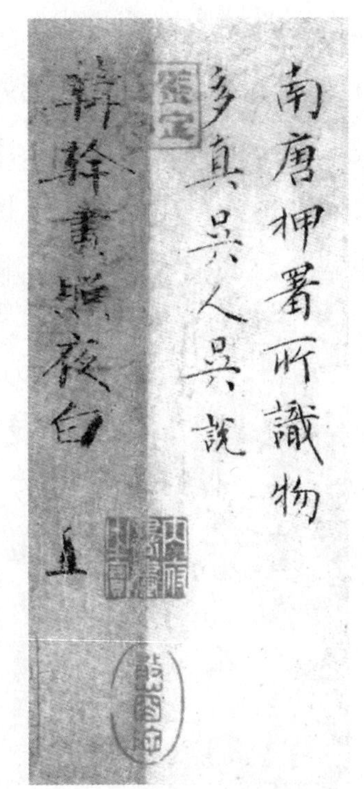

南唐后主李煜书《照夜白图题》　　江行图题

五十九

行押徐铉体绝工，江南书格继唐风。

名家汴宋存遗矩，只有西台李建中。（铉有平读）

徐铉、李建中。

徐铉书，世传多篆字，如所摹绎山碑、碣石颂，其荦荦者。栖霞有其兄弟题名，亦篆书，但作“徐铉、徐锴”四字。近世出土温仁朗墓志为大徐篆盖，新发于硎，最见真貌，然非真行墨迹。譬之峨冠朝服相见于庙堂之上，不如轻裘缓带促膝于几榻之间为能性情相见也。

大徐简札墨迹，数百年所传，惟贵藩一帖。其帖曾入石渠宝笈，而三希堂、墨妙轩俱未摹勒，不知其故。今屡见影本，笔致犹是唐人格调，札尾具名处作一花押。不见此札，不知大徐墨迹之真面目，亦不知唐代书风，与时递嬗，至宋而变，其变如何也。

北宋时后于大徐亦存唐人馀风者，李建中其人也。今存“土母”等四帖，笔法与大徐绝相类，札尾犹作花押，亦见一时习尚。

米芾论月仪帖云，“时代压之，不能高古”，大化迁流，豪杰莫能逆转，“二王无臣法”，岂诡辩哉！

宋徐铉尺牍

李建中书

六十

编摹底本自昇元，王著徒蒙不白冤。
淳化工粗大观细，宋镌先后本同源。

淳化阁帖，大观帖。

魏晋以来法书墨迹，历经离乱，至宋所存无几。试观《宣和书谱》所载，名目虽繁，以今存古迹之曾经宣和著录者，已真伪参半。米芾得见数纸晋人墨迹，以其确出晋人手写而非钩摹者，已不惜一再记之，诧为稀有。徽宗富贵天子，元章书画祖师，所见止此。常人欲观六朝隋唐法书者，其难自可想见！

以古法书之难见也，故淳化阁帖在当时累次翻摹，风行天下，绝非偶然。阁帖固有传播之功，惟枣板摹刊，失真自易，其得谤亦在于此。而王著竟为众谤所丛，是盖随声不察者多耳。

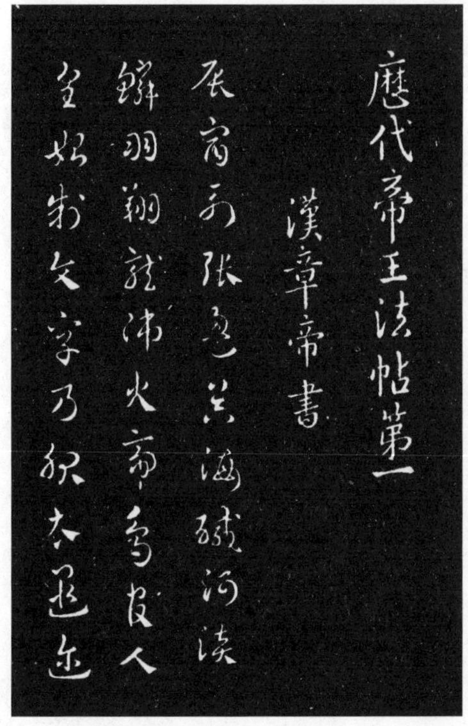

淳化阁帖题首

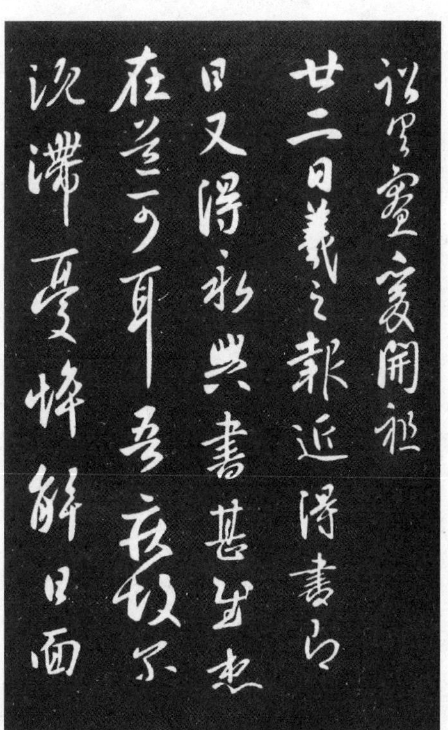

淳化刻王帖

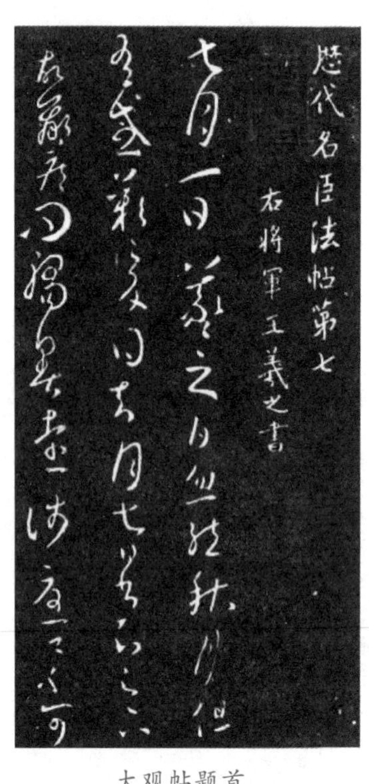

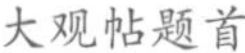
大观帖题首

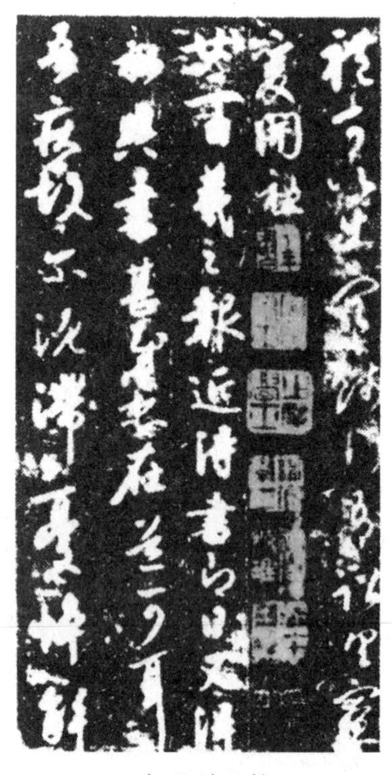
大观刻王帖

钩稽宋人所记，盖南唐曾以向拓集摹历代法书，共成十卷。其纸用油素，法用钩填，既非原迹，故称“仿书”。“仿书”者，犹今所谓“摹本”。昔人钩摹，亦称曰拓，非南唐刻石、宋人翻刻之谓也。大观出其南唐集拓底本，重加精刊，如今之善本古书，虽曾影印，以其不精，再加精工重印耳。此桩公案，情理如斯，愿与赏音共商之。

六十一

晋代西陲纸数张，都成阁帖返魂香。
回看枣石迷离处，意态分明想硬黄。

西域出土晋人墨迹。

昔言草真行书者，莫不推尊晋人为大河之星宿海，然晋人真面，究有几人得见？米元章云：“媪来鹅去已千年，莫怪痴儿收蜡纸。”盖北宋所见，已但凭硬黄摹拓本矣。元章宝晋斋，自诧所收为真晋人书者，不过谢安慰问，羲之破羌，献之割至。三帖原本，至今又无踪迹，见者惟元章自刻本与夫南宋人翻本而已。

孰意地不爱宝，汉晋墨书，累次出土。木简数盈数万，大都汉代隶草，可以别论。其真书则佛经、笺牍，亦复盈千累万。至草书之奇者，如楼兰出土之“五月二日济白”一纸，与阁帖中刻索靖帖毫无二致，“无缘展怀”一纸则绝似馆本十七帖。其馀小纸，有绝似钟繇贺捷表者。吾兹所谓相似，绝非捕风捉影，率意比附之谈。临枣石翻摹之阁帖时，能领会晋纸上字，用笔必不钝滞。如灯影中之李夫人，竟可披帷而出矣。

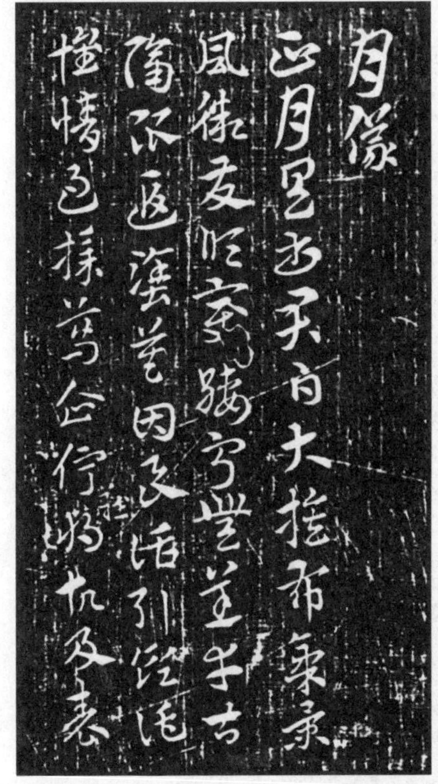

索靖帖

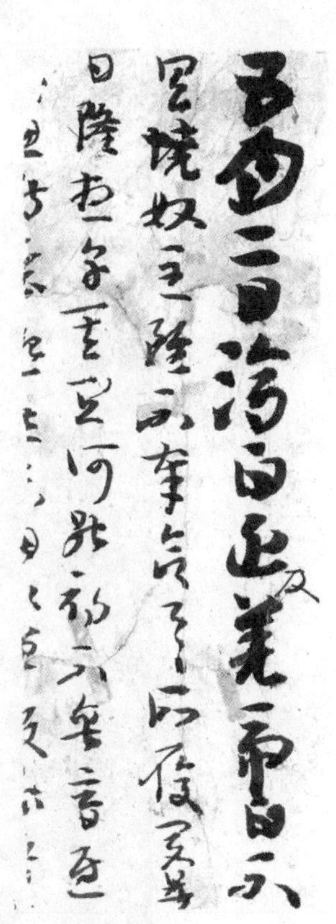

楼兰出土晋人书

六十二

百刻千摹悬国门，昔人曾此问书源。

赫然一卷房中诀，堪笑黄庭语太村。

黄庭经是否王羲之书，本无定论。梁虞和记羲之事，谓换鹅所写为道德经。至李白诗则云：“山阴道士如相见，应写黄庭换白鹅。”诗人隶事，本与考订无关。句律所关，又用平不能用仄。且黄白相对，妃丽可观，自此艺术点染，竟成书林信谳矣。

黄庭之所以遭人附会羲之，唯在“永和山阴县写”诸字，试问永和之年，山阴之地，执笔之人，难道只有一王羲之其人乎？

此经翻刻本之多，不让兰亭之千百成群。原本添注涂抹，或即造经者起草之本。“心太平”本，七字成文，则是经人誊清修润者。道藏吾未尝窥，但观《云笈七籤》中本，亦是七字成文者，观整齐加工之本，转觉涂注本之略存起草面目矣。“养子玉树”一行有涂抹之笔，翻刻本作双钩一条，宋刻作一白道，犹存抹笔之迹象焉。

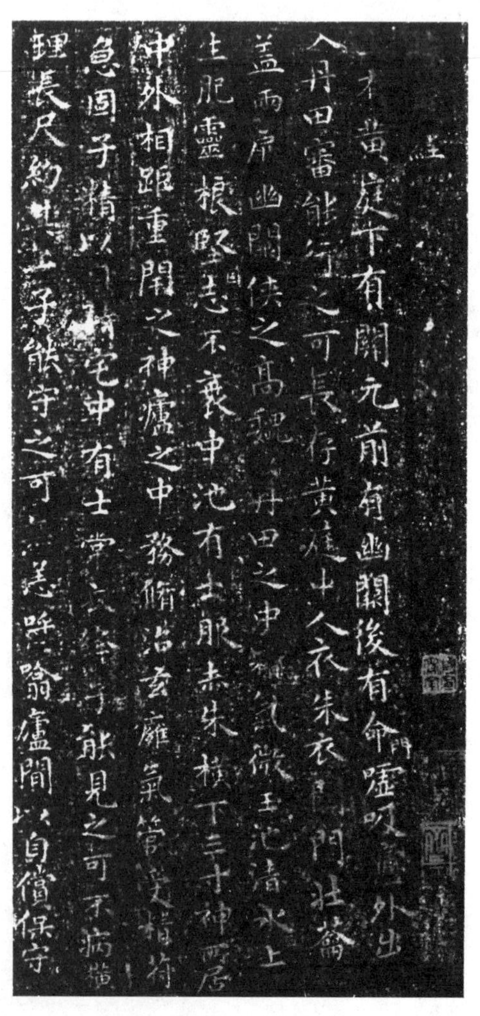

传王羲之书《黄庭经》

六十三

失名人写孝娥碑，拟不于伦是诔辞。

谶语毕陈仍进隐，长篇初见晋传奇。

曹娥碑。

昔人于事物，每好求其作者以实之，于是俗语不实，流为丹青者有之；李代桃僵，张冠李戴者亦有之。小楷书帖之悉归王羲之，犹如汉碑之悉归蔡邕也。此帖本无书者姓名，南宋群玉堂帖但署“无名人”，较为近理，其馀丛帖莫不属之羲之也。

余尝考之，其文与《水经注》中所引，殊不相合。《水经》多载名胜古碑，其言自非无据者。且帖中行文隶事，多是节妇殉夫之典，与孝女殉父渺不相关。至于遣辞，尤多纰漏累赘之处，谓为“绝妙好辞”，转同讥讽。拙作有“绝妙好辞辨”一篇，曾详论之，兹不复赘。

此盖一篇小说，刘义庆曾用之于《世说新语》，刘峻作注，已拈出曹操未尝渡江之疑。书苑中固多好文章，如唐何延之兰亭记，与此皆传奇。此篇尤早于唐人，惜世之辑传奇小说者，搜索未及也。

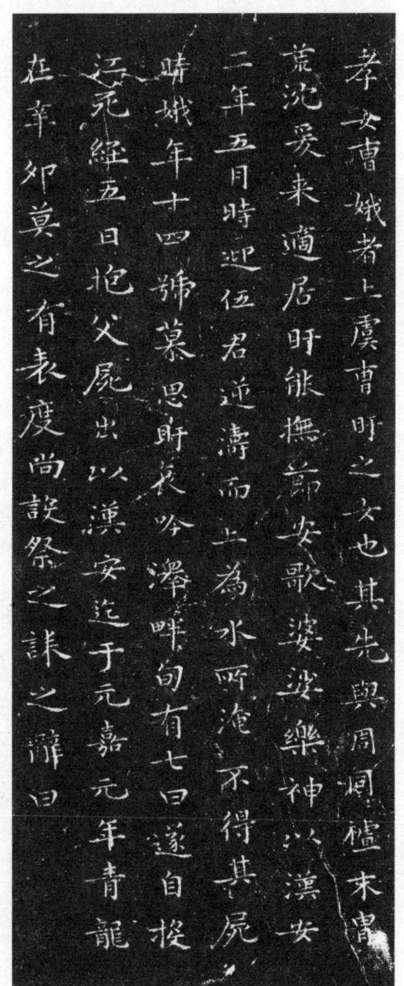
孝女曹娥者上虞曹盱之女也其先與周同祖末胄
荒沈爰來適居盱能撫節安歌婆娑樂神以漢安
二年五月時迎伍君逆濤而上為水所淹不得其屍
時娥年十四號慕思盱哀吟澤畔旬有七日遂自投
江死經五日抱父屍出以漢安迄于元嘉元年青龍
在辛卯莫之有表度尚設祭之誄之辭曰

晋人书《曹娥碑》

六十四

子发书名冠宋初，流传照乘四明珠。

寥寥跋尾谁能及，不是苏髯莫唤奴。

周越。越字子发。“落笔已唤周越奴”，苏轼句也。

周子发书，为北宋一大家，而遗迹流传极少。石渠旧藏王著书真草千文，后有周跋，四十年前已成劫灰。今所存者，惟石刻四事，皆跋尾也。

其一，陕刻怀素律公帖，后有周氏跋，笔势雄强飞动。前段行草，末行年月独作真书。黄庭坚少时曾学越书，后颇不足于少作。世遂耳食以议周氏书风，实皆未见其迹也。米芾谓“人称似李邕，心恶之”，此与黄氏悔学周越何异，于邕书又何损乎？且黄作草书长卷，尾款多作真行，殆亦习于周法耳。其二，柳公权跋本洛神赋十三行，后有周跋，楷书作钟繇派，宋刻吾未尝见，但见明玄宴斋精摹本。其三，有清中叶出土欧阳询草书千文残石，尾有周跋，即作欧体。其四，泰山种放诗后一石，右上角有周氏观后短题，石顽刀钝，刻法最粗。平生所见，只此而已。

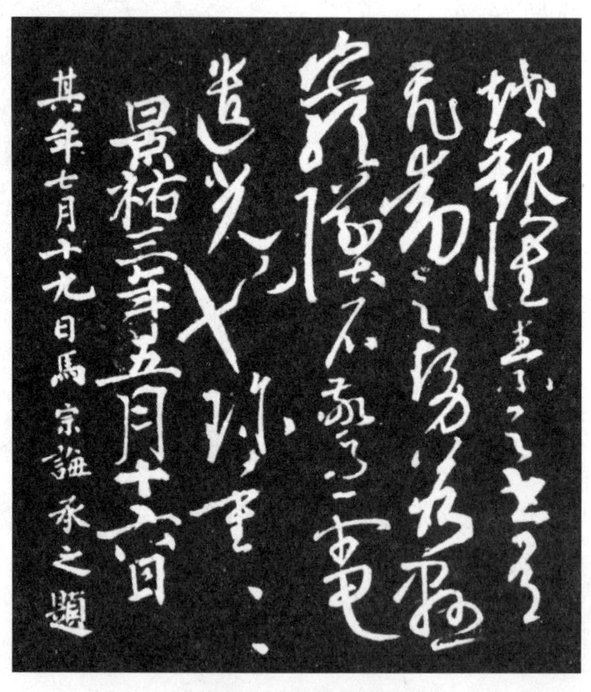

宋周越书《怀素帖跋》

六十五

矜持有态苦难舒，颜告题名逐字摹。
可笑东坡饶世故，也随座主誉君谟。

蔡襄真书有二种，一是虞世南体，谢赐御书诗是也。此乃北宋前期通行流派，如刘敞等属之。一是颜真卿体，颜公告身后蔡氏题名是也。二体俱不免于矜持。其行草书手札宜若可以舒展自如矣，而始终不见自得之趣，亦不成其自家体段。此病非独蔡书为然，明代祝允明书亦复如是。此非后生妄议前贤，知书者必不河汉斯论。

欧阳永叔于蔡书誉之于前，苏东坡继声于后，至称为宋朝第一，未免阿好，然亦非绝无缘故者。文与艺俱不能逃乎风气，书家之名，尤以官爵世誉为凭借。就其一时言之，书艺专长者，诚非蔡氏莫属。苏黄起而振之，其意初不在书，此其所以能转移积习也。尚有须进一解者，夫能转移积习者，惟由其意不在书，世每见有刻意求名，凭空转移，以自矜创获者，则其所以都不能及苏黄也。

至于四家之目，本属俗说，谈之齿冷。四家中蔡之一姓，为襄为京，乃至为京为卞，俱非吾所欲论者。

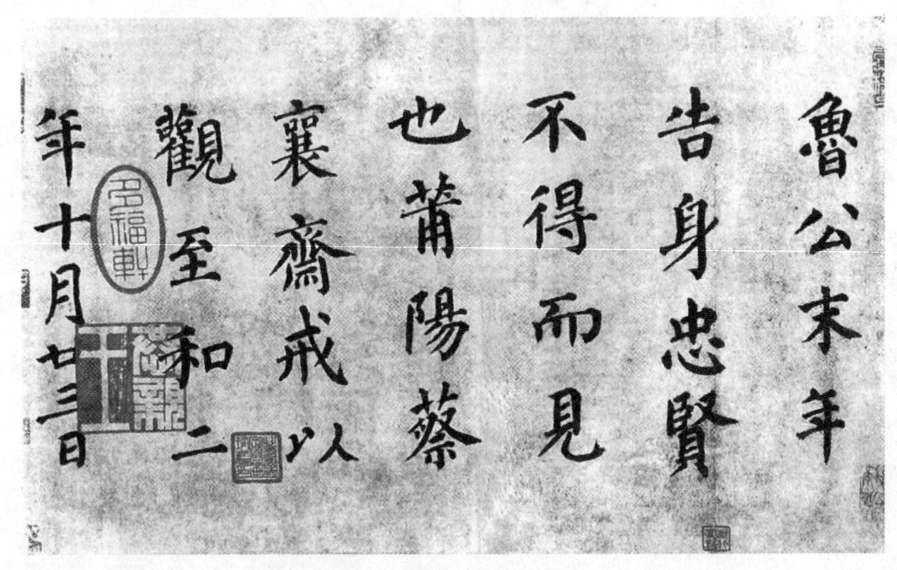

宋蔡襄书颜真卿告身跋

六十六

梦泽云边放钓舟，坡仙墨妙世无俦。

天花坠处何人会，但见春风绕树头。

苏东坡书太白仙诗。

东坡书经元祐党籍之禁，毁灭者多矣。偶逃烬火者，亦多遭割截名款。然其书流传，依然如故，世人见而识之，什袭宝之，并不在款识之有无也。书卷传世者，必以黄州寒食诗及所谓太白仙诗者为巨擘。仙诗笔致尤挥洒流畅，且有金源诸家跋尾，倍堪珍重也。

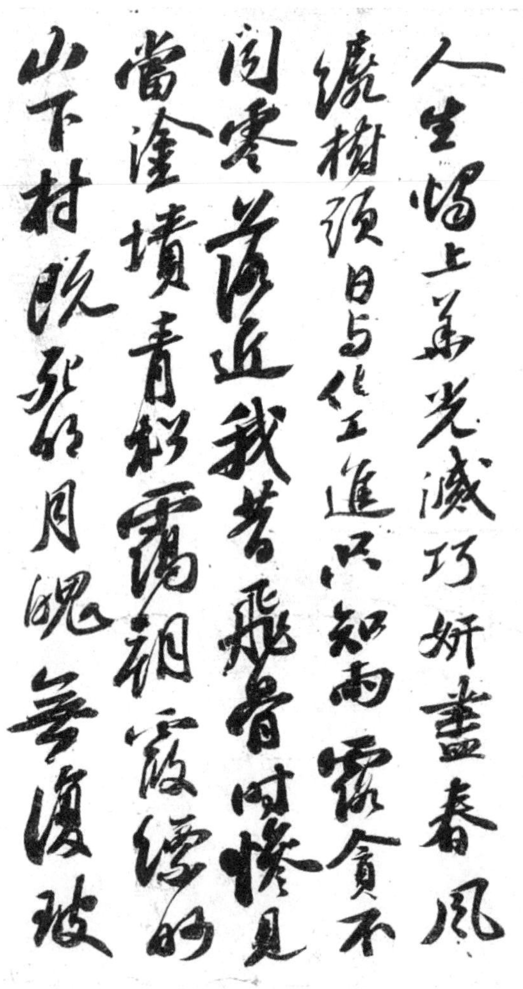

诗盖东坡自作，托为仙语，且诡称道士丹元所传，一时游戏，后世或竟编入太白集中，岂尽受其识语所欺，亦由诗笔超逸，足乱青莲之真耳。

其诗为五言古诗二首，第一首云："朝披梦泽云，笠钓清茫茫。寻丝得双鲤，内有三元章"云云。次首云："人生烛上花，光灭巧妍尽。春风绕树头，日与化工进。"窃谓坡书境界，亦正如其诗所喻，绕树春风，化工同进者。

宋苏轼李太白仙诗

六十七

字中有笔意堪传，夜雨鸣廊到晓悬。

要识涪翁无秘密，舞筵长袖柳公权。

黄庭坚书，以大字为妙，其寸内之字，多未能尽酣畅之致。行书若松风阁诗，阴长生诗；草书若忆旧游诗，廉蔺列传，青原法眼语录等，皆字大倍一寸，始各尽纵横挥洒之趣。

涪翁论书谓字中须有笔，如禅家之句中有眼。又自谓其早岁之书，字尚无笔。安有有字而无笔画者？此盖机锋譬喻之语耳。仆尝习柳书，又习黄书，见其结字用笔，全无二致。用笔尽笔心之力，结字聚字心之势，此柳书之秘，亦黄书之秘也。

黄书用笔结字，既全用柳法，其中亦有微变者在，盖纵笔所极，不免伸延略过，譬如王濬下水楼船，风利不得泊。此其取势过于柳书处，亦其控引不及柳书处也。

昔传苏黄互嘲其书，有石压虾蟆，枯梢挂蛇之谑，余借松风阁诗“夜雨鸣廊到晓悬”句以喻黄书，亦“枯梢挂蛇”之意耳。

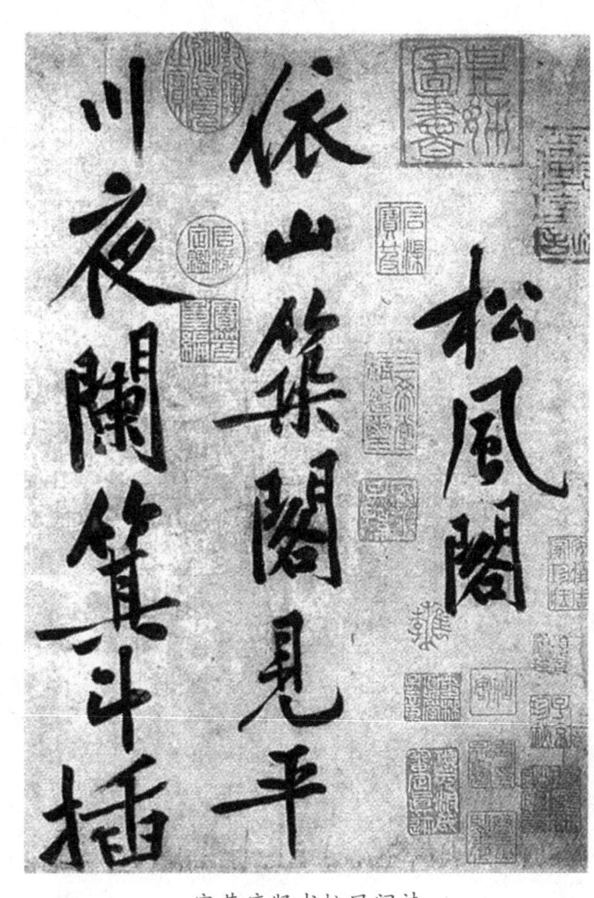

宋黄庭坚书松风阁诗

六十八

从来翰墨号如林，几见临池手应心。

羡煞襄阳一支笔，玲珑八面写秋深。

米芾述张旭帖云：“秋深不审气力复何如也。”笔势连绵，一气贯注，盖此十字即临张书。张旭此帖曾刻戏鸿堂帖中，然笔意绝似赵孟頫，殆出赵氏临本，转不如米帖中节书十字焉。米氏自矜其笔锋独具八面，盖谓纵横转换莫不如志，观此十字，益信。

米书以中岁为最精，神采丰腴，转动照人，如此帖，其最著者。他若蜀素卷，苕溪诗卷，亦皆米书之剧迹，天壤之瑰宝也。至其晚岁之笔，则枯干无韵，如虹县诗等，殆同朽骨，虽欲为贤者讳而有所不能也。

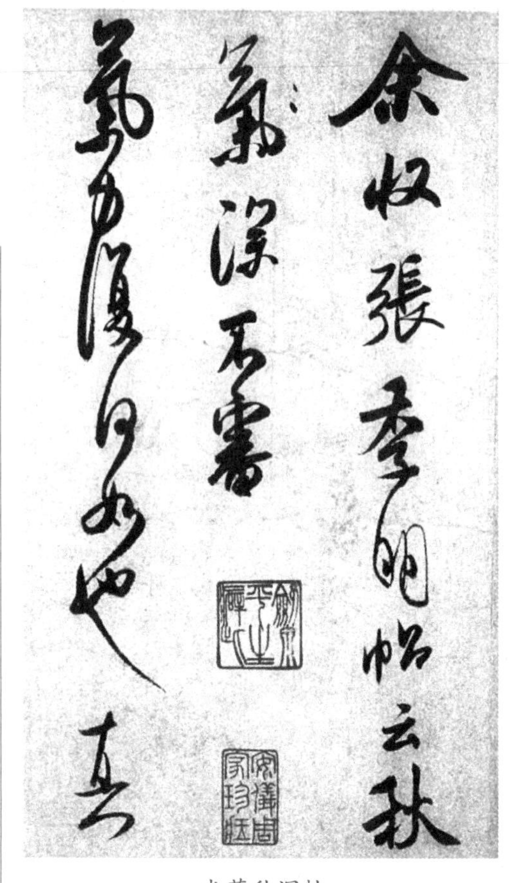

米芾秋深帖

米又矜诩其小字，号为跋尾书，自称不肯轻与人书者，其中亦不无轩轾。所见墨迹，以向太后挽词为最腴润，刻本中以群玉堂帖龙真行诗为最流美。若褚临兰亭跋尾，传世墨迹三事，兰亭八柱第二柱跋，只行书之较小者，别为一种。其馀二卷，皆用退笔作小楷。至破羌帖赞，纯是老手颓唐之作矣。乃知凡百艺能，不老不成，过老复衰，信属难事。

六十九

薛米相齐比弟兄，薛殊寂寞米孤行。

尚留遗派乡关著，继起河东李士弘。

薛绍彭、李倜。

薛绍彭，字道祖，著望河东，所居号清閟阁，北宋时书苑之名家也。与米芾友善齐名，尝互争名次。薛云“薛米”，米云“米薛”，米有颠称，于此亦足见薛之风趣。惟米书遍行天下，而薛书流传极罕。今日可见者，旧丛帖摹刻手札二三事，今行影印手札墨迹数事外，惟石渠旧藏杂书真迹长卷而已。观其用笔流美，不立崖岸，真草皆近智永，而腕力未免稍弱。此殆关乎体质性情，非可以工夫胜者。或因此而不耐多书，是以于书国中不敌米之霸业耳。

近年发现薛氏摹刻唐摹兰亭，后有其真书一跋，作钟繇、王廙之体，实开后来宋克之先河，乃知其毫不著力之笔，乃出有意，非由不足也。

薛氏书派，南宋初吴说傅朋实沿之而力加精密，元初之李倜士弘则绝似之，所见有陆柬之文赋跋及林藻深慰帖跋刻本，真足以绍述清閟者。倜自署河东，岂乡关风习，熏陶者多耶？

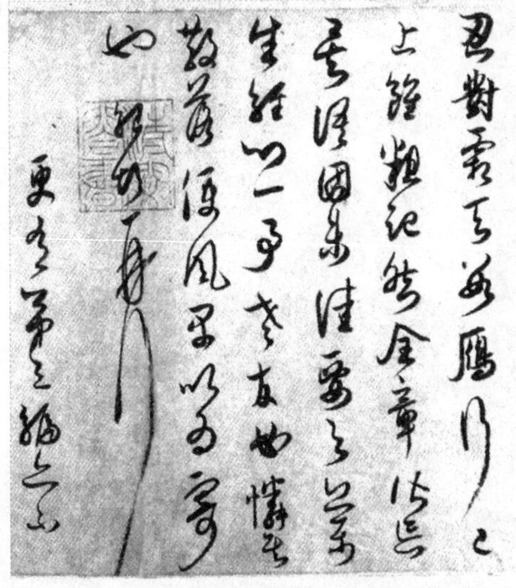

宋薛绍彭书

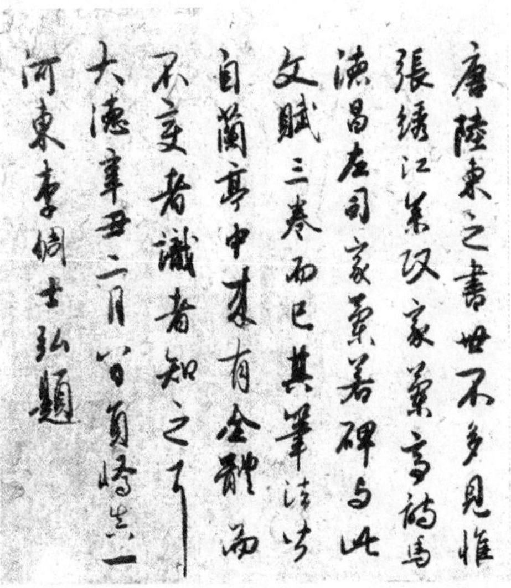

元李倜书

七十

多力丰筋属宋高，墨池笔冢亦人豪。

详搜旧格衡书品，美谥难求一字超。

宋高宗勤于八法，不减乃翁。而平生数变，可得而计焉。初学黄庭坚，日本曾藏其手诏石刻拓本，与涪翁之笔，几无可辨。后以金国人效其笔行间，遂改作他体，此事之见诸史乘者。又曾学米芾，其事见于英光堂米帖岳珂跋赞中，而世颇罕见其学米之迹。廿馀年前，辽宁博物馆得米体大行书白居易诗七律一首一卷，后有御书印玺。石渠旧题为宋徽宗，继而鉴家复以为实属米笔，谓御书玺印为后人伪加者。既经目验，证以岳倦翁语，乃知其实为高宗学米之作，足以乱真，有如是者。

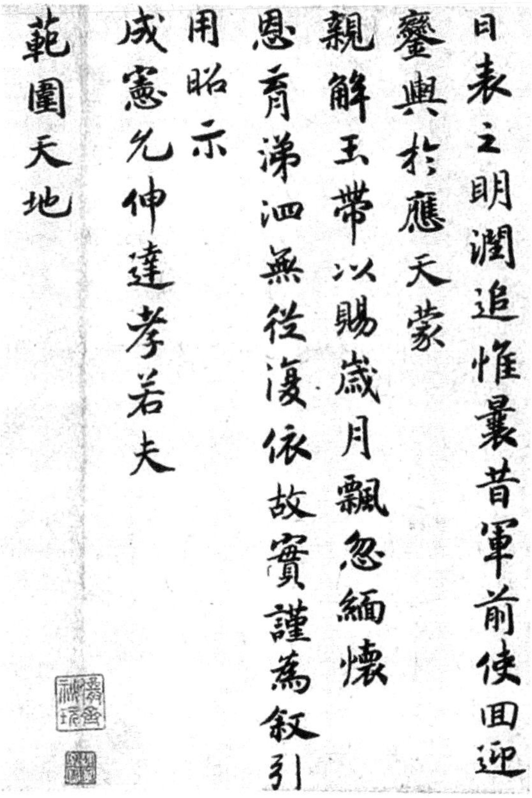

宋高宗书《徽宗文集序》

其晚年多作智永体，草书略杂章草之势，而其手病逾不可掩。从其点画结构之态，可见其捉笔必紧，管近掌心。同一扁跛，东坡之扁轻松，高宗之扁急迫。其流派所及，吴后、孝宗，下迨杨妹子无不如是，御书院供奉辈所录《毛诗》，连章累卷，更无论矣。总而品味之，都乏超逸之趣。乃知其学黄、学米极似处，正是中乏自主之力耳。

七十一

傅朋姿媚最堪师，不是羲之即献之。

草法更能探笔髓，非同儿戏弄游丝。

吴说傅朋书，于汴杭之际，实为巨擘。其墨迹虽未传长篇大轴之作，但一脔知味，亦足以见其书学之深焉。

真书以独孤兰亭后跋焚馀一段为最精，字若蝇头，笔如蚊脚。而体作钟繇，雅有六朝之韵。若世传黄素本黄庭内景经，至有赞为杨许群真遗墨者，以视此烬里数行，殆不中作傅朋之鸡犬焉。得其妙者，惟倪瓒云林，赏音必有颔余斯言者。

行书手札，流传不及十通，字字精妙，遂谓之为有血有肉之阁帖，具体而微之羲献，宁为过誉乎？

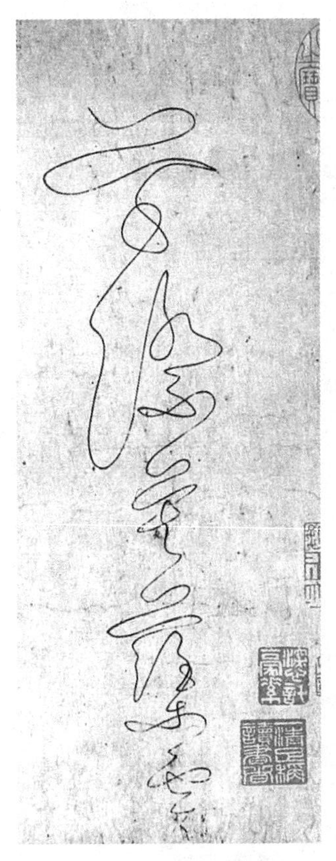

宋吴说游丝书

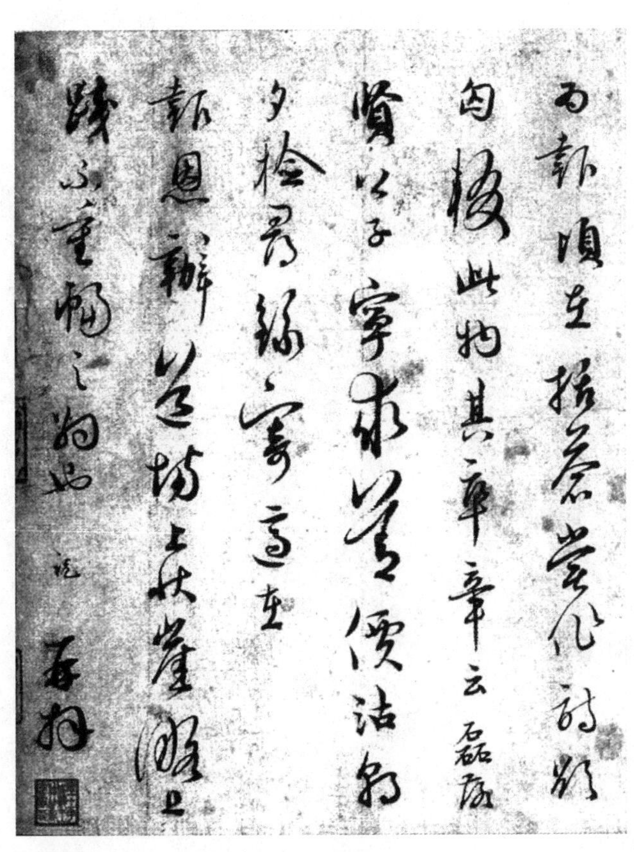

吴说墨迹

傅朋又创游丝书，有所书王介甫诗一卷，纯用笔尖，宛转作连绵大草，此非故意炫奇，实怀素自叙之更进一步。夫毫尖所行，必其点画之最中一线，如画人透衣见肉，透肉见骨，透骨见髓，其难盖将百倍于摹画衣冠向背也。

闻西安唐乾陵碑上有傅朋题名大字，至今未获寓目焉。

七十二

黄华米法盛波澜，任赵椽毫仰大观。

太白仙诗题尾富，中州书势过临安。

王庭筠、任君谋、赵秉文，皆金源之大手笔。庭筠自号黄华老人，其书全宗米法，如涿州之蜀汉先主庙碑，博州之州学碑记，皆沉重之中饶生动之致。以视米氏丰碑，如芜湖县学记者，毫无多让，其墨迹若幽竹枯槎图题尾、风雪杉松图题尾等，以书品称量，俱应在神逸之间。

金王庭筠幽竹枯槎图跋

任君谋有石刻杜诗古柏行，久为世人误目为颜鲁公笔。又书韩昌黎秋怀诗，天真烂漫，实得力于周子发，怀素律公帖后周跋可证也。

赵秉文，所传较少，而赤壁图后和坡韵一词，淋漓顿挫，妙运方圆于一冶，略后惟耶律楚材真书巨卷足相媲美。

他若苏书太白仙诗卷后诸跋，备有蔡松年、蔡珪诸家之迹，皆一代文献，不徒笔法之美，而江左书风，张即之外，俱未有能追者矣。

任君谋书

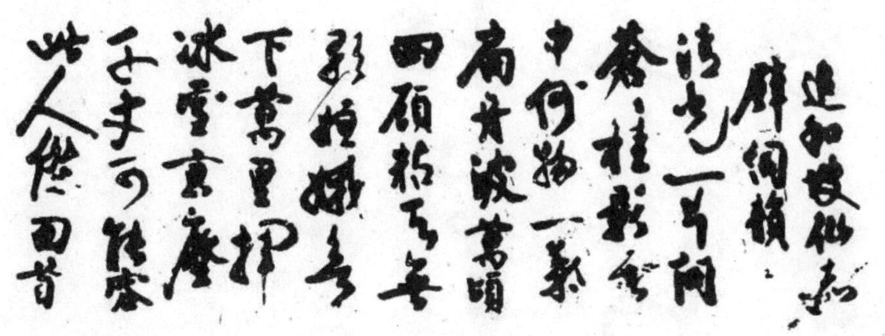

赵秉文书

七十三

破的穿杨射艺精，赏音还在听弦声。

渔阳笔外无馀韵，难怪沤波擅盛名。

鲜于枢。

渔阳之书，早岁仍沿南宋之体，但观其独孤本兰亭跋及颜鲁公祭侄稿跋，可见一斑。此类笔迹容或不尽出早年，以其跋古法书，未免矜持，遂少挥洒之趣耳。

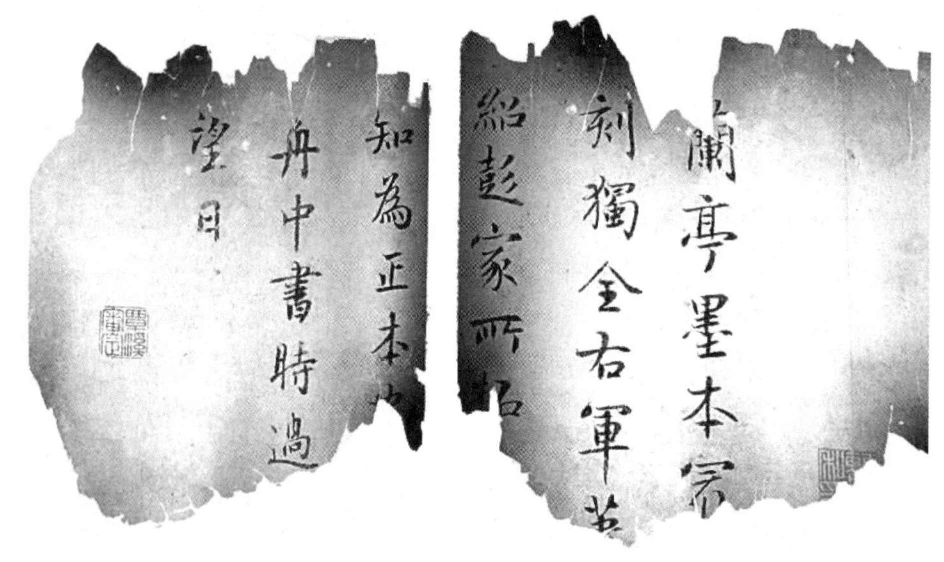

元鲜于枢书兰亭跋残本

鲜于枢书杜诗

其最胜者，推行草大字，今传世真迹若书东坡定慧院海棠诗、昌黎石鼓歌、少陵行次昭陵诗等，俱称上选，寸馀行书，亦有数本，惟小楷余未曾见。

综而观之，无论字之大小，体之行草，莫不谨慎出之。点画似有定法，结字亦尽庄严，极少任情挥斥之笔。观其答人问书之语，曰胆胆胆。乃知其所自勉者在此，而其不足者亦必在此。

白香山云：“劚石破山，先观铲迹；发矢中的，兼听弦声。”如此机锋，恰通书理。崔季珪容仪何若，今固不知，惟其代帝，必危坐正襟，此恰为使者识破处也。

七十四

绝代天姿学力深，吴兴字欲拟精金。

纤毫渗漏无容觅，但觉微馀爱好心。

赵孟頫书，承先启后，其开元明以来风尚处，人所易知易见；其承前人之规范，而能赋予生气处，则人所未多察觉也。盖晋唐人书，至宋元之后，传习但凭石刻，学人摹拟，如为桃梗土偶写照，举动毫无，何论神态。试观赵临右军诸帖，不难憬然而悟其机趣，其自运简札之书，亦此类也。至于碑版之书，昔人视为难事。以其为昭示于人也，故体贵庄严，而字宜明晰。往往得在整齐，失在板滞。赵氏独能运晋唐流丽之笔，于擘窠大字之中，此其所以尤难逮及者也。

惟其论书之言曰：“书法以用笔为上，而结字亦须用功。”殊未知其书之结字，精严妥帖，全自欧柳诸家而来，运以姿媚之点画，则刚健婀娜，无懈可击。苟有疏于结字而肖于点画者，其捧心折腰，宁堪寓目乎？“亦须用功”，未免易言之矣。

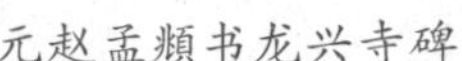

元赵孟頫书龙兴寺碑

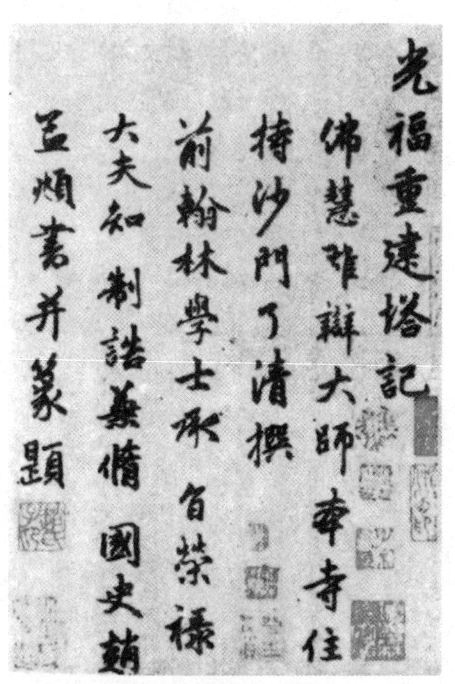

赵孟頫书光福塔记

昔人论诗，病朱竹垞贪多，王渔洋爱好。吾谓赵书亦不免渔洋之病。然“三代以下惟恐不好名”，爱好究胜于自弃者也。

七十五

细楷清妍弱自持，五言绝调晚唐诗。

平生每踏燕郊路，最忆金台迺易之。

迺贤，字易之，姓合鲁氏，合鲁又作葛逻禄，译言马，故或称马易之，元代色目人也。诗集曰《金台集》。

世传其南城咏古一卷，皆五言律诗，格高韵响，宛然唐音，载在集中。所咏皆大都城南诸胜，大抵在今京师西南城内外一带。如悯忠寺为今法源寺，在广安门内。妆台、西华潭为今琼岛及太液池，则已阑入城中，于金则属城北，然则所谓南城，实以代指金都耳。其馀诸胜，皆已渺不可寻。*

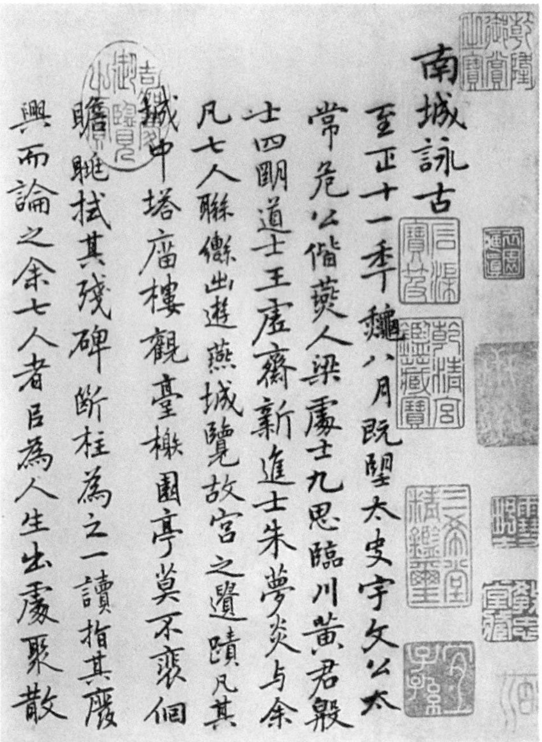

迺贤书南城咏古

此卷墨迹刻入三希堂帖，书风在赵松雪、张伯雨、倪云林之间。余既爱诵其诗，好临其字，尤重其为色目人之深通中原文化者。其墨迹风采，每萦于梦寐中。一日忽得其原卷照片，喜极若狂，宝之不啻头目脑髓。或笑谓余曰，此照片耳。应之曰，子试寻第二本来！字迹疏朗，工整之中饶有逸致，信乎诗人笔也。

* 重印时作者自注：妆台、西华潭皆非今北京琼岛，此处有误。

七十六

有元一世论书派，妍媸莫出吴兴外。

要知豪杰不因人，尚有倪吴真草在。

倪瓒、吴镇。

论书法于古人，唐如欧虞，宋如苏黄，可谓杰出冠代，而唐宋两朝书人风习，固不尽出欧虞苏黄也。惟元则不然，赵松雪出，天下从风，虽其同侪，俱受熏染，无论其兄弟子孙，门生故吏矣。元人之不为松雪所囿者，屈指计之，仅五六人：周草窗天水遗民，字迹亦仍宋派，似金荪璧，而逊其工整。冯子振字攲斜，全未入矩。杨铁崖不中绳墨，有不能工整处，亦有故意攲斜处。书法行家，惟柯丹丘、倪云林、吴仲圭而已。

云林全法六朝，姿媚寓于僻涩之中；仲圭草法怀素，质朴见于圆熟之外。且倪不作草，吴不作真，而豪情古韵，俱非松雪所得牢笼，热不因人，所以无忝其为高士也。

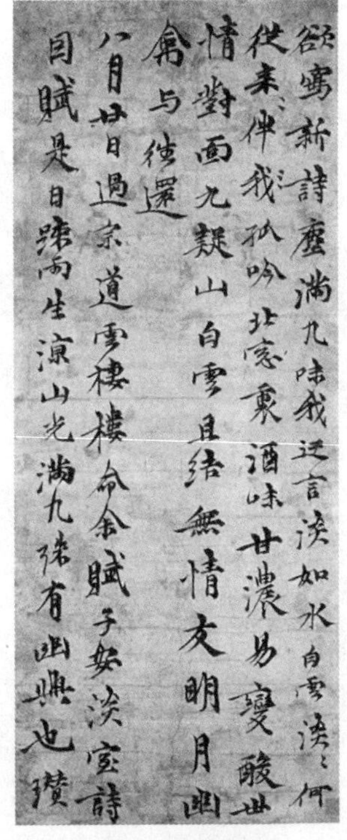
元倪瓒书

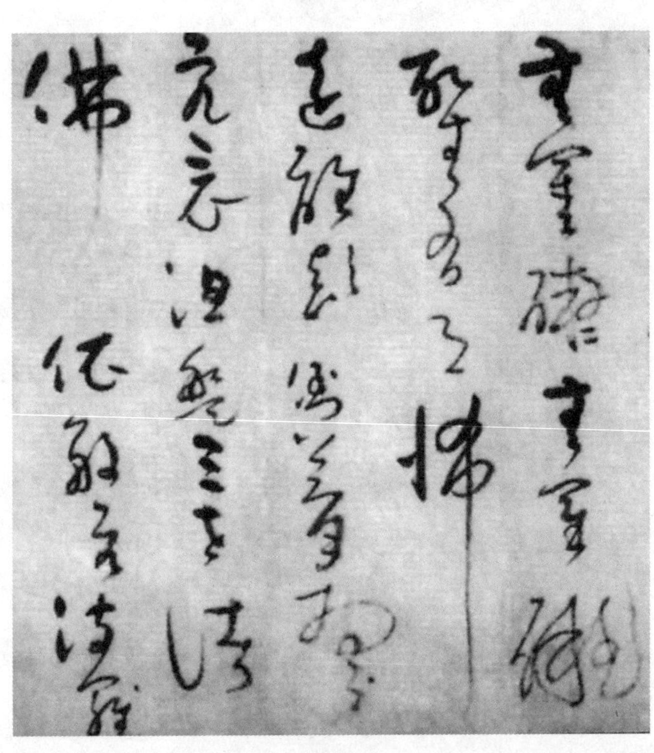
元吴镇草书心经

柯、倪、吴俱以书笔作画，亦以画笔作书，其机趣之全同，亦松雪所未能者。松雪虽有“须知书画本来同”之句，顾其飞白木石，与书格尚不能一，无论其他画迹，此亦书画变迁中一大转折处。

七十七

唐摹陆拓各酸咸，识小生涯在笔尖。
只有牛皮看透处，贼毫一折万华严。

元人陆继善字继之，曾以鼠须笔钩摹唐摹兰亭。其本刻入三希堂帖。自跋云曾拓数本，散失不存，其后有人持其一本来，因为跋识云云。昔曾见其原本，笔势飞动，宛然神龙面目。纸色微黄，点画较瘦。其跋语之书，尤秀劲古淡，在倪云林、张伯雨之间。明人陈鉴字缉熙，得一墨迹本，号为褚摹。后有米元章跋，曾以刻石，世号陈缉熙本。是褚非褚，屡遭聚讼，甚至有谓其前墨迹本即陈氏所摹者。

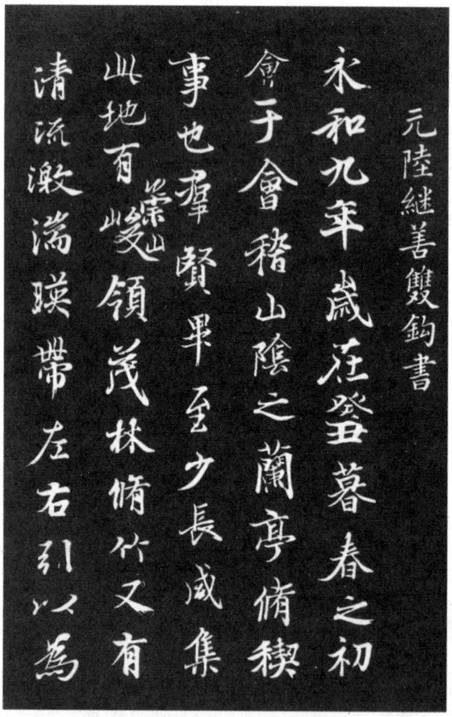

三希堂刻元陆继善双钩兰亭帖

廿年前其卷出现于人间，墨迹兰亭，纸质笔势，乃至破锋贼毫，与陆摹本毫无二致，其上陈氏藏印累累，米跋虽真，但为他卷剪移者。始恍然此盖陆氏所摹，殆散失各本中之一本也。安得起覃溪老人于九原，一订其《苏米斋兰亭考》，一洗陈缉熙不虞之誉也。

昔药山惟俨禅师，戒人看经，而自看之。或以为问，俨曰：“老僧止图遮眼，若汝曹看，牛皮也须透。”仆之细辨兰亭，自笑亦蹈看透牛皮之诮矣。

七十八

从帖三希字万行，继之一石独凋伤。

恰如急景潇湘馆，赢得诗人吊古忙。

友人周君敏庵，最好《红楼梦》，尤爱陆摹兰亭。得三希堂帖本，把玩不释手。一日游北海，登阅古楼，盖三希堂帖石所在。遍观诸石，或完或损，而陆摹兰亭一石，独剥蚀最甚。怒焉悼之，赋诗见示，因拈此首答之。急景潇湘，红楼故实，谬蒙敏庵激赏，殆以其本地风光也。

陆摹墨迹本，四十馀年前，曾于故宫见之，当时世传影印本，只见二页，以三希石刻详校之，则利钝迥殊。夫帖刻失真犹得使人爱赏如此，则陆拓之妙，直媲唐人，何怪陈缉熙之直仞为褚摹也！

石渠宝笈所藏法书，几历劫波，如今次第重出，而影印之本亦略备。虽间有毁佚，顾视靖康之际，三馆所储，殆有深幸者矣。今陈本已有精印单行之本，计三希陆本之普门示现，当亦不远。

陆继善双钩兰亭帖

七十九

昔我全疑帖与碑，怪他毫刃总参差。

但从灯帐观遗影，黑虎牵来大可骑。

此亦答周君敏庵之作。

敏庵既酷爱陆拓兰亭，获三希堂刻本，已惊其神妙，及见影本二页，乃憾石刻之失真。然当时影印者尚无足本，全豹仍资石刻，故拈此以慰之。

仆于石刻，见解亦尝数变。早岁初见唐碑，如醴泉铭、多宝塔碑等，但知其精美，而无从寻其起落使转之法。继得见唐人墨迹，如敦煌所出，东瀛所传，眼界渐开，又复鄙夷石刻。迨后所习略久，乃见结字之功，有更甚于用笔者，故纵刊刻失真，或点画剥蚀，苟能间架尚存，亦如千金骏骨，并无忝于高台之筑。即视作帐中灯下之李夫人影，亦无不可也。

昔人于石刻拓本，贵旧贱新，一字之多少，一画之完损，价或判若天渊，而作伪乱真，受欺者众，故有黑老虎之目。而善学者，固不争此。赵松雪云：“昔人得古刻数行，专心学之，便可名世。”信属知言。

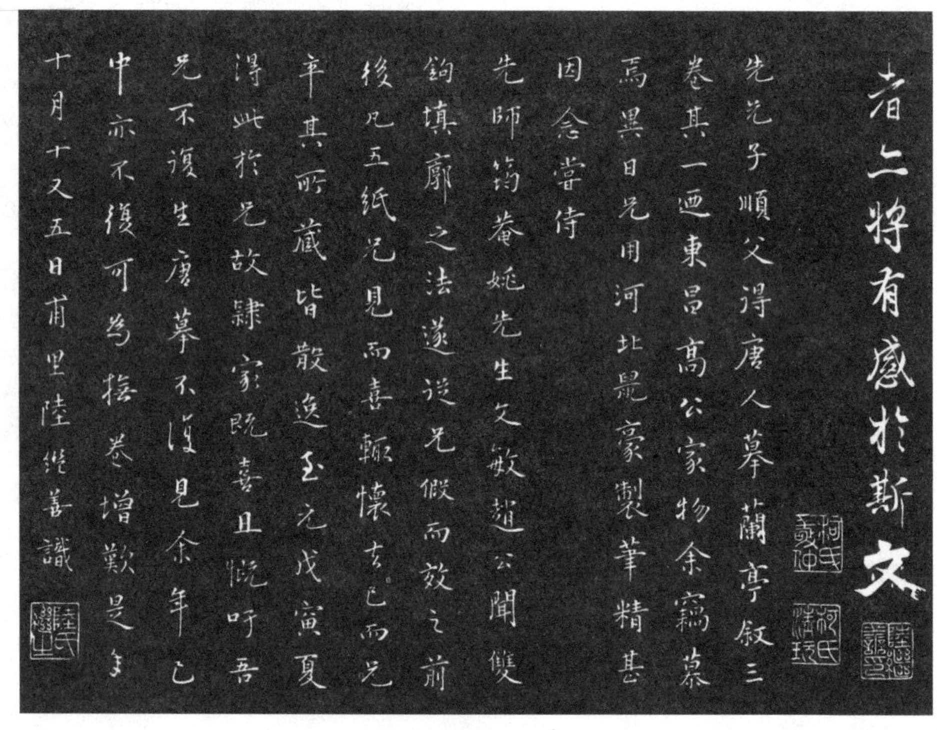
者亦將有感於斯文
先先子順父得唐人摹蘭亭叙三
卷其一迺東昌高公家物余竊慕
焉異日先用河北鼠毫製筆精甚
因命嘗侍
先師筠菴姚先生文敏趙公聞雙
鈎填廓之法遂從先假而效之前
後凡五紙先見而喜輒懷去已而先
卒其所藏皆散逸至元戊寅夏
得此於先故隸家既喜且悲吁吾
先不復生唐摹不復見余年已
中亦不復可為撫卷增歎是年
十月十又五日甫里陸繼善識

陆继善双钩兰亭帖跋

八十

七姬志里血模糊，片石应充抵雀珠。

孤本流传馀罪证，徒留遗恨仲温书。

七姬权厝志者，潘元绍家七妾骈死藁葬之墓志也。张羽撰文，宋克书丹，卢熊篆盖。

潘元绍为张士诚婿，士诚势蹙，元绍出兵败绩，归家逼其七妾同死。焚其尸而共瘗一冢，作此志铭。其文首称“七姬皆良家子”，以下称七姬之美姿容，识礼义，感主恩，愿同死等等，悉冠以“皆”字，一似田横义士，重见于巾帼；秦穆三良，犹逊其慨慷。张宋诸贤，当时之巨子，元绍杀妾后，尚有暇为此，而三贤执笔，莫敢或违。其视七姬之骈颈就缢，相去仅一息之有无耳。文人生丁乱世，不得不就人刍豢，及其栈厩易主，终不能自获令终。若张宋诸人，复见胁于於皇寺僧以死，其尤可哀者矣。

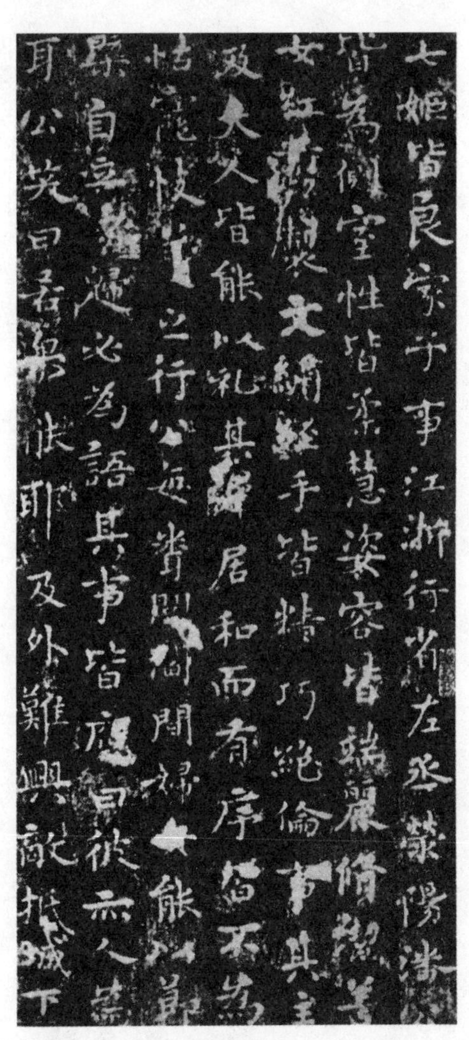

明宋克书七姬志

此志原石传本极少，所见仅有二本，其一尚出翻摹。且拓墨模糊，展观令人想见七姬血肉，吾转恨世间有此二本之存也。虽然，煌煌史册，不诬有几，留此数行，以为殷鉴可乎？

八十一

黄庭画赞惟糟粕，面目全非点画讹。

希哲雅宜归匍匐，宛然七子学铙歌。

黄庭经、东方朔画像赞、乐毅论等小楷帖，先不论其是否王羲之书。即其摹刻之馀，点画形态，久已非复毛锥所奏之功。以其点画既已细小，刀刃不易回旋，于是粗处仅深半黍，而细处不逾毫发。迨捶拓年久，石表磨失一层，于是粗处但存浅凹，而细处已成平砥。及加蜡墨，遂成笔笔相离之状。譬如“入”字可以成“八”，“十”字可以成“卜”。观者见其斑剥，以为古书本来如此，不亦傎乎。

明人少见六朝墨迹，误向世传所谓晋唐小楷法帖中求钟王，于是所书小楷，如周身关节，处处散脱，必有葬师捡骨，以丝絮缀联，然后人形可具。故每观祝希哲小楷，常为中怀不怡。而王雅宜画被追摹，以能与希哲狎主齐盟为愿，亦可悯矣。

汉铙歌声词淆乱，至不成语，而明人盲于佞古，竟加仿效。石刻模糊，书家亦囫囵临写。风气所关，诗书无异也。

明祝允明小楷书

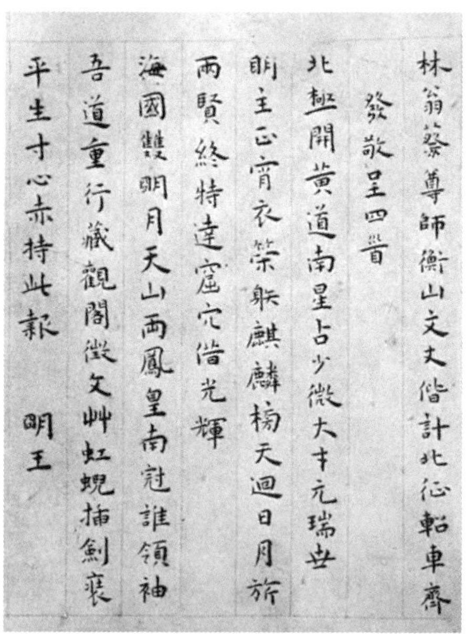

明王宠小楷书

八十二

无今无古任天真，举重如轻笔绝尘。

何事六如常耿耿，功名傀儡下场人。

唐寅。

明贤书，追乎中叶，旌旗始变。其初二沈及台阁诸老，循规蹈矩，未见新意。

祝允明出，承徐有贞、李应祯之绪，略轶藩篱，未成体段。文徵明于书有识有守，功力深而年寿富，独立书坛，几与赵子昂相埒。其天资人力，如五雀六燕，铢两无殊，信手任意之笔，不屑为，亦不能为也。

惟六如居士，以不世之姿，丁弥天之厄，抑塞磊落，雄才莫骋。发之翰墨，俱见跅弛不羁之致。其于书，上似北海，下似吴兴，以运斤成风之笔，旋转于左规右矩之中。力不出于鼓努，格不待于准绳，而不见其摹古线索。天赋之高，诚有诸贤所不可及者。

科名得失，于六如何所损益？而“南京解元”一印，屡见高钤；名场失意之诗，累形低咏。傀儡下场，即其自嘲之句，亦可叹也。

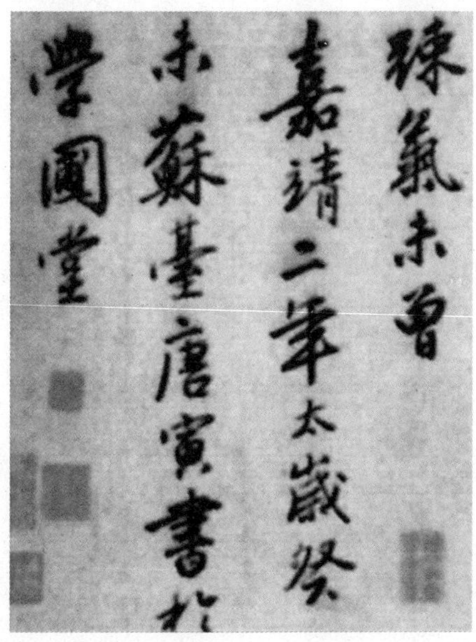

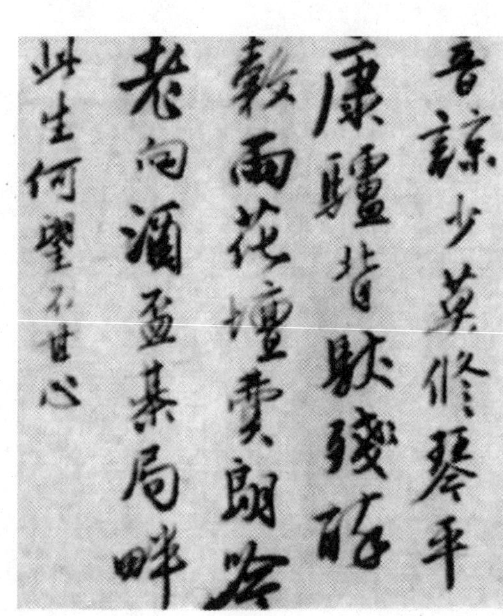

明唐寅墨迹

八十三

憨山清后破山明，五百年来见几曾。

笔法晋唐原莫二，当机文董不如僧。

憨山德清，破山海明。

先师励耘老人每诲功曰，学书宜多看和尚书。以其无须应科举，故不受馆阁字体拘束，有疏散气息。且其袍袖宽博，不容腕臂贴案，每悬笔直下，富提按之力。功后获阅法书既多，于唐人笔趣，识解稍深，师训之语，因之益有所悟。

明世佛子，不乏精通外学者。八法道中，吾推清、明二老。憨山悬笔作圣教序体，传世之迹，亦以盈寸行书为多。观其行笔之际，每有摇曳不稳处，此正袍袖宽博，腕不贴案所致。而疏宕之处，备饶逸趣。破山多大书行草，往往单幅中书诗二句。不以顿挫为工，不作姿媚之势，而其工其势，正在其中。冥心任笔，有十分刻意所不能及者。余昔得破山一幅，书“雪晴斜月浸檐冷，梅影一枝窗上来”二句，以奉先师。后得憨山书苦雨五律四首一卷，师已不及见矣。

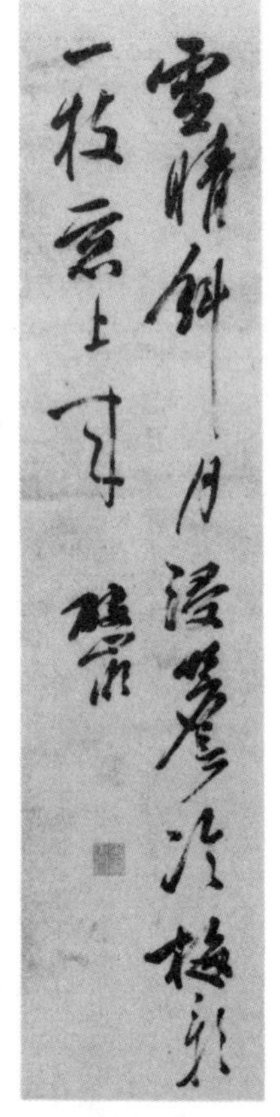

明僧海明书

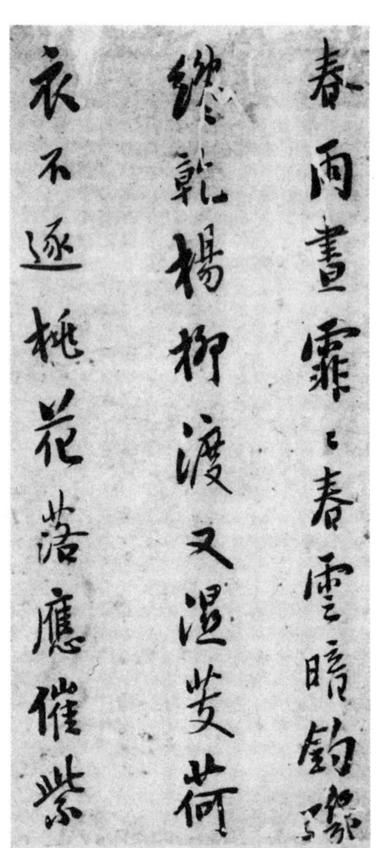

明僧德清书

八十四

钟王逐鹿定何如，此是人间未见书。

异代会心吾不忝，参天两地一朱驴。

八大山人书，早岁全似董香光，其四十馀岁自题小像之字可见也。厥后取精用宏，胆与识，无不过人，挥洒纵横，沉雄郁勃，不佞口门恨窄，莫由仰为赞喻！

大抵署传綮款时，已渐趋方劲，所以破早岁香光习气也。署八大山人款后，亦有一时作方笔者，且不但字迹点画之方，所画花头树叶乃至鸟眼兔身，无不棱角分明，观之令人失笑。其胸襟之欲吐者，亦俱于棱角中见之。再后渐老渐圆，李泰和之机趣，时时流露，而大巧寓于大拙之中，吾恐泰和见之，亦当爽然自失，能逮其巧，不能逮其拙焉。

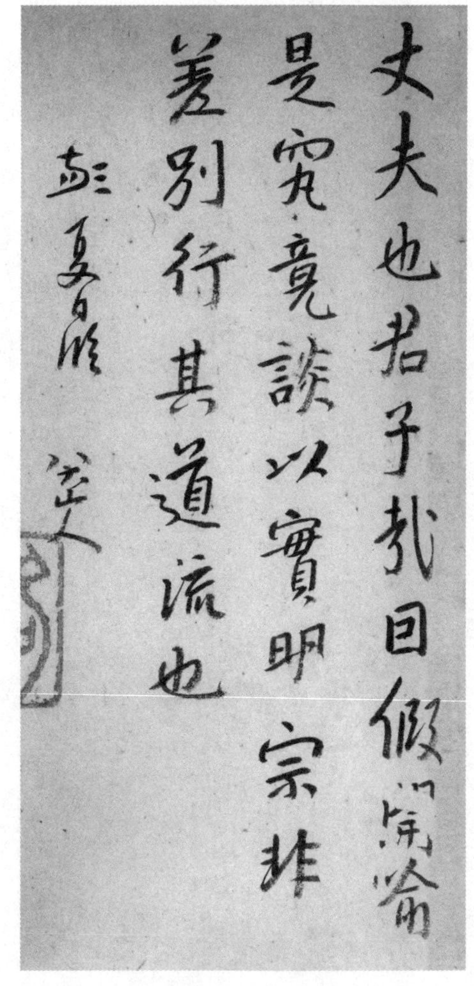

八大山人书

世事迁流，书风递变。晚明大手笔，亦常见石破天惊之作。然必大声镗鞳，以振聋聩，不若山人之按指发光。所谓“嬉笑之怒，甚于裂眦”者也。

山人署名，每自书“驴”“屋驴”等，从来未见自书“奄”字者。久之乃悟奄盖晚明时驴字之俗体，与古文之奄字无涉。正如西游记夯汉之为笨汉，与夯土之夯无涉也。传画史者不忍直书马旁之驴，而转从俗作耳。

八十五

破阵声威四海闻，敢移旧句策殊勋。

王侯笔力能扛鼎，五百年来无此君。

王铎。

昔人以“雄强”评右军书，而右军又为韩退之讥为“姿媚”。然则雄强固非剑拔弩张之谓，而姿媚亦非龋齿慵妆之谓也。右军往矣，宗风所振，后世书人，得其一体，即足成家。究之能得姿媚者多，能得雄强者少也。

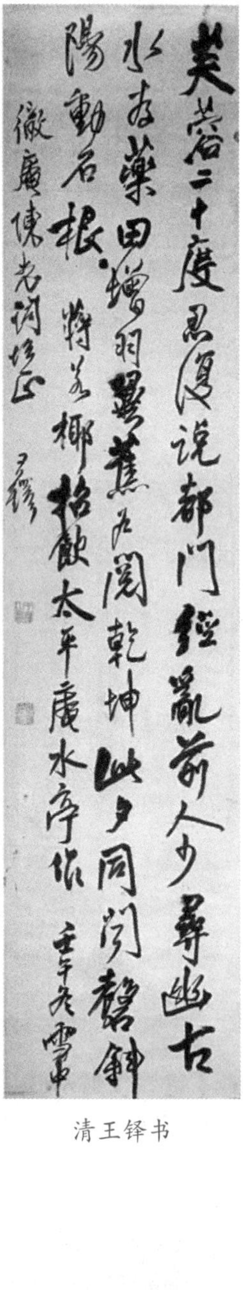

明季书学，阁帖之派复兴。大率振笔疾书，精神激越。四十年前赏鉴家塔式古丈，名塔齐贤，字式古，曾教功曰：“明人笔，有所向无前之势。”可谓一语道破。观夫倪鸿宝、黄石斋、张二水、傅青主诸家，莫不如是。如论字字既有来历，而笔势复极奔腾者，则应推王觉斯为巨擘。譬如大将用兵，虽临敌万人，而旌旗不紊。且楷书小字，可以细若蝇头；而行草巨幅，动辄长逾寻丈，信可谓书才书学兼而有之，以阵喻笔，固一世之雄也。

“王侯笔力能扛鼎，五百年来无此君”，倪云林题王黄鹤画之句，吾将移以赞之。

清王铎书

八十六

头面顶礼南田翁，画家字说殊不公。

千金宝刀十五女，极妍尽利将无同。

南田翁恽寿平，生丁桑海之际，崎岖戎马之郊。事迹谱于传奇，节概标于信史。一水一石，巍并西山；一草一花，香齐薇蕨。数艺苑畸人于明末清初，惟八大山人与南田翁而已。

南田之画，以写生绝诣，攫造化之魂，所标徐、黄、赵昌等，不过借掩俗人之口。至其书法，实传家学，以视先德，但见略加秀丽风韵。得力虞褚黄米，取精用宏，而往哲精华，无不资其炉冶。所谓六经皆我注脚，此其所以为大手笔也。

流传题画稿本巨册，片语只词，胥先起草，纵横修短，一一安排。乃知阮步兵之脱略礼法，转见其为至慎之人。而翁之书笔，世人但观其秀丽，不知正是大道至柔，得致婴儿之道也。

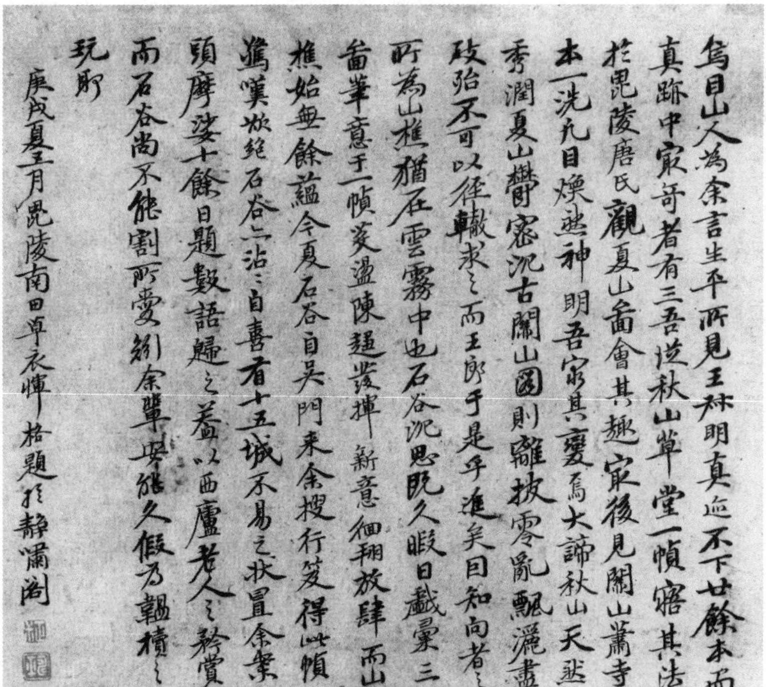

清恽寿平书

每闻人评恽书，曰“画家之字”，一似仅足为丹青之附庸者，其谬妄自不待言。古乐府云：“千金买宝刀，悬著中梁柱。一日三摩挲，剧于十五女。”知此者，方足以观南田翁之书，方足以论南田翁之书！

八十七

耕烟画笔天瓶字，格熟功深作祖师。

更有文风同此调，望溪八股阮亭诗。

取金于沙，得三弃七，而其三，莫非真金也。既而锤之如纸，研之如泥，布地装门，入眼莫非金色时，刮而称之，或不足三中之一。此理也，亦可以喻夫艺事：

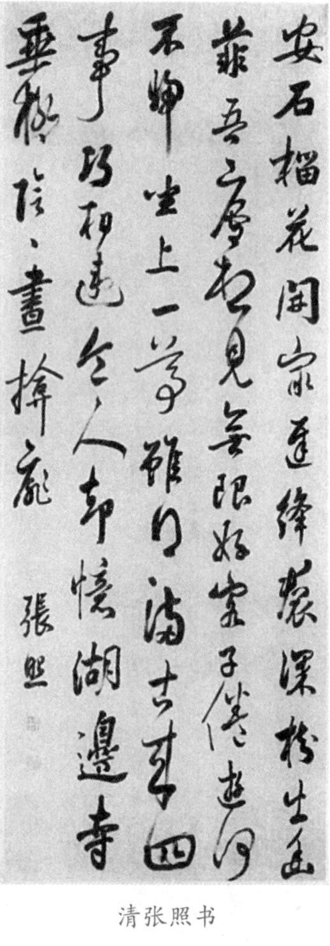

有清八法，康、雍时初尚董派，乃沿晚明物论也。张照崛兴，以颜米植基，泽以赵董，遂成乾隆一朝官样书风。盖其时政成财阜，发于文艺，但贵四平八稳。而成法之中，又必微存变化之致，始不流为印版排算之死模样。此变化也，正寓于繁规缛矩之中，齐民见其跌宕，而帝王知其驯谨焉。此际之金，又不足九中之一矣。

清张照书

姑冒枝蔓之嫌，兼论其他诸艺：若王翚之画，其笔可同庖丁之刃，山川气象，无复全牛。而每见摹古册中，常厕以效颦董其昌全乖画理之作，盖迫于俗论所尚也。久之，虽摄取山灵之笔，亦俱入砖型瓦甓之中，而了无生气矣。至于方苞古文之为化妆八股，王士祯诗歌之为傀儡生旦，其理不难推而得之也。

八十八

坦白胸襟品最高，神寒骨重墨萧寥。

朱文印小人千古，二十年前旧板桥。

二百数十年来，人无论男女，年无论老幼，地无论南北，今更推而广之，国无论东西，而不知郑板桥先生之名者，未之有也。先生之书，结体精严，笔力凝重，而运用出之自然，点画不取矫饰，平视其并时名家，盖未见骨重神寒如先生者焉。

当其休官卖画，以游戏笔墨博鹾贾之黄金时，于是杂以篆隶，甚至谐称六分半书，正其嬉笑玩世之所为，世人或欲考其馀三分半书落于何处，此甘为古人侮弄而不自知者，宁不深堪悯笑乎？

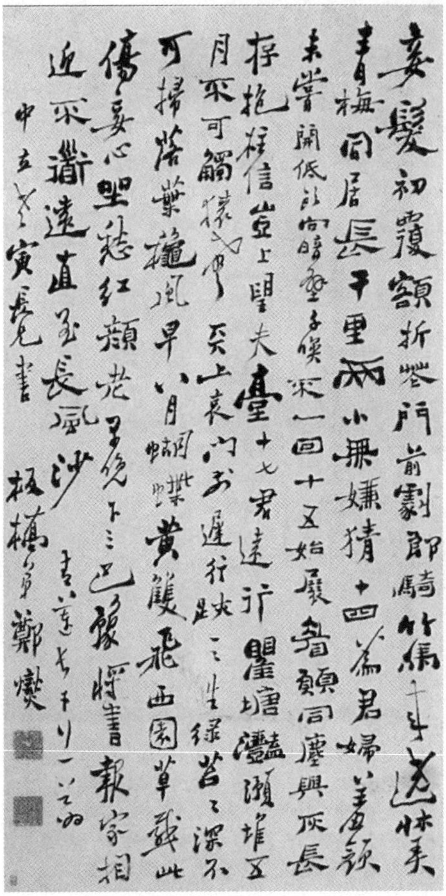

先生之名高，或谓以书画，或谓以诗文，或谓以循绩，吾窃以为俱是亦俱非也。盖其人秉刚正之性，而出以柔逊之行，胸中无不可言之事，笔下无不易解之辞，此其所以独绝今古者。

先生尝取刘宾客诗句刻为小印，文曰“二十年前旧板桥”。觉韩信之赏淮阴少年，李广之诛灞陵醉尉，甚至项羽之喻衣锦昼行，俱有不及钤此小印时之躁释矜平者也。

清郑燮墨迹

八十九

持将血泪报春晖，文伯经师世所稀。

褉帖卷中瞻墨迹，瓣香应许我归依。

功周晬失怙，先母抚孤，备尝艰苦。功虽亦曾随分入小学中学，而鲁钝半不及格。十六七始受教于吴县戴绥之师，获闻江都汪容甫先生之学。旋于新春厂甸书摊上以银币一元购得《述学》二册，归而读之，其中研经考史之作，率不能句读，而最爱骈俪诸文。逮读至与汪剑潭书，泪涔涔滴纸上，觉琴台、黄楼诸篇又有不足见其至性者焉。

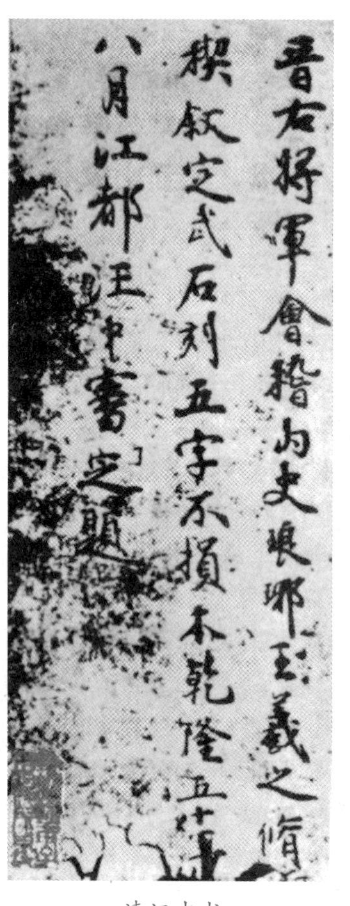

清汪中书

初于《述学》中见定武兰亭跋，不觉为之神往。后见扬州翻摹本，知其原卷中只有先生手书跋尾二则，其馀诸条，悉为赵晋斋据《述学》补录者。继获其帖之影印本，帖前丁以诚写先生小像，神态如生。跋尾墨迹，顿挫淋漓，亦非石本所能毕肖。

先生虽宝惜兰亭，顾得帖时已四十二岁，前此熏习，实以怀仁圣教为多。功平生鉴阅书画，不为不多，而所见先生墨迹，并印本计之，不过五六事，转觉兰亭为易得矣！

九十

高邮之后有番禺，安雅终推学者书。

一代翁刘空作态，几经鸣鼓召吾徒。

王念孙、陈澧。

乾嘉学者，有大工力于书者，宜莫钱竹汀先生若。然控笔略失于重，隶书更不免有钝滞之讥。戴东原先生书，曾见殿试策、手简、手稿，似无以书传世之想。朱笥河先生好作隶古定体，手写华山碑跋是也。其他随笔挥洒书札、楹联，无一毫馆阁习气。惟所传极鲜耳。

若高邮王怀祖先生手稿、函札，所见极多，无意于书，而天真平易，生平学养，俱见于点画之间，信乎学者之笔也。

较后则推番禺陈兰甫先生书。以翁正三曾提学粤东，先生不免间接染其馀习。然其融合欧米，不但终成自家面目，亦见自家性情。所作书札，皆娓娓论学，首尾千百言，无矜持，无懈怠。昔人论师道有言教身教之说，余谓观学人之笔，可谓并受书教焉。

当时名家，成王以爵重，可以别论。馀则翁、刘各标重望，而抟土揉脂，但见其处处作态，入目令人不怡，殆所谓艺成而下者乎？

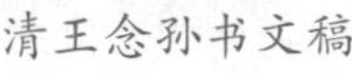

清王念孙书文稿

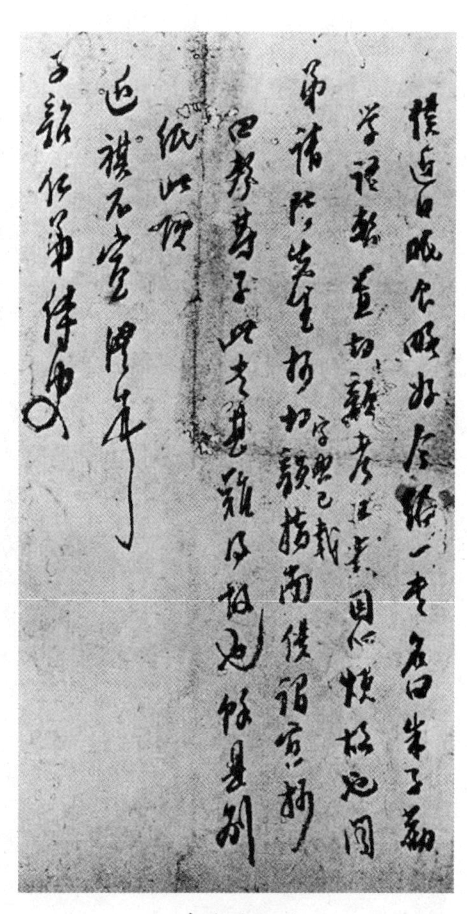

清陈澧尺牍

九十一

琳琅诗富容夷韵，洞达书饶婉娈情。

一事惜翁真可惜，误将八股榜桐城。

姚鼐。

惜抱翁文名震天下，与其乡先辈方望溪齐名，世号方姚。无论方氏平生不为诗，即以文论，方又何堪媲姚哉。大抵姚见世面，通人情，方则自卖头巾，而诸头巾却不相许也。

姚之诗，容夷跌宕，视随园，有时竟有突过者，遑论其并时馀子。至于书，又有过其诗文处。盖无意求工，却处处见深造之功，自得之趣。曾见近代赵尧生先生题其书札文稿墨迹之诗，有“纸墨似相恋”之句，真妙于形容。宋人论欧阳永叔书，谓其“以尖笔作方阔字”，吾觉惜抱正有同调。

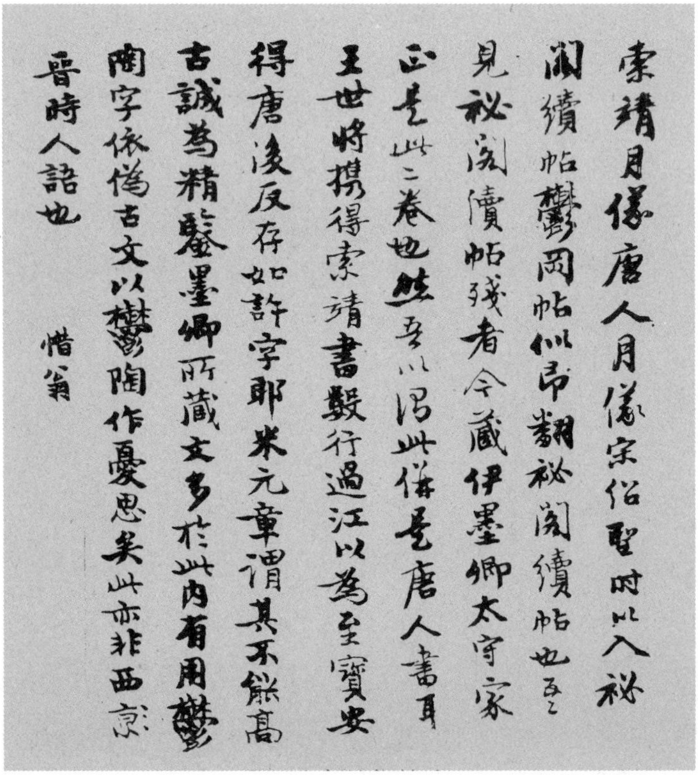
索靖月儀，唐人月儀，宋紹聖時以入祕閣續帖。鬱岡帖似即翻祕閣續帖也。吾見祕閣續帖殘者，今藏伊墨卿太守家，正是此二卷也。然吾以爲此僅是唐人書耳。王世將攜得索靖書數行，過江以爲至寶，安得唐後反存如許字耶？米元章謂其不能高古，誠爲精鑒。墨卿所藏文多於此，內有用鬱陶字，依僞古文以鬱陶作憂思矣，此亦非西京晉時人語也。　惜翁

清姚鼐书月仪帖跋

曾见明人杨继鹏于皖中刻董香光书曰铜龙馆帖，惜抱笔势绝似之，盖其人手所自也。望溪以八股之法为古文，又以古文之法为八股，遂成其所谓桐城文派，惜抱亦不免为其所欺。

九十二

一般风气一乡人，岁月推迁有故新。
四体历观程穆倩，始知完白善传薪。

凡百艺能，莫得逃乎时代，亦莫得超乎地域。作者师承授受，口讲指画，波摹磔拟，不似则为不中程，固属有意所成之家法；亦有生于其时其地，谊非师生，耳濡目染，无意中而成其流派者。

余素厌有清书人所持南北书派之论，以其不问何时何地何人何派，统以南北二方概之，又复私逞抑扬，其失在于武断。然苟能平心静察，形质性情，或为父子兄弟，或为异县他乡。时代所笼，则异中有同；地域所区，则同中有异。虽豪杰奋志，壁垒全新；或商人射利，纤毫必似。及入识者眼中，其异其同，仍莫能掩也。

嘉庆中完白山人书法篆刻，如异军突起，震烁一世。包慎伯撰《艺舟双楫》，复为之建旗竖鼓，历述山人遍临汉魏群碑，各若干本，取资广而用力深，一若天资学诣，迥不因人者。余尝见康熙时歙人程穆倩诸体书及印谱，因觉完白之篆刻用笔行刀，其来有自，即隶书行书，亦莫不肖似。右下一捺，其肖弥甚。乃知按模脱墼，贤者不为，而登楼用梯，虽仙人不废焉。

清邓石如隶书

九十三

惊呼马背肿巍峨，那识人间有橐驼。

莫笑挛经持论陋，六朝遗墨见无多。

仁智异乐，酸咸异嗜，各好其好，本无强同之理，而世人好辨，强人从我，学问之道，其弊尤烈：

经学之今古文，道学之朱陆派，读书人为之齿冷久矣。至于医术、丹青、烹饪、音乐等，入主出奴，喧嚣不堪入耳。至于书道，争端更有易启者。盖医术有生死可征，丹青则人马可辨，烹饪则猫犬亦识其香，音乐则鱼鸟亦歆其韵，惟书道则不然。不识一丁者，亦可照猫画虎，率尔操觚；略识之无者，更得笔舌澜翻，逞其臆论。此辈浅学，闻者嗤

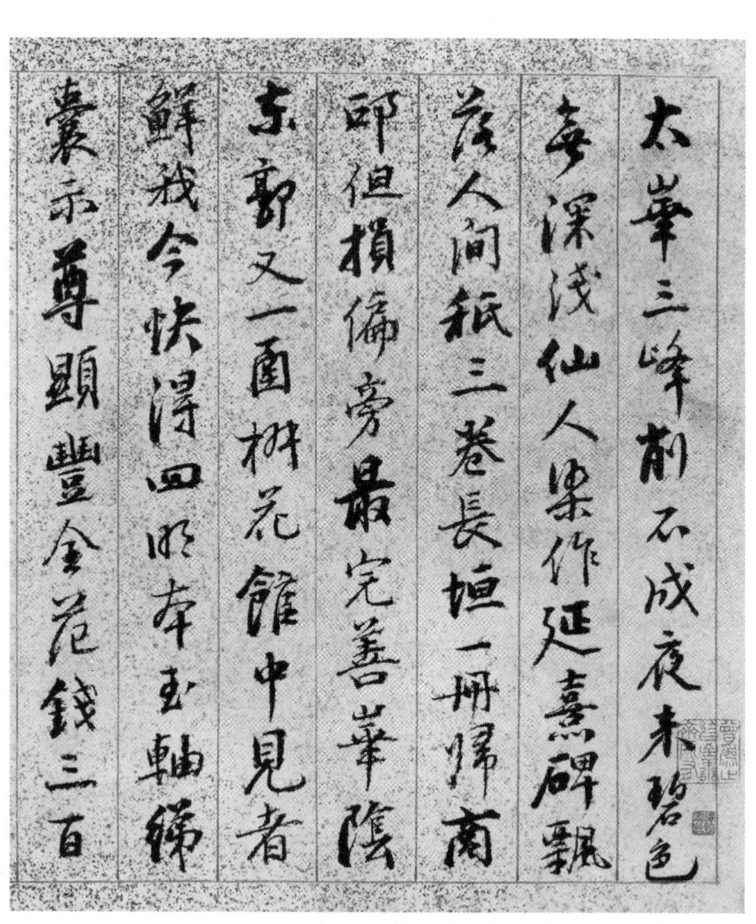

清阮元书

之，其谬尚不难破败；惟世之达官且号为学人者，纵或指鹿为马，闻者莫敢稍疑，阮元之“南北书派论”是也。其于唐宋法书，汉晋墨迹，寓目既稀，识解更无所有。其所论列，譬如独坐路歧，指评行客，肥者氏赵，瘦者氏钱，长则姓孙，短则姓李而已。语云“少见多怪，见橐驼谓马肿背”，堪为揅经室主诵之。至其陋谬之例，有目共见，吾又何暇列举乎！

九十四

无端石刻似蜂窝，摸索低昂聚讼多。

身后是非谁管得，安吴包与道州何。

人之性情源乎秉赋，而识解则必资于见闻。佛寺道观，满壁鬼神，纵或三头六臂，其每头每臂，固皆取象于人之一体。遗腹子不梦其父，未曾亲见其父也。顾陆张吴，丹青绝世，然未闻能画世所未见之物焉。

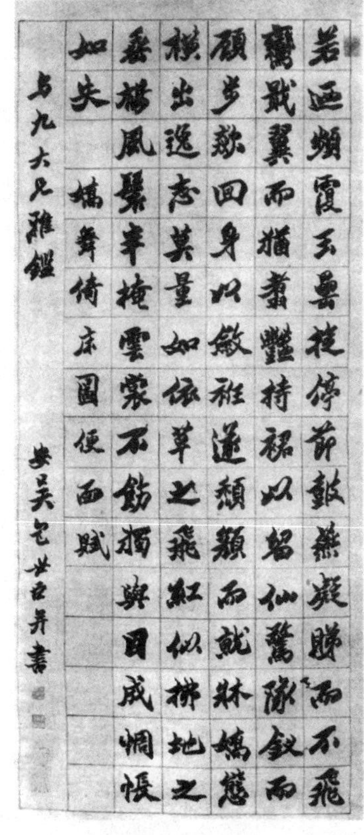

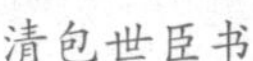
清包世臣书

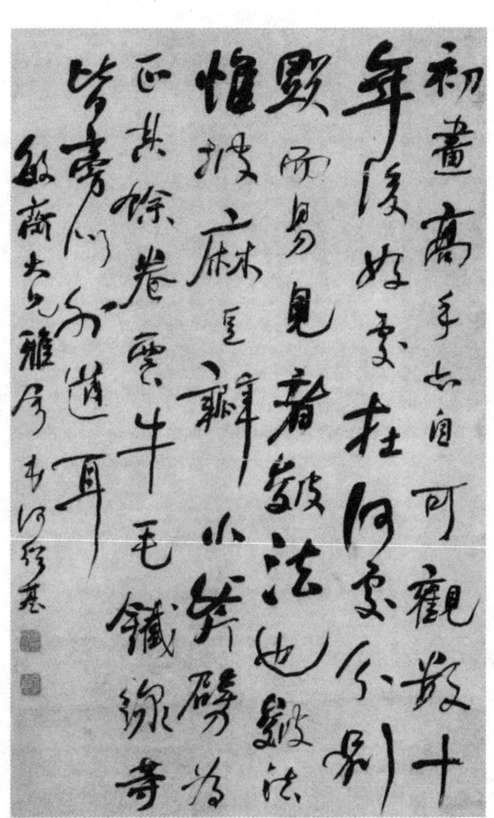

清何绍基书

书法习尚，代有变迁。所谓“臣无二王法，二王亦无臣法”，并非谐语。以时世既异，其法亦必两有不能者。复古创新，同借所因，心目苟无，豪杰莫能措手。徒逞龂龂之口，悻悻之心，多见其无益耳。

有清中叶，书人厌薄馆阁流派，因以迁怒于二王欧虞赵董之体。兼之出土碑志日多，遂有尊碑卑帖之说及南北优劣之辨。阮元、包世臣发其端，何绍基、康有为继其后，于是刀痕石璺，尽入品题；河北江南，自成水火。暨乎石室文书，流沙简牍，光辉照于寰区，操觚之士，耳目为之一变。于是昔之龂龂然累牍连篇者，俱不足识者之一哂。此无他，时世不同，目染有所未及而已。

九十五

秦汉碑中篆隶形，有人傅会说真行。

逆圈狂草寻常见，可得追源到拉丁。

书体之篆隶草真，实文字演变中各阶段之形状，有古今而无高下。譬之虫豸，卵子圆而小，幼虫长而细，蛹如桶状而微椭，蛾同蝶形亦能飞。虫先于蛹，并不优于蛹也。卵小于虫，未必美于虫也。贵远贱近，文人尤甚。篆高于真，隶优于草，观念既成，沦肌浃髓，莫之能易焉。

怀素自叙帖逆笔疑字

逆笔吴字

然真行之体，行来已千数百年，久为日用所需。仓颉复起，亦必回天无术。若乾嘉时江声艮庭，所书文稿笺札，莫非小篆，见者不识，竟成笑柄。亦有既不得不用真行今草，又不甘其不古者，于是创为篆法隶法、篆意隶意之说。笔圆而秃者，谓有篆法，笔方而扁者，谓有隶法，并不计其字体之今古繁简焉。于无可征验之中，收指挥如意之效，遂有谓右军之书，必如二爨始称真迹者。

怀素自叙卷中狂草，间有行笔反圈，作逆时针方向者，余每戏指示人，谓为得拉丁笔法。盖崇洋媚古，其揆莫二，惜谈篆法隶意者，见不及此耳。

九十六

贬赵卑唐意不殊，推波南海助安吴。
纡回楫橹空辞费，只刺衰时馆阁书。

历代俱有官样书体，唐代告敕，若颜真卿体，若徐浩体，其后各卷俱冒称颜徐真迹，然而尚未全归一致。至宋则一律作怀仁集王圣教序体，以其风格出自御书院，当世遂号曰院体。明代告身，所见者全是沈度一派。翰林馆阁之书，若姜立纲、程南云，亦是沈度一体之略肥者。有清康熙时风行董其昌体，似尚无统一之规格。至乾隆时张照体出，御书采之，遂成所谓南书房体，可谓初期之馆阁书。然殿试策尚不尽如是，所见钱大昕、戴震之策，固甚简便也。嘉道以后，标举黑大光圆之诀，白摺大卷，全同印版，号曰卷摺体，则后期之馆阁书也。蓬山清秘，尊之若在九天；而世人退而议其书风，贬之如坠九地。何以故？以帝王一人之力，欲纳天下之书于一格耳。

包世臣《艺舟双楫》讥赵孟頫书如市人入隘巷，无顾盼之情。验以赵书，并非如此，盖借以讽馆阁书体耳。至康有为《广艺舟双楫》，进而痛贬唐人，至立“卑唐”一章，以申其说。察其所举唐人之弊，仍是包氏贬赵之意而已。

《双楫》论文与书也，《广双楫》但论书，时人号之为“艺舟单橹”。

清董诰小楷　　　　晚清人书考卷

九十七

少谈汉魏怕徒劳，简牍摩挲未几遭。

岂独甘卑爱唐宋，半生师笔不师刀。

文字递嬗，其书写之法，自然不同。虽有时代之异，然非前必优后必劣也。且真草以至行书，自魏晋至隋唐，逐渐完美，世人习用至今，已有千数百年之经历。其前虽为篆隶，但习真行者，非必先学篆隶始能作真行笔势也。不独此也，今人久习篆隶，甚至有翻不能为真行者。唐人艳称滕王善画蛱蝶，然未闻滕王先工画卵蛹而后始工画蝶也。

清初朱竹垞、郑谷口好作隶书，学曹全碑，与其真行用笔相似，观者不以为工。邓石如篆隶，世无间言矣，而行草纠绕，虽包慎伯之倾心推挹，于其行草犹稍以为未足。若钱十兰、黄小松，篆隶工矣，而真行署款，亦未能与其篆隶齐观。此篆隶与真草行书并不同法之明证，非能工于彼，即工于此也。自两汉简牍出土以来，始知汉人作书，并不如拓秃石刻之矫揉，而邓石如诸贤，则未尝一睹汉人墨迹也。

余学书仅能作真草行书，不懂篆隶。友人有病余少汉魏金石气者，赋此为答。且戏告之曰，所谓金石气者，可译言“斧声灯影”。以其运笔使转，描摹凿痕；结字纵横，依稀灯影耳。

九十八

亦自矜持亦任真，亦随俗媚亦因人。

亦知狗马常难似，不和青红画鬼神。

刘墉书骄恣偃蹇，了无足取。其自论作书甘苦，却有道着实际处。观其与伊秉绶书云：“气骨膏润，纵横出入，非吾所难；难在有我则无古人，有古人则无我。奈何奈何!”所谓有古人者，似碑帖中字也；所谓有我者，自成体段也。不佞于此，亦有同感焉。临古法书，求其肖似，而拘泥矜持，不啻邯郸之步。迨乎放笔自运，分行布白，可得己出矣，而点画荒率，每招杜撰之讥。且自运稍久，临古又无入处。其病所由，盖临古不深，而自运又复不熟耳。乃知书虽一艺，但非率尔可工。其心须放，其眼须精，其手须勤。回忆每临帖一通之后，放笔作字，必有一丝进境，然无从有意求之。

人莫逃乎时代风气，虽大力者，创造与规避，两不可能。惟有广于借鉴，天然消化耳。石刻斑剥，壁上之鬼神也；墨迹淋漓，人间之狗马也，欲有借鉴，惟画狗马而不画鬼神，其券可操之于己耳。“鬼物图画填青红”，韩退之句也。

九十九

用笔何如结字难，纵横聚散最相关。

一从证得黄金律，顿觉全牛骨隙宽。

赵子昂云：“书法以用笔为上，而结字亦须用功。”此语出自宗师，宜若可信。讵知习书以来，但辨其点画方圆，形状全无是处。其后影摹唐楷，见其折算，于停匀中有松紧，平正中有欹斜。苟能距离无谬，纵或以细线画其笔画中心，全无轻重肥瘦，悬而观之，仍能成体。乃知结字所关，尤甚于用笔也。

又用世俗流行之九宫格、米字格作字，上字之脚，每侵入下格，递侵之馀，常或一行四格之中，只能容得三字。以注意力必聚于格之中心也。偶以放大画图所用画有细小方格之坐标玻璃片，罩于帖上，详量每字中笔画之聚散高低，始知结字之秘。盖字中重点，并不在中心一处。

其法将每大方格纵横各画十三小方格，中间三小格纵横成十字路，每行小格为五三五。自左上一交叉点言，其上其左俱为五，其下其右俱为八。此十字路中四交叉点，各为五比八之位置，合乎黄金分割之理焉。余别有文述之，兹不能详。

一百

先摹赵董后欧阳，晚爱诚悬竟体芳。
偶作擘窠钉壁看，旁人多说似成王。

右四首自题所书册后者。

以上八十首为一九六一年至一九七四年作。

余六岁入家塾，字课皆先祖自临九成宫碑以为仿影。十一岁见多宝塔碑，略识其笔趣。然皆无所谓学书也。

廿馀岁得赵书胆巴碑，大好之，习之略久，或谓似英煦斋。时方学画，稍可成图，而题署板滞，不成行款。乃学董香光，虽得行气，而骨力全无。继假得上虞罗氏精印宋拓九成宫碑，有刘权之跋，清润肥厚，以为不啻墨迹，固不知其为宋人重刻者。乃逐字以蜡纸钩拓而影摹之，于是行笔虽顽钝，而结构略成，此余学书之筑基也。

其后杂临碑帖与夫历代名家墨迹，以习智永千文墨迹为最久，功亦最勤。论其甘苦，惟骨肉不偏为难。为强其骨，又临玄秘塔碑若干通。偶为人以楷字书联，见者殷勤奖许之曰，此深于诒晋斋法者，而余固未尝一临诒晋帖也。吁！此不虞之誉耶，取径相同耶？乡曲熏习耶？抑生物之“返祖”耶？俱不得而知之矣！

跋

右绝句一百首前二十首一九三五年作，后八十首一九六一年至一九六八年作，今合录之。

一九八二年仲夏心脏病发，课业俱废，端居多暇，窟室徘徊，旧稿重拈，抄誊断续，养心销暑，何必海滨，鼠颖未颓，遽尔盈卷，装订既毕，聊记岁时，吾生适周星霜七十矣。

赵先生在台北影印此本，纯为馈赠友好，非属卖品。故印数有限，以致中原地区见者未多。北京荣宝斋为应读者求索，据以重印，只收工料之费，以广流传。如此盛谊，南北无殊，因志于后，同申感荷之忱！启功病腕书，时年八十又一。

启功书于北京师范大学

拙作《论书绝句》出版经过

1. 大约六十年代初期，此一百首脱稿后，由香港《大公报》“艺林”副刊上分期连载，每期二首。一九八五年三月由香港商务印书馆印成单行本发行。“艺林”分载时，每期付稿费外，合订本未再付稿费，亦未签任何合同。

2. 北京三联书店于一九九〇年根据香港商务版重印发行。并无稿酬，亦无合同。

3. 其原稿本（启功手写百首）由台北友人赵君自“艺林”主编马君手中购去，在台北影印成原寸大册，册后附印排印注文。此为赵君专为馈友人之用，并无稿费，更无所谓合同手续，其书标明是“非卖品”。

4. 今年北京荣宝斋据台北版重印以广流传。此时尚未出版，并未签订合同。

5. 北京三联书店曾言近期将行再版，启功正在校订误字。

一九九四年三月十四日

读《论书绝句一百首注释》后记

学友赵君笃学善著书，亦好八法。霁晚萧晨，过往谈论，于前贤论书之作，时有古奥难通之语，相与参详，每多神解。

余以拙作百首面质，深相期许，又闻读者有所未达处，乃奋笔而书，阐发每有不佞未及见者，抵掌论学之乐，于斯可得。

韵语之道，不佞讵敢上拟王渔洋；而注释《精华录》，赵君远超惠松崖。惭悚有加，附此敬申谢意。

启功附识

二〇〇一年三月十五日

附：启功口释论书绝句

引　言

（据录音整理）

现在我开始谈我作的《论书绝句一百首》。前二十首是我二十多岁作的，后八十首是我五十岁以后作的。后来在香港《大公报》“艺林”副刊上分期登过，登完了他们出了一本单行小册子，为出这个册子，我当时写了个小序、引言。

后来我的手稿被台北一位朋友从香港得到，替我影印出来，又成另一个版本，我又写了个序言，内容还都一样。我现在把它用口语说一遍。有什么用呢？原来是用文言文写的，我再用口语说一遍，就等于再做一次注解，或者说是今译吧！

我现在谈第一个单行本的序言。

这本《论书绝句一百首》，前二十首为二十多岁时作，后八十首为五十岁以后陆续所作。最初有一个简单的注解。仅仅代替标题，说明这一首诗讲的是什么内容，哪方面的，都是信手拈来，如同儿戏一般。朋友传抄作为谈话资料，我是很惭愧的。

数年前，香港《大公报》文艺副刊分期登载，想要多加一点注释，为帮助读者了解，我就每首加几百字的说明，也就是注解。这样刊载完后，又蒙香港商务印书馆给印成小册子，使我非常感激。

这一百首里边所论的，有重复的，有矛盾的，也有忍俊不禁的。忍俊不禁也就是说一点俏皮话吧。而杂以嘲嬉，也就是掺杂一些开玩笑的话。或者有人对我说：你这里有许多矛盾。我就回答他三方面的问题，就是所说的矛盾啊、重复等等。我自己解嘲说：重复的表示叮咛，就是一回不行再说一回使人明白，显示它的重要性；矛盾的呢，表示要周全，避免片面性，正面说了反面再说；为破除岑寂，就是开个玩笑，增加一点趣味性。这三个答复，事实上都是强词夺理。有嗜痂之癖的读者，可以谅解我这个意思。

现在又要再版了，又加些小序，希望敬爱的读者给我指教。这就是在北京三联书店重印这本时加的小序，这是在1985年写的。

后来台北的朋友给我影印，也有个自序，现在说一说：

用诗的形式，特别用绝句诗的形式，来论文艺，应该始于杜少陵（杜甫）。他有一组《戏为六绝句》，我想，他知道自己一个人的见解，未必大家都同意，所以他在标题上加了两个字，叫“戏为”。这就表示不求人人都同意。我自己从幼小的时候，就喜欢学写字，也曾经追随前贤的议论，可是每每苦于枘凿难符，就是不能够合槽，做一个榫头，凿一个窟窿，榫头跟窟窿总是对不上头。那么我自己就想了几个问题，为什么想呢？就是老不明白，老得不到结果。看见前人的论述，越来越神秘，越来越深奥，我自己就发奋来想。古代人也是人，我也是人，难道说这个人一作古，故去了，他的书法就跟后世人所写的必然不同吗？当然不是。清代人论书法的书里，都常常从石刻的碑版，或者是法帖上来做议论，可是，字写到碑上，再刻出来，再拓出来，离墨迹、直接笔写上的有很大距离，把石头或木板上刻碑或帖的字拓出来，果然能跟古代人的墨迹一丝不差吗？

我这里引用了一个典故：棐几练裙。王羲之曾在一个粗的木头小桌子上写了些字，后来被人刮了去，别人看见很可惜。王献之有一次见一个人穿白绢和绸裙子（古代男人也穿裙子），他在人家的裙子上写了字。这个典故，就是说碑上刻的、帖上刻的，跟木头上、绢上写的字能一样吗？恐怕不一样。这是我对碑和帖，刀刻的再拓出来的效果，发生怀疑之后，明白的这个道理：经过刀刻再拿墨拓跟墨迹有很多不同。第二点，我觉得古代得书法名声的，并不完全是因为他写的字好。当然，有的是因为写的字好；有的是官做得大，大家为尊重这个人而保存他的笔迹。官大的人自己也就骄傲起来，把别人看得跟奴仆一个样。还有名头高大的人，由于什么原因出了名啦，就把朋友看得跟他的学生、徒弟一个样。后两种情况，都是地位高了，所以就骄傲了，他真正名气的高低，跟他的书法艺术的好坏，恐怕不能够完全相等。地位高了，他的笔迹、写的字也容易传播。后来看的人也就为之惊讶，认为一定有神秘的地方，要不然他怎么那么大的名气呢？于是我发现了地位高低也造成名气高低，与实际的艺术本领程度的高低恐怕不能相等，这是我又进一步的对我以前怀疑的问题得到的一些理解。这样又使我忍俊不禁地拈为韵语，写成诗歌形式。我常说：非圣无法。非圣，就是圣贤的话我们可不可以怀疑呢？这些圣贤是什么人呢？他们不是什么哲学家、理论家，他们就是书法上有名气的人，但他们所写的书也未必都是普遍真理。无法，法是法律的法，是标准的道理。我说的跟以前的人，特别是明清的人所论的书法理论，有不一致的地方，那不是无法了吗？也就是眼里没有古代名人遗留下的法度了。唐突名流，我也等于对有名人的议论，不管名位高低，也敢表示冲突，表示怀疑。又苦于二十八个字，不能完全抒发我全部的思想，就加以自己的注解，有时手挥目送，注已离题。从前人说“手挥五弦，目送飞鸿。”就是一边弹琴，一边还可以看天边的飞鸿。这里写注解，我离了题，知音的人看了，每每一笑，这会心地一笑，就可以像禅宗一样心心相印，机锋一喝。机锋，就是针锋相对的机缘。一喝，大声一喝，那个人也就明白了。果真如此，我的诗，我的注解有知音的人看见一笑，就算是我很大的收获和光荣啦！是书法的问题呢？还是诗的问题呢？这时候就不管了。这是第二个序言的大致意思。

现在我就从第一首谈起。

一

西京隶势自堂堂，点画纷披态万方。
何必残砖搜五凤，漆书天汉接元康。

这首诗讲的是汉朝到晋朝的木简、简牍。

虽然汉朝早期已经有了纸，但是还不能普遍应用，从西汉起到西晋初年往后还有用竹简、木简的。这一首诗，作于1935年，那个时候居延的竹简、木简虽然已经出土，但是被人垄断了，不许别人看。我这个立论是根据罗振玉的《流沙坠简》和张凤编的《汉晋西陲木简汇编》而来。这两本书的内容，都是根据敦煌出土的许多汉朝的竹、木简，当时一般人所看见的也都从这两本书而来。这两本书里有年号可查的，最早可推到西汉天汉年，往下到西晋的元康年。

北宋年已经有汉简出土，但是原东西早已不存在了，仅仅在许多丛帖里还有一两段。明朝人翻刻的丛帖里虽然有宋朝人发现的木简的文字，但是经过辗转的临摹，已经不是原来的形状了。明清人所见汉代的字迹，多半是碑刻，并且传世的汉碑，多半是东汉人所写的，偶然看见西汉的石刻，往往有两种态度：一种是以为值得夸耀，以为这是西汉的；另一种是看见西汉的石刻就怀疑，认为一定是假的，因为他们眼睛所看到的都是东汉的字迹。其实我们现在可以看到西汉五凤年的石刻。古代刻字有在砖上的，有在石头上的，偶然有流传也是很稀少的。

现在距离1935年又很多年了，战国秦汉竹简、木简还有帛书（就是绢上写的字），都纷纷出现了，从地下考古发掘出来，令人目不暇接。生在今天能看到古代的字迹，能从这些考古所得看到古人的墨迹，实在是幸福得多了。这里仅从书法而言。至于出土的文物，历史证明可供研究的东西就更多了。

二

翠墨黟然发古光，金题锦帙照琳琅。
十年校遍流沙简，平复无惭署墨皇。

这一首讲的是陆机的《平复帖》。

明朝张丑看见过这个帖，说“墨有绿色”，其实无所谓绿色，就是一种感觉。这个墨迹藏在北京故宫博物院。这个帖文说：“彦先羸瘵，恐难平复。往属初病，虑不止此，此已为庆，承使唯男，幸为复失前忧耳。吴子杨往初来主，吾不能尽，临西复来，威仪详跱，举动成观，自躯体之美也。思识□爱（或释量）之迈前，执（势）所恒有，宜□称之。夏伯荣寇乱之际，闻问不悉。”

我认为彦先是贺循的表字，古人除有正式的名，还有字、号，古人常常以此相称。贺循多有病，见于《晋书》本传。有人说贺循死在陆士衡（陆机字士衡）之后，那么陆士衡怎么能看见贺循死呢？但是“恐难平复”，并不是说他已经死了，就是知道他这种病，恐怕不容易恢复原来的健康了，只是一个疑问口气。这一帖应当是陆士衡入洛阳之前所写的。晋朝平了东吴，陆机、陆云兄弟二人都到晋朝的首都洛阳去了。“临西复来”这句话，就是说吴子杨以前到陆机家做客，陆机对他还认识不全面，后来吴子杨要往西边去了，又来向他辞行，看他的样子、举动威仪不同了，很有气派，这就证明，这个人还值得另眼看待，称道他有点特点了。大概吴子杨是要到荆州、襄阳一带去了，他临走前向陆机辞行，这是陆机在吴子杨辞行时写的帖。

这个帖从宋朝以来流传有绪，传世的晋人手札没有一件是原来的。就像王羲之、王献之这些人的帖，得到一个唐朝人钩摹本，已经是很好了。陆机这一帖是在麻纸上用秃笔写的，字迹接近章草，与汉晋木简里的草书极其相似，是晋朝人的真迹，毫无可疑。帖中有许多字残了，损坏了，我的释文是根据偏旁推断出来的。

三

大地将沉万国鱼，昭陵玉匣劫灰馀。
先茔松柏俱零落，肠断羲之丧乱书。

这一首诗论的是王羲之的《丧乱帖》。

这一帖开始写有“丧乱之极，先墓再离荼毒”之语。我写这首诗正在抗战时期，神州沦陷，所以对“离荼毒”之语深有感受，就是遭受荼毒，“离”同“罹”，是同一个意思。

唐摹王羲之的帖，“本本源源，有根有据”的，首先应该说《万岁通天帖》。那一卷中以王为首，后面还有别人。《万岁通天帖》只有钩摹的年月，有进呈的年代，写得很清楚。其次是日本所传的《丧乱帖》和《孔侍中帖》。我写这首诗的时候，《万岁通天帖》（硬黄帖）原卷还没有被发现，所以只论到《丧乱帖》。

《丧乱帖》传入日本远在唐代，大概是留学生或者是遣唐使归国时带回去的。卷里有“延历敕定”的印记，可以证明钩摹的时候，必在公元八世纪以前。《丧乱帖》和《孔侍中帖》，应当是同属一卷，后人分割的，因为它钩摹的方法相类似。我没有看见原东西，只是看见印本，也许根本是两卷，很难说。

《丧乱帖》笔法跌宕，气势很雄奇，笔锋出入顿挫的地方，笔的锋棱可以看见，可以窥知当时所用的笔毛是很硬的。阁帖传摹许多帖，有和这个帖体势相近的，而用笔棱角转折的地方都秃了。因为刻的时候，不一定能传达出来细微的地方，再经过多少翻刻，即使原版，经过多少次的捶拓，特点也就泯没了。所以从前有人说，不见唐摹不足以知道法书的真面目，这句话诚然如此。

四

底从骏骨辨媸妍，定武椎轮且不传。
赖有唐摹存血脉，神龙小印白麻笺。

王羲之和许多人在会稽山阴兰亭水边修禊赋诗的事情，早有文献记载。《兰亭序》这个帖，就是当时赋诗的诗卷前头的一篇序。流传到唐太宗的时候，唐太宗就命令拓书人，用蜡纸钩摹法做成副本，有直接钩摹的，有间接钩摹的，所以传下来的各种钩摹的《兰亭》帖，艺术效果常常不一样。最好的是现在北京故宫博物院所藏的，有神龙半印的这一卷。清代题为冯承素摹本，也不过是想当然，既没有冯承素的款识，也没有直接的证明。冯承素不过是当时的拓书人之一就是了。所谓冯承素摹本，也就是有神龙半印的本子，笔法转折，在现在所流传的这些钩摹向拓的帖中，这一卷是最好的，当时连墨色浓淡不同的地方，都忠实地摹写下来了。这应该算钩摹本中的善本。

钩摹本费工，在唐代就属于很难得到的。到了宋代，这种精摹的本子更不容易得到了。有人把它刻在石头上，这个石头在河北省正定一带，宋朝叫定武军州。定武军州所传的这块石头，被称为定武本。因为它是石刻，可以一起拓出很多张纸，买着容易，得到的也容易，所以大家把定武本珍贵保存下来，觉得这个就是王羲之《兰亭序》的真面貌。可是真正的定武本，现在只流传一整卷和另一卷烧剩下的几块，剩下都是翻刻的。从这一卷半真的定武本来看，已经没有什么神气，笔法也看不出来了，跟唐摹本来比较显得很死板了。这就跟下棋一样，有死眼有活眼，有的是死的，有的是活的，这个真正的定武本的笔法字迹，也是比较死板的。和唐摹本一比较，哪个优，哪个劣？就可以看出来了。清代有个文人叫李文田，这个人学碑版的字写得很好，但他对《兰亭序》有怀疑，认为根本不是王羲之写的，因为它跟那些碑刻的字不一样，这就没法说了，也不是这里想详细论的。我当时开了个玩笑，说他是少见多怪，“见橐驼谓马肿背”。骆驼背上有两个驼峰，有人没见过骆驼，就说这是马肿了脊背，这是开玩笑的话。

五

风流江左有同音，折简书怀语倍深。
一自楼兰神物见，人间不复重来禽。

楼兰出土的晋朝人的残纸，有许多字和古代的某些帖可以互相印证。因为这种残纸是笔写的墨迹，在日本流传一个称法，把真迹叫肉迹，我对这个话很欣赏，真是有血有肉的字迹。楼兰出土的有一条纸，上写：“□（无）缘展怀，所以为叹也。”笔法和馆本《十七帖》非常相似。但是馆本《十七帖》是拓出来的，笔画都秃了，而这个帖字迹棱角分明，转折很清晰。所以看石刻、木板上的帖，要从墨迹来印证是最有益处的。这种字迹残纸笔意生动，风格高古，绝不是后世石刻、木刻所能表现的，就是唐朝人钩摹向拓也没有法子完全表现出来。

“□（无）缘展怀”这一行下笔处如“刀斩斧齐”，转折处又“绵亘自然”、连续不断，可见当时人写字，并没有什么藏锋呀、顿笔呀许多造作气，只是用当时的工具来写当时的字体。时代变迁了，就觉得古不可攀了。

这一卷《十七帖》是张勺圃旧藏的，现在在上海图书馆。这卷后面有明朝张正蒙的题跋，也曾经影印流传过，归了上海图书馆以后，又有新印本。它原本是宋朝人用木板所刻，笔锋略微秃了。看见了楼兰真迹，这才知道王右军的真正面目在纸上，而不在木上。譬如画像，一个人的画像须眉眼很清楚，但是他说话的声音，咳嗽的声音却听不见了，倒不如从他的弟兄看他的音容笑貌。譬如一个人已经故去了，从他的弟兄的言谈举止上，看他的神态，再印证他的画像，也可以得到一些全面的了解。

六

蝯翁睥睨慎翁狂，黑女文公费品量。
翰墨有缘吾自幸，居然妙迹见高昌。

这是题高昌墓砖的。

古代西北高昌地方的沙漠里埋藏着不少当时人的墓地，墓碑多半写在砖上，没有刻，字比较大。由于是直接写上的，所以笔法墨迹都看得出来，不但结体风格很清楚，而且用笔的转折、下笔的轻重、墨的浓淡也都清清楚楚。六朝许多碑铭墓志的笔法可以从高昌墓砖上得到印证。

蝯翁就是何绍基，慎翁就是包世臣。何绍基号叫蝯叟，包世臣号叫慎伯。蝯翁睥睨傲气，慎翁也很狂放。《张黑女墓志》和《郑文公碑》，他们两个人都很推崇。我觉得自己翰墨有缘，值得庆幸，居然能看见高昌的墨迹了。何绍基得到北魏《张黑女墓志》拓本是个孤本。他很重视，也临写过，临得很像墓志上的字，可是他自己随便写的时候就不像了。包世臣撰写的书叫《艺舟双楫》，因全是论文章和论书法的，就像艺术的舟有两个桨。他推崇北碑，特别推崇《郑文公碑》，认为是最高的。《张黑女墓志》也有影印本，《郑文公碑》在社会上尤其容易见到。可是学习临写都很难下手，不知道是怎么写出来的。何蝯叟功力很深，他所临的《张黑女墓志》是很像的，可是运用自己的笔法写就没有《张黑女墓志》的面貌了。也可以看出这个墓志铭的字是很难学的。包世臣楷书的写法，学王彦超重刻的虞世南写的《庙堂碑》，他略微放开一点就学《郑文公碑》，可是他每一笔都弯弯曲曲，看不出来那种原碑上的字敦重开张的笔势。所以何绍基在《张黑女墓志》后边的跋文中就讥笑包世臣笔画常常弯弯曲曲，不能横平竖直。

高昌墓志出土以后，屡次看见很好的作品，结体点画都和北碑相通，并且很多是墨迹，没有刀刻时失真的地方，可以看成是写了而没有刻的北碑。可惜包世臣与何绍基等诸公看不到了，因为在他们那个时代还没有出土。

七

砚臼磨穿笔作堆，千文真面海东回。
分明流水空山境，无数林花烂漫开。

智永，一个南朝陈隋之间的和尚，他是王羲之的后代，曾经写《千字文》，较好的有八百本，分别送到浙江东部的许多庙里，这件事情见于唐朝人何延之写的《兰亭记》这篇文章里。一千几百年以来，传本已经很少了。世传号称智永写的连石刻本合起来，约有五本：第一，大观年间长安薛氏的摹刻本，这块石头现在在西安碑林。第二，南宋《群玉堂帖》刻残本 42 行，从“囊箱”两个字起，到“乎也”止，这是第二本。第三，清代苏州顾家《过云楼帖》残本，从“龙师”起，到“乎也”止。这一卷明朝董其昌旧藏的《戏鸿堂帖》里也曾刻过它的局部。现在我看见原卷墨迹，是在黄竹纸上所写，笔法很弱，是元朝人临的。第四，宝墨轩刻本，更不好了。第五，日本所藏的墨迹本，这一本是最好的。我也看见过原东西，落笔肥厚的地方，墨都聚到一起，发亮。这是一手写起来的，不是钩摹的。

这五本中，第一、第二、第五有根据，陕西长安这本摹刻得不清，多次拓更为失真。群玉堂本，像刻得很好，可惜就剩下珍藏四十二行。只有日本所藏的墨迹本，真是“焕然神明，一尘不隔”。现日本的影印本，印得也很清楚，很精。智永的真面貌，从这上面可以看出来。用它可以研究六朝、隋唐书法艺术辗转发展变化的迹象，使人的眼睛不受枣木板和石头的遮挡，可以直接看见墨迹，除了这个又哪里去找呢？所以我说“分明流水空山境，无数林花烂漫开”。我形容空山无人，水流花开，这种境界是很美的。他这墨迹本，也够得上这个评价了。

八

烂漫生疏两未妨，神全原不在矜庄。
龙跳虎卧温泉帖，妙有三分不妥当。（当字平读）

唐太宗平生写的碑有两个，即《温泉铭》和《晋祠铭》，也曾用这两个碑的拓本，赐给外国的使臣，可见这是他的得意之作。《温泉铭》早已丢失了，《晋祠铭》还存在。但是经过历代捶拓的《晋祠铭》已经没有神采了，后来又重新深挖了笔迹。《真绛帖》里面还摹了一段《温泉铭》，开始并不知道它就是《温泉铭》，因为只剩下一个残余的拓本了。大概是因为首句有“岩岩秀岳”，就叫它《秀岳铭》，自从敦煌出现了《温泉铭》之后，才知道这是《温泉铭》。清代南海吴荣光藏的《真绛帖》，现在在北京故宫博物院。吴荣光曾经摹刻这段《秀岳铭》到他的《筠清馆帖》里，比《真绛帖》的原刻又打了折扣了，字的效果、字的神气又经过一回摹刻转手了。

敦煌本的《温泉铭》也有残缺了，前半段已经没有了，就剩下后半段了。庆幸的是，后半段还完整，米芾“庄若对越，俊如跳掷”，比喻这个拓本正合适。

书法到了唐代，可以算是瓜熟蒂落了。六朝人的字从汉朝的隶书逐渐变为楷书，又逐渐变得风格美观，到了唐朝楷书非常精美，唐朝的行书在唐初，就是唐太宗李世民自己书写的这一风格，也是开了唐人行书之风。敦煌这个碑，已经是剪了条横的手卷形式，刻工是非常精美的，看上去好像是黑纸上拿白粉写的字一个样，摹刻的精美也不是六朝碑所能比的。碑上的字“毫芒细微”一直到细丝的地方都表现出来，肥瘦也可以看出来。肥的地方有很浓郁肥厚的效果，细的地方也是一丝不苟的，确实非常美观。但是字的结体有很多不妥当、不稳定的地方，因为那究竟是在写碑的初期，又是出自皇帝的手笔。在当时写碑又是拿笔往石头上写，总有摇晃或者是不稳妥的地方。这可以从《温泉铭》的拓本上看出来，好像文章里用的偏僻的字，诗里押那个不常见的字的险韵。韵怎么还有危险呢？就是不常见的字押作韵脚。如同一个人穿的衣服很随便的样子，行动满不在乎，可在这里，更能看到他的风采。

九

宋元向拓汝南志，枣石翻身孔庙堂。
曾向蒙庄闻说论，古人已与不传亡。

虞世南的字已经没有真面目流传下来了。《汝南公主墓志》在一般的丛帖里头还有摹刻的。但是近代流传有一个墨迹本有影印本，且早已有之，它的原迹曾经藏在上海博物馆，听说现在的原主又要回去了，不知道详情怎么样了。1972年，我听馆里的负责人说起来，他们认为这实在是个宋朝的摹本。我没看见原东西，就看见影印本了。当时看了就觉得可能是一个摹本，因为它摹的方法能看出痕迹来。现在看来我当初的判断果然不错。墨迹的情况从影印本中也可以辨别出来，不用细看它的纸的质量，不用看原东西，可以推断。

虞世南的字刻在碑上的以《庙堂碑》为最有名，原石已经没有了。陕西的刻本是王彦超重刻的。摹刻陕西碑的这个人只知其当然，不知其所以然——不知道虞世南的字究竟是怎么一个风格，他就刻出个大概的轮廓，出笔入笔的特殊地方都忽略了，就成了一个比较简单的笔画了。又加上石头面捶磨得多了，字迹仅存一个间架，就成为了一个枯的骨头架子，所以旧拓碑就有这个毛病，翻刻碑更是这样。

唐石本的《庙堂碑》影印件流传很多，可惜是有唐刻的部分，也有宋翻的部分，拼配成一本。在黄庭坚的《黄山谷题跋》里头已经记了很多这种拼配的本子。为什么拼配呢？可以知道，唐刻原石在宋朝已经碎了或断了，残缺不全了。所以宋朝人把原石的拓本，拿翻刻本补上。这种本子在宋朝大概很多，可是现在只剩下一本了。

虞世南还有一个《积时帖》，这个帖藏在《石渠宝笈》里，不知道现在还有没有了。

我的诗说“宋元向拓汝南志”，宋元时流传虞世南所书《汝南公主墓志》的墨迹本，不知是什么时候的人摹的，可能是唐朝人，也可能是宋朝人，没有真迹，就是一个摹本。摹本也可以看出来笔法的生动活泼。“枣石翻身孔庙堂”，《孔子庙堂碑》在宋朝已经残了，宋朝所存的都是古代王彦超翻刻的，不是原刻。当发现唐拓一部分后，又把它和宋拓的一部分合起来裱成一个独立的本子了。“曾向蒙庄闻说论，古人已与不传亡。”《庄子》里有一句话：“古人已与不传亡”，是说古人过世了，他的言论被人记在书上，只是几句话，或者一点什么事迹，平生的事迹很多已不留传了，要知道他这一生的全部事迹，就不容易了，所以说“古人已与不传亡”。

十

书楼片石万千题，物论悠悠总未齐。
照眼残编来陇右，九原何处起覃溪。

这首诗讲的是《化度寺碑》。

“书楼片石”指北宋范氏的书楼本。据清朝的翁方纲（翁覃溪）屡次讲，范氏书楼本的《化度寺碑》是真的，别的本都是翻刻的。现在自敦煌本出来后，他说的真的，事实上也是宋朝人翻刻的。而敦煌本出自敦煌，应该是唐拓毫无疑问。可是，现在又有人说敦煌本是翻刻的，翁覃溪说的才是真的。为什么？由于积累的习惯，迷信古代某一个名人的评论。这个习气，这个积非成是的说法深入人心了。看见敦煌本《化度寺碑》《邕禅师塔铭》，才知道翁方纲平生的考证，以为范氏书楼本是真的，其实恰恰相反，范氏书楼本都是翻刻的，翁覃溪所见化度寺的碑很多很多，题跋考订认为是原石的刻本现在也有影印本。

潘宁跋的本子是当年翁覃溪自己收藏的本子，题识更多，“蝇头细字，盈千累万”，也有翁覃溪自己钩摹下来的影印本流传于世，后边附的各种跋都从潘宁的本子而来。因为当时没有照相技术，他不可能留下影像，只有自己拿透明纸把它详细的钩摹下来，这样一来离原东西更远得多了。不管他跋的怎么样了，他手边有潘宁的本子，后人就把他的题跋抽出来，单裱成一本，已经够一厚册了，可见翁覃溪多么重视这个东西。可事实上，都是把翻刻本当成是真的。

明朝有一个人叫王偁的，旧藏有一本，后来归了清朝的成亲王永瑆收藏。对这个东西翁覃溪有详细题跋，说是宋拓。拿那个笔迹一校对，就能发现它是从敦煌本的那个底子的石头拓下来的，现在这个本子藏在上海图书馆。可见翁覃溪当时鉴定是翻刻的，并且排斥它，说这是翻刻的，不怎么贵重，类似这样的真本不知道让他排斥扔掉了多少。可见颠倒事实、轻下断语是很危险的。我有个比喻，说庸医杀人，世上很容易知道，因为大家都知道他不怎么样；可是名医杀人了，名医给人吃错了药，就不容易知道了。遇到这种情况大家往往说这是病人活该死了。所以名医杀的人不知道有多少，冤魂都回不来了。这是我在开玩笑，事实上我们现在得另具一副眼光，真实地看待，哪个是真的，哪个是仿的。不能凭古代某一个人说了一句话，就可以算数了。并且古代那个鉴定家，他凭借的只是一些钩摹本，当时并没有发现任何真实的影像依据，所以说古人看的翻刻本，远不如我们现在看到的墨迹照片，看到的精美的影印本更为可靠。

十一

乳臭纷纷执笔初，几人雾霁识匡庐。
枣魂石魄才经眼，已薄经生是俗书。

唐人小楷书，艺术有高下，这是不待言了，高的也不必说了。它们真就跟那几个大名家并没有什么两样，即使头发没梳，衣服没换，随随便便的，也有他的风度，也不是后世拿石头和木板刻的本子所能赶得上的。

凡是唐人楷书高手写本，没有不是结体很精美、很严格的，点画飞动，有血有肉，转侧照人，灵活生动。有的好写本，如果那纸又好，那么墨在上面还可以看得见浓淡之分。这样的好墨迹本比起虞世南、欧阳询、褚遂良、薛稷这些唐代名家，以至王知敬、敬客等人一点都不逊色，所不及前面那些名家的，是什么呢？是官，他没有官，他只是一个写手，叫楷书手，又叫经生。不是说这些人官位不高，简直就没有官位，书名也不大。官位特高的，书法名气又大的，就可以出名，他凭空做了那么大的官，他就出名了，他拿笔随便一写，写得多难看，大伙儿也得说他写得好，为什么？他官大，官越大，书法名气就越大。

所以有一回我把写经里面的精美的字照了相放大了，与唐碑比着看，笔毫使转的地方，墨痕浓淡的地方，一一都可以看得出来。碑经过反复的刻拓，笔锋细的地方都看不出来了。宋拓的善本，笔画都是白的，笔画里头的墨的浓淡、干笔的地方跟湿笔的地方，都无从在刻本上表现，这是显而易见的。有的人看了拓本就觉得是真的，拿真墨迹给他看，他反倒认为是假的，就是这个原因。他看惯了那个笔画都得一样匀，笔画都是白的，有了灵活的变化，反而不行了。看惯了碑，不认得墨迹，这是从前很多很多人犯的毛病。

宋刻的丛帖里头有《黄庭经》《乐毅论》《画像赞》《遗教经》，字小，笔画又细，拓多少回，石头面都模糊了，然后再一裱，就更失真了。我看见过这个东西，有的简直连字的笔画都看不出来了。可是有人认为这是王羲之所书，现在拿出土的魏晋的竹简、木简来证明，没有一个跟魏时钟繇的字一个样的。晋朝出土的写经也罢，竹简也罢，也没有一个可以跟《黄庭经》相比的。不是写得好坏的问题，就根本就不是那个样子。出土的墨迹，没有一个跟刻的小楷帖字迹一个样的，可以知道，那个小楷帖经过了多少次翻刻，拓旧了，裱坏了，没有一样的。而社会上特别是从前，没有看见过这些墨迹的人，还斤斤计较哪个是肥本，哪个是瘦本，哪个是越州石氏本，哪个是秘阁本。胡说八道，所以我现在最不相信那些雕版刻石本的糟粕了。

十二

笔姿京卞尽清妍，蹑晋踪唐傲宋贤。

一念云泥判德艺，遂教坡谷以人传。

这首讲宋朝的蔡京、蔡卞。

他们的字确实很漂亮，也追随着晋和唐的字，风格跟米元章的很接近，都是那个时代的。如果比起一般的宋朝人来，他们可以很骄傲，因为他们写得不错。可是我说“一念云泥判德艺”。一个人一心想做好事，想做好人，就如同天上的云彩一样高尚而令人景仰。反过来品德低，想的是龌龊的事，就如同泥，于是就有天地之别。蔡京、蔡卞历史有定评，都是奸臣，“德成而上，艺成而下”，他们的品德太坏了，他们的艺术即使是高，也不足取。我觉得苏东坡是因为人高，黄庭坚也是因为人高，这话也不太公平。他们那两个人也有那两个人的成就、好处，这我们不谈了。这是我在很年轻的时候写的二十首诗中的一首，现在看起来也有变化。蔡京、蔡卞的字在这首诗里我是这么评论的。北宋的书法风格蔡襄、欧阳修是一个宗派，有继承而无发展，都是墨守成规。苏黄为一宗，是不肯守旧风格的牢笼而创出新意，可又不违背古法，这是我现在的看法。二蔡、米芾为一宗，他们体势在开张中有聚有散，用笔遒劲里头又有滋味，方法完备，姿态充足。在宋朝人里头，二蔡也应该算是一个大家。

从前评论艺术，好标榜四家，什么诗就是王杨卢骆，文就是韩柳欧曾，画就是黄王倪吴，书就是苏黄米蔡，这种拼凑出的四家说，也不知道是从什么人开始的。这一种说法是俗不可医啊，什么都得配四个吗？真的很无聊。可是，就事论事，所谓宋四家中那个蔡，事实上应该是蔡京、蔡卞，但是人家一问，蔡京、蔡卞是奸臣，就拿蔡襄代替，这个代替拼凑的俗，比那个开始拼凑的四家俗得更厉害，实在是无聊之至。蔡京、蔡卞跟这几个人是同时的，蔡襄比这几个人在时间上都早，怎么是苏黄米蔡，把蔡襄拉过来放在那几个人之下呢？真正拼凑这个人的人，跟换那两蔡为一个蔡的那个人，就是根本不了解情况。

"德成而上，艺成而下"本是《礼记》里的话。所谓"德成"，未必真是有德，那个德就是官大，所以"德成而上"表现在书法里头，就是官大，官大名气就高。现在我是这么理解：官大的，字就当然得好。这个诗是我少年的时候作的，那时还没有理解把"四家"拼凑、调换是如何可笑。"一念云泥"这句话未免有些腐气，就是酸气，就是好像酸秀才的酸气，我现在加以声明，把那句话给修改了。

十三

臣书刷字墨淋漓，舒卷烟云势最奇。

更有神通知不尽，蜀缣游戏到乌丝。

这首讲米芾。

我认为米芾从他的本领，从他写字的用功，从他对书法的理解和实践，直到所表现出的成就，在宋朝、在古今都是值得钦佩的。

宋徽宗把当时的书法家一一提出来让米芾加以评论，米芾认为都有不足之处。他说：蔡京不得笔，蔡卞得笔而少逸韵，蔡襄勒字，沈辽排字，黄庭坚描字，苏轼画字，都不说写字。皇帝问他，那你写的字怎么样？他说：臣书是刷字。这个"刷"字很有意思。我们从这个"刷"字可以理解笔法的意趣，刷的人没有很矜持的、很小心的、怕刷坏了的。比如，我们衣服上有尘土，拿刷子往下刷，总不必用多大心思，拿起刷子刷就是了。他说这"刷"字，可见用笔能尽笔的力量，墨在笔毫里也能挤在纸上，浓淡轻重依稀可以看见当时他写字的情况。襄阳漫仕（是米芾的别号），不独书法艺术很精，就是"刷字"这句话，也是很精妙的，也不在六朝人以下。

宝晋斋刻的米临王右军有七个帖，那都是非常的流动，最妙的是《宝晋斋帖》中保留了好几帖王羲之原迹，也给刻出来了。王右军（即王羲之）的帖当然经过多少次重摹，呆板没有趣味，可是米元章的临本，看上去却非常有趣味。后面有米友仁（米元章的儿子）的跋，他说："此字有云烟卷舒翔动之气，非善双钩者所能得其妙，精刻石者所能形容其一二也。"这是宋高宗让米友仁题跋的，米友仁这个评论，确实是很中肯的。右军的原迹，也刻在《宝晋斋帖》里头，比起来看，就知道小米的话实在是一点也不错。

从前苏东坡称米氏"清雄绝俗之文，超妙入神之字"，这评价总算不容易，很高了。说他的文章"清雄绝俗"，书法"超妙入神"，这就不错了，可是米芾在场站起来自己说："尚有知不尽处"，又自夸还有其他的长处。米元章被称为"米颠"，这个人疯疯癫癫的，爱说癫语、戏语，就是笑话，这就不管他了。至于他写字的妙处，诚然有别人知不能尽、言不能尽之处，形容解释的也不容易透彻。我最怕有朋友拿过一个别人的字迹来，问：你看好不好？我说好，又问怎么好，这就很难用我们现在的话，把抽象的感觉形容出来，这是很难的。比如说甜，就是把字典里的话引出来，再写一大部，比字典多多少倍，也形容不出来这甜是什么，非要拿舌头舔一下糖，就知道这是甜。许多的艺术品，它给人的感觉，是不容易拿我们现在普通的话语形容出来的。

十四

草写千文正写经，温夫逸老各专城。
宋贤一例标新尚，此是先唐旧典型。

这一首说的是南宋初年一个叫王升的人，南宋中期一个叫张即之的人。

王升，"升"又作带日字头的"昇"，字逸老，号羔羊老人。行书很像米元章，草书圆润像怀素，而比怀素写得肥厚秾粹，流传有《千字文》一卷，曾刻在《南雪斋帖》和《岳雪楼帖》中，原迹今天已经不知存佚如何了。

张即之字温夫，号樗寮。楷书笔法险劲，结体精严，犹存唐朝遗留的规矩。流传的写经很多，今天有影印的好几本。他擅写大字，常常一个手卷，每一行写两个字，这样的也有好几本。书里记载，说他还擅长写匾，现在已经很少见了，因为扁随着建筑物，建筑物一塌，匾也就没有了。

王逸老的字"駸駸入古"，就像骑着马走一样，一步一步走进古人的境界了。世人有作赝古法书的，常常把王逸老的东西割去款字，冒充唐朝人。如同《馀清斋帖》的孙过庭千文，《墨妙轩帖》的孙过庭千文，都是王逸老的手笔。馀清斋的那个底本，经过再三描摹，失真更多，后来加上孙过庭款，墨妙轩的底本，割去王升的本款，写上"过庭"二字，他不知道墨妙轩刻的卷子里还有王升的印章在，刻时又刻上假孙过庭款，更证明墨妙轩千文也是王升写的。江西庐山常常有云雾，到了庐山里头，只看见云雾遮掩，看不见山，常常有人认为庐山真面目很难看见。我的意思是说，有些初学人，刚刚拿笔，他没看见过真的庐山面目。

我的诗说“草写千文正写经，温夫逸老各专城”，王升能写草书，写得非常圆熟、美观。王升用草书写《千字文》，张即之写了许多佛经，这些作品都流传下来。可以说张温夫和王逸老，各自有专门的领域。比如一个城池，这个城池归他住，这个领域他是领头的。“宋贤一例标新尚”，是说宋朝人写字，都是标榜新的趋向，新的尊崇。王逸老和张温夫这两个人所写的草书和真书，堪称是“先唐旧典型”，也就是说继承了唐朝人传下来的典型风格。

十五

朴质一漓成侧媚，吴兴赝迹日纷沦。

明珠美玉千金价，自有流光悦妇人。

这首讲赵孟頫。

这也是我二十多岁时作的，现在看法跟那时不一样了，我觉得那时候的说法有不正确的地方。现在说一说旧稿是什么意思。

“真书行书，贵在点画圆润，结构安详”，从这里深造，进而越发的工，越发的精，这样用功下去，没有达不到妍美的地步，这是一般的规律。韩昌黎的《石鼓歌》说：“羲之俗书趁姿媚。”这是针对石鼓文而言的，把篆、籀看做是雅，真行即使是王羲之也不免被称为俗书，这是韩愈的看法。其实，篆、籀古代的书法，又何尝没有它的姿势优美的地方呢？孙过庭的《书谱》中说：“篆尚婉而通。”篆书崇尚婉转而通达为最高的标准，试问婉和通的境界，永远是板起面孔来吗？婉和通还有灵活、有姿势的意思。所以我说问问韩愈婉通的境界是什么样子呢？凡是稍有点姿态的是俗书，那么婉通算不算俗书呢？所以这是一种偏见。米元章说柳公权的字是“丑怪恶札之祖”，但是《唐书》柳公权的传就说柳公权的字“体势劲媚”，就是说他的字体有力量而姿媚。所以姿媚、丑怪和雅俗，本来没有一致的定论。从这个角度看，可以说它姿媚，从另个角度看可以说它丑恶，看各人的爱好而定。

赵书的真迹今天见得很多，但是在清代中期，赵字多半入了内府，世上人可以看见的大半属于翻刻的旧帖，其中许多伪帖也随着刻出来了。后来陕西碑林刻了《天冠山诗》，《天冠山诗》用笔比较偏，比较侧，结体也比较歪，而通行海内，摹学它的流弊也很多。即使这样的假赵帖，当时也有人因学它而出名。这样真假混杂的赵孟頫的风格，就招致包世臣、康有为共同的排斥，其实他们都没有见过赵字的真迹。

今天传世的真赵书碑版，像楷书的《胆巴碑》《三门记》《福神观记》《妙严寺记》等这些碑，没有不精严厚重的，其他简札更不用详细说了。这首诗是我少年时作，故有微词。什么是微词呢？我说“明珠美玉千金价，自有流光悦妇人。”就是说赵字跟美好的首饰一样，只能作妇女的装饰品。这两句诗我也不改它了，在注里把这个意见更正一下。

十六

丹丘复古不乖时，波磔翩翩似竹枝。
想见承平文物盛，奎章阁下写宫词。

这首讲柯九思。

元代名家的字，没有不沾染赵孟頫的方法的，以至于书籍刻版，也都是学赵的字体。最精、最像的要算朱德润（朱泽民）了，就是赵孟頫的儿子赵雍（赵仲穆）也不能十分像。可见赵的书法，是容易学但是很难学得真像的，很难学得那么工整，那么符合实际。“掉臂于赵派盛行之际”，就是说柯丹丘（柯九思）在赵派流行很盛时，他能甩着胳膊在人群里走出一条自己开辟的路来。大家都学赵而他不学，他自己专学大小欧阳（欧阳询和欧阳通）的风格，就是所谓“同能不如独诣者”。

柯丹丘善于画竹子，从前我们的宗老溥雪斋先生说过，柯九思画的竹子的小枝，很像他写字的笔画，这是很巧妙的比喻。事实上腕力、笔的踪迹，对于书、对于画的道理是一样的，一个人写字也用这支笔画，画也用这支笔写，手上的力量、习惯、作用是一样的。不但是柯九思，我们看元朝的吴仲圭，明代的沈石田（沈周），清代的龚半千、恽寿平、黄慎（黄瘿瓢），无论是山石的轮廓，树木的枝干，以至于人物的衣纹和胡须、头发，都和他画上的题字同节共拍，节拍都是一个样的。这样书家的画，画家的书，都是容易辨别，难以造假。我们看那些人的真迹，他题的字跟画上的笔迹，都是有共同风格的。

柯丹丘写的字单独流传的不太多，所见以独孤本《兰亭》跋尾写得最好，可惜烧残了。还有比较小的真书写的《上京宫词》，我曾经看见摹本一卷，后又看到真迹的影印本，可惜原卷不知道哪里去了。

十七

疏越朱弦久寂寥，陵夷八法亦烦嚣。

论书宁下迂翁拜，古淡风姿近六朝。

这一首诗专讲倪瓒。

倪瓒以迂自号，自称倪迂，是谦虚也是自嘲，说自己迂阔，不通达事理。对于他，世传的逸事很多，还传说他有许多的癖好。扬子云（扬雄）说，诗是心声，是人心里的声音，书写的字，是人心里的笔画。看倪瓒的字迹，“精警权奇”，很精致，很灵警，又很变化，又很奇妙，有“阮嗣宗白眼向人之意”。晋朝的阮籍（字嗣宗）用青眼白眼看人，他愿意接待的人，就用黑眼珠看；不愿意见的人，与他趣味不相投的人，就用白眼看。倪瓒写的字有这个意思，就是不屑于拿正眼看人的意思。他好像是对世俗的书派有一种不屑一顾的意思。他的字，可以看出他的这种心情来。唐宋书家中没有谁有像倪瓒这样格局的，有人说他出自杨义和（杨羲）写于一本黄绢上的《黄庭经》。今天见的黄素《黄庭经》，只有《玉虹鉴真帖》里刻过一本，这一本字迹支离细弱，实在不见得是真迹，倪瓒所学的，只能说是这一派的字，玉虹鉴真刻的这个，底本大概是经过几次重摹了。拿近代西北出土的六朝时的写经与元朝的字来比较，六朝的写经都显得古拙有余，而精严不足，可见倪瓒的书法，可以傲视当时同时代的其他人，也可以说他超越了古代的书法名家的手笔。

倪瓒的书法作品常见的，多半是题画的作品，世传有诗稿的残本，汇帖里曾经刻过，也有影印本，潦草不精或者出自专门从事抄写的人之手的，像吴炳本定武《兰亭》帖的跋尾有一首诗，我认为在传世的倪瓒的书法墨迹里，应该推为上乘。以前古时在梁代有陶隐居（陶弘景），后代有董其昌（董香光）都是善于鉴定古人字迹的。现在他们都已经故去多久了，对倪瓒的看法我的意见如此，留待以后有高明眼力的人来评论吧。

我的诗说“疏越朱弦久寂寥，陵夷八法亦烦嚣”，就是说朱弦疏越，古代人弹琴用朱丝弦。疏越，声音轻松而高亢，这种格调久已寂寥，书法也到了陵夷一回比一回低的时代，形成了一种乱七八糟的情况，所以我说“论书宁下迂翁拜，古淡风姿近六朝”。不如崇拜倪迂，因为他古淡风姿更接近六朝。

十八

万古江河有正传，无端毁誉别天渊。

史家自具阳秋笔，径说香光学米颠。

这一首诗是讲董其昌的。

我对于董其昌的字认识和理解已经有几次的变化。我最初见到，觉得他平凡无奇，好像没有什么特点，看得容易，有些轻视的感觉。二十几岁的时候，我学唐碑，苦于不了解笔锋出入的方法，就学赵孟頫、学米芾，渐渐地了解了笔的情墨之趣。回头再看董其昌的字，这才知道他确实有甘苦有得的地方。原来董其昌曾经熏习于诸家之长，就像用香味熏衣服、熏食品、熏茶叶一样，他用古代书家的长处，对自己加以熏习，使自己受到熏染，而出之自然。他绝不特别在哪点用力，如果他偏重用力，某一点就会突出，强调某一点，别的地方就会有不足之处，可是董其昌没有这个毛病，就是顺其自然写的。我后来学草书，临《淳化阁帖》，越发知道董其昌的阁帖功力之深，并不在邢子愿、王铎（王觉斯）之下。

董其昌早年曾经学石刻小楷，如《宣示表》《黄庭经》这一类。后来他见到唐人墨迹，这才悟出笔法墨法的道理，这些道理屡次见于他论书法的文章和题跋中。我就找敦煌石室唐朝人所写的佛经等，看唐人的墨迹，临习玩味，我自己在学书法的过程里，就这样一次一次有所提高，有所进步。我懂得用笔的意思，实在是受唐朝人墨迹的启发，我追求唐朝人的墨迹，来加以研究探索，这是受到了董其昌的启发。

我的诗说“万古江河有正传”，董其昌的字实在具有传统的精神。“无端毁誉别天渊”，有人贬他的字一文不值，也有人把他推崇得很高，或者是天，或者是渊，天是高的，深渊是低的。“史家自具阳秋笔，径说香光学米颠”，世人对于董其昌的字，或者是称赞，或者是诽谤，没有不是从它的外貌著论的。而董其昌由晋唐规格以至于放笔挥洒，他的途径，是从米襄阳（米芾）那儿来的，所以《明史》里有：“书学米芾”这句话，实在是得到真正的精髓了。

十九

刻舟求剑翁北平，我所不解刘诸城。

差喜天真铁梅叟，肯将淡宕易纵横。

这一首诗我提到了三个人：翁方纲、刘墉、铁保。

清代的书法家有“成刘翁铁”这四家。前面我说了，凑四家这种事是非常俗的。成，指成亲王，成亲王的爵位高，学问也足以跟得上，他不光是书法，手笔、文章、诗作都好。我们试看《诒晋斋集》，可以知道他不是“率尔操觚”。成亲王的字被他的爵位掩盖了，我觉得成亲王的字，也把他的文学修养掩盖了，这就不谈了。

下面主要谈翁覃溪（方纲）和刘墉、铁保。翁覃溪一辈子固守《化度寺碑》，并且他所临摹的《化度寺碑》，都是宋朝人翻刻本，他没见过敦煌本。他每一个字都去描摹，每一个点画都去模拟，他写出的字，几乎跟向拓的一个样，就是描出来的。看他的遗迹，唯楷书的小字是不错的，因为每个字都有化度寺的规矩可以依靠。至于他的行书，甚至有类似世俗抄手写的，那种字体完全没有依傍了。如果说他是专学欧阳询，那么欧阳询有《史事帖》，刻在《戏鸿堂帖》里。现在传的墨迹也有三帖，一帖叫《张翰》，一帖叫《卜商》，还有一帖叫《梦奠》，都与翁方纲的行书字毫无关系。说他是自己创作的，又每每看到他随便的行书里，又加上一两个模拟古帖里的字特别像，他就是抓住哪个写哪个。

我的诗说“刻舟求剑翁北平”，翁方纲的楷书，可以说是“刻舟求剑”。翁方纲的行书字可以说是“进退失据”，他没有准谱。刘墉的字，只是他父亲的方法，没有看见过刘统勋的字，就很难知道刘墉写字的底蕴，他用的完全是他父亲的方法，又加上矫揉造作，又懒散。我认为刘墉的字，竟成为莫名其妙的字。所以诗里说“我所不解刘诸城”。“差喜天真铁梅叟”，铁保（铁梅叟），字野亭。他处在乾隆嘉庆的时候，法书墨迹好的，都归到内府去了，一般的人要想写字找一点参考品，实在没有机会，他就自己任笔墨写去，倒不失天真的趣味，这是铁保的特点，有他自己的风格。“肯将淡宕易纵横”，他这样写，肯于用淡宕的风格，改变了纵横的习气。

二十

横扫千军笔一支，艺舟双楫妙文辞。

无钱口数他家宝，得失安吴果自知。

这首诗专讲包世臣。

包世臣是安徽泾县安吴镇人，所以又称为包安吴。包世臣的文章文笔很跌宕，很有风采。他虽然家在安徽，但并不被桐城古文派所约束，可以说是豪杰中能够自立的。

他论书的话，也有很妙的地方，作为文章的材料，实在是斑斓有致，很有趣味。像汉人赋京都，有三都两京的赋，读者欣赏赋写得很热闹、很花哨，但要根据三都两京的赋来画长安宛洛的地图，就没有办法了。因为它是带有夸张、带有艺术性的形容的。怎么讲呢？我们试看包世臣自己写的字，小楷以他所跋陕刻《庙堂碑》的一段著称，都是王彦超重刻虞世南碑的状态，明朝人略近于祝允明、王宠，与北朝人写的字毫无干涉。包世臣的大字就是想学郑道昭的《郑文公碑》，每个笔画都很曲折，有痕有迹，总是不消化。我们现在拿真正北朝人的字迹来跟包世臣的字比，实在没有安吴的字体。地下所藏的古代墨迹，一天比一天出土的更多，于是包安吴的文辞，越发显得生动、活跃，文章很丰富多彩，而书法艺术造诣不能和文章并论。

包世臣曾经自己写有《论书绝句》一本，上款是“北平尊兄”，不知道什么人，有影印本，诗后有跋语，说作这首诗时“身无半文钱，口数他家宝”。这也是客气话，说自己身上没有半文钱，用嘴数别人家的宝贝。这句话也确实不错，我说“无钱口数他家宝”，得失自己明白。他说的话虽然热闹，可是实际书法表现并不行。

包世臣晚年住在扬州，以其好说大话，人家叫他“包大话”。这是扬州一个医学家，我的朋友耿鉴庭先生说的：“扬州故老相传给包世臣起了绰号，叫‘包大话’。”

二十一

礼器方严体势坚，史晨端劲有馀妍。

不祧汉隶宗风在，鸟翼双飞未可偏。

这首诗讲《礼器碑》和《史晨碑》。

汉隶传世的很多。荒山野冢，断碣残碑，未尝不可以发怀古者的幽情，可以从这里想象前贤写字的笔法的妙处。“乃至陶冶者之划墼，刑徒者之刻字。”泥坯没有烧制的时候，拿个棍在上边划的字，还有刑徒墓砖上随便刻几个字，都朴质自然，也有些古的趣味。但是那些像小儿的图画，虽具天真，终不能和陆探微、吴道子并论。我的意思，汉朝随便的小笔，也有很好的作品、很好的字迹，但那是另一种趣味。要想真的从书法上看出很严格、又很典型的这种碑刻，恐怕应该数这几个大碑。就像小孩画的图画也很有趣味，那趣味只是小孩的趣味，跟陆探微、吴道子的画不能相提并论。

从书法艺术的角度讲，“仍宜就碑版求之”。因为碑版是郑重其事立起来的，不像随手写几个字，所以“树石表功，意在寿世。选工抡材，必择其善者”。因为他立一个大碑，选石头刻上表示死者的功劳，意思是想流传后世，重于不朽，所以在当时选刻工、选写字的人、选石头材料都要择好的。碑刻之中，“摩崖”就是在山崖上刻的，常常为地势所限，或者是石质所限，虽然有好的字，每每不容易得到精致的刻手。这个我们很容易看到，比如像《石门颂》，字也写得好，但是那石头很坚硬，当时拿刀子随便凿，就会把笔画打折扣了，跟在磨光了的细石头上刻字不一样，就像陕西褒城驿路上的摩崖刻石一样。“磐石如砥，腈刃如丝”，把石头磨了，像一个磨平的磨刀石，刀下去一丝一毫都不走，字迹精能，后世人也注意保护它，不损伤它，以便能历代保护下去。这样的碑石莫如孔林的碑石，历世垫着毡子捶，即使它渐渐平了，也不会有突然间的损伤。

“汉隶风格，如万花飞舞，绚丽难名”，汉隶碑各种各样很漂亮，千变万化，我以为是《礼器碑》《史晨碑》为大宗。证以出土竹木简牍，笔情墨趣，固然是有碑刻所不能表达出来的，但字体的间架、字体的局面最精的，像春君木简之类的，并不能超出《礼器碑》《史晨碑》之外，可见最工整的、最精致的字，也还是这种著名汉碑。我就想，这种高明的手写的字，还没刻到碑上的时候，想起来真有神人的感觉。虽然它已经刻到石头上了，又经历代捶拓都变秃了，可是它的架子还存在，大概的面貌还可以令人想象。

我的诗说“礼器方严体势坚，史晨端劲有馀妍”，《礼器碑》，汉碑之一，方严，字体是方的、严格的，字体体势很坚定。《史晨碑》很漂亮。“不祧汉隶宗风在”，是说古代祭祀远祖的庙叫祧庙。有功于国家的，比如开国的皇帝，那就叫不祧之祖，这个人永远不能被放在一边。《礼器碑》《史晨碑》在汉隶里边永远是不祧之祖。“鸟翼双飞未可偏”，这两个碑跟鸟有两个翅膀一样，缺一个都不行，这是说这两个碑。

二十二

笔锋无恙字如新，体态端严近史晨。

虽是断碑犹可宝，朝侯小子尔何人。

这首讲《朝侯小子碑》。

有一块残碑，上半截不知哪里去了，出土时就剩下半截了，但上面的字“笔锋无恙”，字字都像新刻的一样，体态端妍，接近《史晨碑》，虽然是个断碑，也很宝贵。这个碑下半截头一行就是“朝侯小子”这么几个字，所以就被称为《朝侯小子碑》。首行起处就是“朝侯小子”这句话，也不知道碑主名字是谁，就说这个人是朝侯的小儿子。

这个石头，就藏在周季木先生家，曾印入《居贞草堂汉晋石影》中，顾鼎梅先生也曾把它辑入《古刻萃珍》里。近年，这石头归了故宫博物院，不轻易捶拓，墨本也不容易得到了。

这个碑的点画，既工整也很美观，极近《史晨碑》这一路，在汉碑里应该属于精工的作品。从前有《郑季宣碑》，还有《杨叔恭碑》，都是残碑，因为出土的时候早，曾经乾嘉时的名辈品题，于是像那种残碑，就煊赫于世而有名。而《朝侯小子碑》的字迹、刻工，并不逊于《郑季宣碑》《杨叔恭碑》，只是不如这两个碑那么著名，因为出土年近而品题的人少。我曾经替朋友题过这个碑，我开玩笑说：就为这碑扬眉吐气，我辈也应该各自奋勉。假如我跟藏拓本的这位朋友要是有翁方纲、黄小松的成就，社会上也会重视我们，那么《朝侯小子碑》经我们这一题，也可以跟《郑季宣碑》《杨叔恭碑》相提并论了。假令我们的成就再大，像欧赵诸洪，即欧阳修、赵明诚、洪适这些人，我们这一题，拓本就可以值重金，它的斤两价值，比碑石还要重。这是开玩笑的话，是说我们要自己勉励，我们要有成就，像清代翁方纲、黄小松的成就，跟宋朝金石家一样有那样的成就，拓本价值将比石头还要重。

二十三

石言张景造郡屋，刊刻精工笔法足。
劝君莫买千金碑，刘熊模糊史晨秃。

近年出土的《张景残碑》残损不多，文辞还可以读下来。所谓张景碑就是有一个叫张景的人，出钱给他这个郡里造覆盖迎春土牛的屋子，有人称为张景造土牛碑，他不是造土牛，而是造覆盖土牛的房子的碑，称为土牛碑，是没有细读这个文章。

这碑的体势严整，不失掉姿媚的趣味，并且石头由于刚出土，字口是完好的，石质稍松一点，不如小子残碑结实，石质坚硬，如果再拓几年不知道它的形状会成什么样子了。

这类的隶书，在汉碑里本不稀见，但是“古碑传世既久，毡捶往复，遂致锋颖全颓”。拓久了就都秃了，了无风韵。世传的陕西、山东的有名碑石，随便就称宋拓明拓，到底是哪年拓的，也没有确证。有几个点画没有剥落掉，价值就超过连城之价，多一个笔画，这拓本就多值多少钱，究竟刚刚刻得的时候，应该是什么样子呢，谁也不知道。因为是汉朝刻的，经过多少年了。我每次跟朋友品评汉碑的时候，我宁可取新出土的碎块，而不推崇早已流传的整块的碑。“零玑”就是零碎的珠玉。残碑比如小珠子，流传的大碑好比拱璧（大幅作品，但真赝难定）。新出土的小残碑零块，反比大块的碑还要精致，所以我对于《朝侯小子碑》和《张景残碑》等这种残石的精拓本，是很珍重把玩欣赏的，常常把它们和西北出土的木简、竹简一样看待，就是这个缘故。

二十四

北朝重造夏承碑，高肃唐邕故等夷。
汉隶缤纷无此体，笔今貌古太支离。

《夏承碑》，我怀疑是北朝的人重新建立的，有个《吊比干碑》就是北宋年间人重刻的，我认为《夏承碑》就是北朝人重造的。

《高肃碑》《唐邕写经记》这一类跟它同类。“汉隶缤纷无此体”，汉隶各种各样，还没见《夏承碑》怎么会这样呢？它笔画很近，并不像汉朝人写的，面貌又很古太支支离离，不是真正的古法，我的看法是这样。重新摹刻总不能跟原样相同。

汉碑字体的样子很多，都各有它的姿势，各有它美观的地方，总起来没有不是自然的，不是有意识地在那儿特别偏轻偏重，在那儿造作。现在的《夏承碑》，在顿挫上有偏轻偏重的地方。汉碑字势，点画或长或短，顿挫偏轻偏重，都是根据字势为标准，没有凭空偏轻偏重的地方。但是《夏承碑》就不那样了。我们看不管是西汉或东汉的石刻，再印证竹简和木简，没有一个故意矫揉造作的地方。汉隶已经改变了篆籀，字以简易为主，汉朝的隶书，正是从篆字变过来的，像许氏《说文》所说的“马头人为长，人持十为斗”，这是汉朝变了篆字以后，随着世俗的方便而成为一种字体。论文字源流，对待小篆而言，它算是俗字，但是使用起来，又觉得便利了，而不以为它俗了。所以我们历观许多汉碑，除碑额有的时候用篆字或类似篆字的样子来写，碑文和碑里所有的字，碑阴有些人名或其他文字，没有搀杂篆字的。

搀杂篆隶混在一个碑里，实际自魏末齐周开始，到隋朝还没有停止。我们看许多北魏末期、北齐北周的碑里，以至隋碑里，这种情形很多。现在所传的《夏承碑》，字的结构搀杂用篆字，笔画又矫揉顿挫，反倒接近唐隶的俗气。它的整体气息，至多也就像《高肃碑》或《唐邕写经记》一派。就是说隶字里搀杂篆字的形式，它的笔法和风格也就跟这个风格差不多。古碑重写重刻，本来都有这个先例，所以我怀疑《夏承碑》不是汉朝的原碑，而是北朝人重新翻刻而又不忠实于原样。

二十五

军阀相称你是贼，谁为曹刘辨白黑。

八分至此渐浇漓，披阅经年无所得。

《曹真碑》也很可笑，它是个残碑。刚一出土时，碑文中有“蜀贼诸葛亮”的话，当时军阀割据，各个国家都称对方为“贼”，这很平常。因为大家对诸葛亮的好感太多了，很尊敬，很佩服，很爱戴，怎么碑上会有“蜀贼诸葛亮”呢？刚一出土就被人凿坏了贼字，所以拓本上有贼字的，号称“蜀贼本”，没有贼字的号称“诸葛亮本”。后来连诸葛亮三个字也被人凿去了，因下文还连着诸葛亮，所以给凿去了。虽然如此，有“蜀贼”字拓本的还觉得可以夸耀我这个拓本最早，实际我看见也不少，没有一个是真的，碑里还有别的地方有贼字的，或者有人把别的贼字移过来裱在一起，补上贼字，或者翻刻一个贼字把它补上。

这事情本来也看出人心所向，尊重诸葛亮，可是古代历史上这种事情也并不奇怪。我就说“桀犬吠尧”。桀是古代的暴君，尧是古代的好皇帝、好国君。桀的狗去吠尧，各为其主，不新鲜，但是我们平心想，尧的狗也会去吠桀，狗是为主人咬对方的。犬之性不独咬人，而且也咬别的狗，互相也咬。只是生而为桀之犬，是犬的不幸：桀的人格坏，犬也被人说不好了。人能够无愧其为人，我的人格没有损伤，又何惭之被犬吠呢？诸葛亮人格很高尚，很正派。曹真，曹操的将官来咬他一下子又有什么奇怪呢？明白这个道理，知道凿这个贼字的近于迂腐，实在是不开明，没有想道理。专门保存有贼字的拓本的人就高明吗？这个人也有点糊涂，多那个贼字又怎么样呢？

汉朝的隶书到了魏晋时代已经成了古体，不是常用的。因为魏晋时代楷书字已经逐渐通行了。于是写隶书的人，必定夸张它的特点，以显示它不同于当时一般的字体，而矫揉造作的习气就出来了。魏晋的隶书故意求方，唐朝的隶书故意求圆，总归失于自然，跟汉碑当时该怎么写就怎么写，字是什么形式就怎么写的汉朝自然风格不一样。

这一类的例子，除《曹真碑》之外还有《王基残碑》。其实《上尊号碑》《受禅表》《孔羡碑》大致都是这样，故意给写出方一点的笔画来。到晋朝有了《辟雍碑》是为晋朝太学而立的。碑的规模很大，皇皇巨制，字也多，刻得好，保存得也好，刻成大概就没怎么立起来，由于战乱就埋起来了。这个皇皇巨制又在魏朝隶书之下，使看的人如同嚼甘蔗渣子，后代的人也没见有人专学这种隶字，不是毫无道理，因为它实在是艺术性不高。

我的诗说“军阀相称你是贼，谁为曹刘辨白黑”，军阀互相称对方是贼，我们在今天谁没事替刘家、曹家去辨别谁是白谁是黑呢？“八分至此渐浇漓”，八分书到这时渐渐像有一种酒被水稀释了，酒味没有多少了的感觉。我有过一本诸葛亮本，后来也送给朋友了。“披阅经年无所得”，是说对我们今天学习书法没有一点帮助。

二十六

清颂碑流异代芳，真书天骨最开张。

小人何处通温凊，一字千金泪数行。

这首诗说的是张猛龙。

张猛龙做官很清廉，后人为歌颂他的政绩立了这个《张孟龙碑》，碑里有“冬温夏凊”四个字，凊读做清（qìng，凉意）。说一个人侍奉父母，冬天总想法子让父母住的屋子温暖，夏天要让屋子凉爽。碑里面有这几个字的，且没有损伤的，相传是明朝的拓本。是不是明朝拓本，是否专是这几个字不坏，先不管它。

真书（楷书）到六朝，它的体势才固定。王羲之、王献之之后，南方有贝义渊，北方有朱义章、王远。贝义渊写有梁代《始兴王碑》，朱义章在《龙门造像》里有他的款字。北魏那个《石门铭》是王远写的，偶见于石刻上刻着他的姓名。其他的巨匠，即有名的大工匠，高明的书法家，湮没无闻的不知有多少。当时的风尚是不列写碑人姓名的。《张猛龙碑》在北朝许多碑中，应该推为冠冕，就是成就最高的。龙门诸记，就是《龙门造像》的许多题记，豪迈的气概有余，但未免粗犷逼人，不如《张猛龙碑》那样精致。洛阳之北北邙山出土的北魏的许多墓志，精美的很多，但未免千篇一律，都是那种样子，只有这个《张猛龙碑》“骨格权奇”，充满豪迈之气且有新的变化。将今天的形状和古代的风韵，这两方面都结合在这个碑里，不是其他碑刻所能比的。

温凊的凊字，在书上一般左边写作两点，碑上写作三点，南朝智永的《千字文》也是作三点，可以知道在南北朝的时候，并不作两点，大概是写成三点，读作清的音，清是平声，清可以读作上声，后代上声又变成去声（qìng），这一字有几种读音的变化。经书传写里，偶然有异文，后儒墨守，竟如同铁案一样，写三点就念凊，写两点就念凊，这是不准确的。

我得到这碑的旧拓本，“温凊”没有坏，我自己“早失严怙”，父亲很早就死了。“近遭慈艰”，近来我母亲又去世了。“若助风木之长号也”，是说风木的声音好像增加了自己失去父母的悲哀。“小人何处通温凊”，我往哪儿，跟谁去问候冷不冷热不热？我已经没有可侍奉的父母了，这几个字真是一字千金，在碑里有保存价值，更使我悲哀！

二十七

数行古刻有余师，焦尾奇音续色丝。
始识彝斋心独苦，兰亭出水补粘时。

我买到的这个拓本，后头缺了些字，拿比较晚一点的拓本补上了。

这本“淡墨精拓，毫芒可见”。世上传的一种重墨、湿墨拓本，模糊一片，即使是残存的字完全都存在，但书法精妙的地方已经看不出来了。这个拓本的尾部，不知什么时候，什么缘故丢了几行，有高明的工匠，拿一种后期具字完好的拓本，把它补上。因为拓墨，干湿浓淡两个接近，所以看起来墨色一致，但是有许多残损的部分，我就借朋友藏的明拓本，钩摹敷补它的缺损，拿给观者看，观者分辨不出来，我就指给他，我补的地方都打着图章，看的人都笑了，觉得有意思，我也引以自夸。之后，即使有同时旧拓善本，我也绝不以这一本跟他换没有补的那本。为什么呢？赵子固得定武《兰亭》，船翻了，落水了，登岸拿火烤一烤，干了，此后辗转就以“落水兰亭”得名。我瞪着眼睛把眼角都瞪裂了仔细钩摹，这当然是夸张，又比赵孟坚烤一烤费的事大多了。

我的诗说“数行古刻有余师”，赵孟頫说：“昔人得古刻数行，专门学之便可名世。”几行古代的帖，要是仔细一学也可以有所得，也可以像一个好的老师。“焦尾奇音续色丝”，焦尾琴是名琴，制琴的木材是经火烧过的，所以称焦尾琴，焦尾琴能发出奇妙的声音。琴弦不够了，再把琴弦续上。色丝，本来是《曹娥碑》里的典故，这里取其“绝妙”的意思。我的意思是说，这个碑后半有残缺，补上的部分，就好比焦尾琴的琴弦续上一样。“始识彝斋心独苦”，南宋赵孟坚得到了一本拓得很好的定武《兰亭》，他坐船遇到了风，船翻了，行李掉到水里了，帖卷子也掉到水里了，他从水里把帖捞起来很高兴，题了很多字，说这帖虽着水了，但是还很完整，从此这个本子就称为“落水兰亭”。我这本子虽然是有残缺了，但是我给它补上了，拿比较旧一点的拓本补上的，有些剥落的地方，我又借一个同时的拓本，拿笔墨一点点补上了那些残缺的笔画。

二十八

世人那得知其故，墨水池头日几临。

可望难追仙迹远，长松万仞石千寻。

这首诗还是讲《张猛龙碑》。

“积石千寻，长松万仞”，这是碑里的话，我拿这句话来形容碑里书法的形状、书法的风格。

我习字，最初学欧阳询的碑，学颜真卿的碑，不懂他们怎么下笔，怎么转折。连下笔都不明白，更不论怎样使用笔毛，怎样转折。后来看见赵孟頫的墨迹，我就追逐他的点画，可是不能贯穿整个篇章，为什么呢？单个字去写还可以，但不能连贯。后来又学董其昌，又学米芾。可是单提一个字，还是不能成形状，而且骨力疲软，不挺拔，没有振作的气概和个性，我又再看《张猛龙碑》就有所领略了。

北朝碑镌刻粗略，远不如唐碑，它不能详细传达毫锋转折的地方，反倒成了古朴生辣的味道，这是北朝写字人和刻字人意料不及的。当时把它刻出来，人认得就完了，想不到这样却造成了另外一种趣味。《张猛龙碑》在北朝碑中，比起《龙门造像》自然工致得多了。刻碑时，先书丹，即拿红笔写在石头上，因为拿墨写在石头上看不清，就用朱砂写在石面上，然后再刻，自汉朝直到唐朝都是这样写。刻碑时自然有刀痕，刀痕明显看见一分，毛笔痕迹就减少一分。这反倒成了有舍有得的地方。他写的字跟刀刻的互相成为一种辅助的条件，正得一种生熟甜辣，具有味外之味，而不只是单纯的某一种味道了，所以是可望而难追的。

包世臣说过，北碑里头，《张猛龙碑》特别难学，但没说所以难学的缘故，今天对我们后学者来说，就是这个缘故。本来拿笔写有笔法，刀一刻，把毛笔的痕迹刻丢了几分，可又反倒衬托出刀痕古朴的地方，并且很巧妙地结合起来，这也就是这个碑所具有的特点。

二十九

江表巍然真逸铭，迢迢鲁郡得同声。

浮天鹤响禽鱼乐，大化无方四海行。

这首讲的还是《张猛龙碑》。

《张孟龙碑》字的体势和《瘗鹤铭》是一个调子。《张猛龙碑》里有“禽鱼自安”，又有“鹤响难留”的句子。这里有些字，比如“禽”字“鹤”字，都是南朝《瘗鹤铭》里的字。《瘗鹤铭》碑原在镇江焦山底下，是从水里捞上来的，现在在焦山上。我认为这两个碑可以互相对照起来看。南朝的《瘗鹤铭》，北朝的《张猛龙碑》，一个在镇江焦山，一个在山东曲阜。写碑的时候，正值梁朝和北魏这两个政治集团对峙，有种种矛盾，但书法风格和文章笔墨，并不是长江所能隔开的，毕竟文化是一致的。长江虽然是一个天险，当时交通并不能随便往来，可是并没有隔住中华民族南北统一的文化。我们这才明白，中华文化，容或有地区的小不同，终不影响神州的大同。

自拓本来看，《瘗鹤铭》水激沙砻，锋颖全秃。《瘗鹤铭》字又大，掉在水里不知淹没了多少年，到清朝初年康熙时候，才被捞出水来。在从前，得冬天等水落下去，江边的水势低下，石头露出一部分，才在那里赶紧拓一下，所以很少有全幅拓出的《瘗鹤铭》。《张猛龙碑》点画方严，比较起来，好像两个互不相同。但从字体结构来看，两刻相重的字，如“鹤、禽、浮、天”字等，即或偏旁微有不同，而体势毫无差异。所以知道南北书派，即使有所不同，也绝不是有鸿沟般的差别。今天敦煌也出土过六朝人的写经墨迹，看来跟北朝没什么特殊两样，所以知道阮元的“南北书派论”实在是有许多废话。

我的诗说“江表巍然真逸铭”，江表就是江南，巍然有别号为华阳真逸（不知此人是谁）所写的《瘗鹤铭》。“迢迢鲁郡得同声”，迢迢（很远）千里外，在鲁郡（山东）有同样的作品。“浮天鹤响禽鱼乐”，是说两个碑里都有这些字。仙鹤叫的声音在天上，禽鱼在水里很快乐，这两个碑都有这个字样。“大化无方四海行”，可见大的民族文化并“无方”，并不单往哪一方面来，四海是一致的。

三十

铭石庄严简札遒，方圆水乳费探求。
萧梁元魏先河在，结穴遥归大小欧。

六朝的书派直传到大小欧阳，欧阳询和他的儿子欧阳通。六朝的书派到了大小欧阳，才真正达到融会贯通的地步。端重的字，像碑版、墓志铭不用说了，就是门额、楹联、手板，这些都是以楷正为宜。今天门口贴副对子，或者手板写个便条，或者印名片，为什么用楷书？因为这些字要给人看，一看明白这个字是什么意思，才能收到告诉人是什么的效果。我常说笑话："闲人免进。"这个地方不让进来，可是用的是极草的草书字，或者古钟鼎文的字，过路人不认得，那你这个条也白白失去作用了。有人给我写信来，签名很草率，我不认得，不知道信是谁写的，我回信，就把他来信的签名，挖下来贴在信皮上给他寄去。我认识他的字，才能知道他姓什么叫什么。而楷书字就有让人认得的作用，目的是叫人看明白。扩大来说，有门前贴的零丁，零丁就是门前贴的小条，如"闲人免进"，用甲骨文、草书写，还要加释文，不是白费劲吗？书札，随便的书信目的是授受双方互相了解就可以了。我写个便条给朋友，是专给那个朋友的，那个朋友也熟悉我的习惯，我就是写极潦草的字，他也可以了解、认得就行了。甚至有人用套格密码：用许多小方格，在小方格里绕着弯写，从方格顺着念，不知道是什么话。他把怎么念的路线给对方一个小本子，自己拿着一个小本子，写的时候按照小本子上套格的路子写，旁边随便加上些乱七八糟的字，那个人念的时候，按套格的方法念，这个密码只是两个人可以互相知道，这不是庄严郑重的事，只是两个人的私事。这是碑版与简札要求不同，用处不同，也就是"碑学""帖学"之说误传出来的现象。有人认为随便写个字都应该跟碑一样，方正、庄重，这是白费事。清朝有一个叫姜升的，他随便写个条或写个题跋都用小篆，长篇大套全是篆字写的。这不要紧，他给厨师写了个买菜的条，厨师不认得，传为笑谈，这是用得不当，认为写出的字都得像碑一样。清朝人特别轻视帖，所以有"碑学""帖学"之说，认为写字必须以碑字为高，帖字为低，这都是不通的道理。

碑和帖好比酒和茶，酒有酒的用处，茶有茶的用处，同一个人既可以喝酒，也可以喝茶；既可以写碑，也可以写帖。"偏嗜兼能"，就是两样都嗜好，无损于人的品格，何劳批评的人来加以高低的判断呢？

唐太宗以行书入碑，他写《温泉铭》《晋祠铭》就拿行书字体写碑，这是以帝王的尊贵，不顾过路的人认识不认识。武则天以草书入碑，那就更不用说了，她写《升仙太子碑》不过是媚她的面首。"燕昵之私，中冓之丑"，就是男女关系的私情，和她家庭内部的丑恶，武则天连这些都不顾，还会顾以草书写太子碑，怕路人全不认识吗？而路人也正不想看，看见她这碑还未必不掩目而走呢，所以也就不必责怪合不合碑的体例了。

我的诗说"铭石庄严简札遒"，铭石，是写碑、写郑重的文章，那个字要庄严。简札，就是随便的信札，要遒美。"方圆水乳费探求"，刻碑要方正珍重，写手札要圆润流动，这两个让它水乳交融起来，是需要细细探讨的。"萧梁元魏先河在”，萧梁元魏，梁朝的皇帝姓萧，北魏的皇帝姓元，这两个时代的先河在。“结穴遥归大小欧”，结穴，来龙和结穴是古代看风水、看地形的讲究，一个龙来了，到哪里停止了，可以在这地方建一个建筑物或建个陵，是结穴。梁魏的传统最后归结到欧阳询和欧阳通。

三十一

出墨无端又入杨，前摹松雪后香光。

如今只爱张神冏，一剂强心健骨方。

以上六首都是题《张猛龙碑》。

《张猛龙碑》碑主姓张，名字叫猛龙，字神圀，四框加一个口字，底下一个八字。这个字念什么，很多人有许多解释。我认为实际这个字，是四框加一个只字，是四框里把口字下的八字移到了上边囧，这个字就是冏的别构，这个囧字是冏的别写。郭宗昌《金石史》解释为曶字，音勿骨切，我认为是风马牛不相及，不可靠。

后来碑石微有剥落的，晚拓本又好像圀，又释为囦，是古代的渊字，更是附会。

我获得了明拓的精本，这个字分明是“囗”，中间一个“只”字，后来又看北魏的齐郡王妃《常季繁墓志》里也有这个字，这是冏字的别构，别体写法越发足以相信不疑了。圀有围的意思，人的居处有围墙，养牛马的地方有圈，养动物的地方叫囿，意思都可通。古代太仆官职专管养马，有圀卿的号，就是马圈一官。龙被称为神驹，好的马也称为神驹，就是龙，养龙必定用神圀，即神仙的马圈，这是张猛龙取名的意思，这是很明显的。近代顾燮光先生著《梦碧簃石言》，对《张猛龙碑》曾列举了许多不同说法，他折衷定为冏字，是我这个说法的根据。

我的诗说“出墨无端又入杨”，不入于杨就入于墨，是指杨朱和墨子。杨朱纯粹为我，墨子纯粹为人，分别提倡不同的哲学思想。“前摹松雪后香光”，我从前摹赵孟頫（号松雪），后来学董香光，可以说是离开赵孟頫又掉进了董香光，这是自己学写字过程中看出的流弊。“如今只爱张神冏，一剂强心健骨方”，这是一剂强心健骨的良方。

三十二

题记龙门字势雄，就中尤属始平公。

学书别有观碑法，透过刀锋看笔锋。

龙门造像题记，有好几百种，选拔其中最好的，必定要推《始平公碑》。

始平公造像题记刻的阳文，拓出是黑字白地，用书法来论，本不以阳刻分等级。“可贵处，在字势疏密，点画欹正，乃至接搭关节，俱不失其序。”都有次序，有法度。观者眼中，如果能够不注意它的锋棱，也不为刀痕所迷惑，那么阳刻可以当做白纸黑字，而阴刻可以当做黑纸白粉写的字。

这一说也没有说完全，如果人没有看见过六朝的墨迹，但让他将刀刻的方笔看成圆笔仍然不行，因为他没有看见过那个墨迹。譬如禅家有修白骨观（禅家修炼法之一）的，说存想一个人的身体，血肉都没有了，只剩白骨，这就是说，修炼的人把自己的生命都看成不过是一堆白骨头，那么也就没有什么争夺、贪求的思想了。要想修这种所谓白骨观，必定这个人曾看见过骷髅，如果这个人没有看见过骨头架子，他是怎么想也想不明白的。也就是说，如果人没有看见过六朝的墨迹，不但不能有透过一层的看法，并且不信字上有刀刻的痕迹。

有人跟我说，北魏的碑写出来就是那样，我也不跟他辩白，为什么呢？他就是觉得碑上的字就是直接写出来的。你想拿一个圆锥形的毛笔，来写那样的方笔道的字，怎么样也不能一次写出来，都得经过描摹才能写出来。也就是拿毛笔追求那个刀刻的痕迹。如果一个人能够辨别刀与笔的区别，这才能够去临石刻本。不然，如果有一个口技演员，能学各种鸟叫，如果说这个人说话本来就跟鸟叫一样，这不就成了笑话吗？

三十三

王帖惟馀伯远真，非摹是写最精神。

临窗映日分明见，转折毫芒墨若新。

这首说王珣的《伯远帖》。

现在流传的王珣的帖里面，只有《伯远帖》是真的。怎么叫真的？不是说他原来写的风格，原来的笔迹，不是这个；如果是他亲自写的，而经后人摹的那也叫真迹啊，是说字形是真迹，而不是亲笔写上的。比如说三希堂，第一希就是王羲之的《快雪时晴帖》，现在拿照相、放大分析看，它是描的，是唐朝人拿蜡纸描上的。而《伯远帖》也是三希的第三个希，这个东西现在在故宫博物院，拿它映着光一照，它是用笔直接写上的，前一笔写的横，后一笔写的竖，接搭的那个地方都很清清楚楚，可见真正的是直接写上的而不是描上的。

晋朝人的墨迹只剩下王珣，不算后来出土的，那是另一说了。真正流传晋朝名人写下的字迹，王珣的是真的。所以说“王帖惟馀伯远真，非摹是写最精神。临窗映日分明见，转折毫芒墨若新”。今存晋人的帖，如只讲流传而不讲出土的，只剩下了两张原字迹：一个是《平复帖》，另一个是《伯远帖》。《平复帖》说是陆机的，但是《平复帖》上没有陆机的名字，而《伯远帖》开始就是“珣顿首”，看来应该是王珣的真迹。这两个帖是直接拿笔写上的，世上流传有序的就是这两张帖，确实不是辗转钩摹，也不是唐朝人临的，这可以证明。假定，出自精致的钩摹，或者是唐人一手临摹的，已经是很珍贵了，何况《伯远帖》是直接写上的，而不是钩摹的，它原居三希之末，就是王羲之的《快雪时晴帖》，王献之的《中秋帖》，王珣的《伯远帖》。现在可以证明了，《快雪时晴帖》是唐朝人钩摹的拓本。摹拓也叫拓，是拿笔描了拓的。《中秋帖》是米元章临的，今天也成了定案了，只有《伯远帖》还有人怀疑，说究竟是不是？那么现在，我们从日光之下，映照着光来看，它墨色的浓淡非常自然，一笔里面就具有浓淡这已经不成问题了。再看，笔画的接搭处第二笔搭在第一笔上头的那个地方，笔顺也是很自然的，用墨重叠，丝毫没有钝滞味，既不像描的，也不像钩的，就是让一个小孩儿看，也可以看出来，是一个人自己拿笔在纸上顺手写下来的，所以它可贵。但是纸少一点麻筋，唐人用麻纸，里头有麻的筋，拿显微镜可以看得出，但是《伯远帖》有一点虫蛀的窟窿，所以有的人就怀疑，说麻纸虫不蛀，虫子不敢蛀，虫子不能吃那个麻，可是敦煌北周大定元年的写经也有蛀虫，什么地方生产纸，它就用那个地方出的材料。古代时藤纸和麻纸都有，南方的藤纸多，北方的麻纸多。如果说书风古不古，那是另一个问题，专从纸上有窟窿没窟窿，虫蛀不蛀来看，就不够全面，也不够确切。因为南方，有的藤纸虫子也是可以蛀的。我现在愿意为这个帖作一个声明。

三十四

琅玡奕代尽工书，真赝同传久不殊。
万岁通天留向拓，金轮功绩过天枢。

武则天想要看王方庆家藏王的上代祖先留下的墨迹，让王方庆拿来看，王方庆就进呈给武则天。武则天就让拓摹工人摹成副本，这件事记载在史书上。这一卷，在我二十多岁时还没出现，现在这个墨迹的摹本出现了，藏在辽宁省博物馆里，收藏残存的有王羲之两帖，有王献之的还有其他许多人的。王方庆进呈的时候写的最后一行年月，就是万岁通天某年如何如何，后世对于这一卷摹本的帖，就称为《万岁通天帖》。因为是那一年那个时间摹出来的，原迹武则天又还给了王方庆了。摹本是蜡纸，把纸上烫上蜡，就透明了，用笔极细钩摹。“棘刺”，就是荆棘上的刺；“蝇须”，就是苍蝇的须，形容描摹得没法再细了。

近世这卷没发现时，提到唐摹王羲之帖，多半推尊日本流传的《丧乱帖》《孔侍中帖》。因为，它上边有“延历敕定”印，又著录在《东大寺献物账》里面，确可以证明是唐摹的。现在这一卷从《石渠宝笈》里流出来，重现于人间，进帖的年月都存在，钩摹出自当时，还有北宋时史馆的印，南宋岳倦翁的跋。这卷里除有王羲之、王献之的帖外，还有王僧虔等好些人的墨迹，很值得矜夸，很有价值。宝贵的是不只问一得三，我们问王羲之的墨迹，这不仅有王羲之的还有王献之、王僧虔等好些人的墨迹，这样就使我们大开眼界，看到唐摹本精妙的地方。

武则天荒淫酷虐，本不足奇。历代的统治者都是这样，好比狼喜欢吃肉，蚊子喜欢吸血，这是本性使它这样的，并不奇怪。奇怪的是武则天自立一个铜柱子，在都城中间叫天枢，天的枢纽。自己夸自己的功德，成为民族史册之丑而不自知，这实在是可耻的丑恶事。今天看她摹下这个帖，不可说没有功劳。“一惠可节，稍从末减!”我是开玩笑，说武则天荒淫酷虐一辈子，只有这件事做得还称人意，可以减轻她一些罪过。

我的诗说“琅玡奕代尽工书”，琅玡就是王家（王氏有琅玡王氏、太原王氏之别，王羲之属琅玡王氏），历代都会写字。“真赝同传久不殊”，是真的还是假的一块流传，久已分不出来了。“万岁通天留向拓”，《万岁通天帖》留下了向拓本。“金轮功绩过天枢”，金轮，武则天自称金轮皇帝，她留传下《万岁通天帖》的功绩比立天枢要大得多。她立天枢是标榜自己，恰巧表露出来她的丑恶，而摹《万岁通天帖》留下拓本，确有功劳，这是我的看法。

三十五

或言异趣出钩摹，章草如斯世已无。

梁武标名何足辨，六朝柔翰压奇觚。

失掉写者人名的，用章草字体写的《异趣帖》，旧题说是梁武帝写的，因为梁武帝以好佛著称。

这帖有两行，字大，直径大约一寸，字体是章草。文的内容是“爱业愈深，一念修怨，永堕异趣。君不”。底下残缺了，就这么两行。“笔势翔动，点画姿媚，而古趣盎然，绝非唐以后人所能到。”今天传世许多章草的法书，只有《出师颂》的墨迹可以与其相伯仲，可以跟他比作兄弟。所谓索靖的《月仪帖》那实在没有味道了，“徒成桃梗土偶”，就像桃木人和拿泥捏的人一样，都不如它自然。

米元章墨迹有《元日》等帖，和《群玉堂帖》里所刻论晋武帝的字等帖，米芾都力追这帖的笔法，可以说形神俱得，形状和神态都有这个帖的味道和神气。但是米元章有论《月仪帖》的话，见于《元日》等帖中，他说：“时代压之，不能高古。”为什么不能高古呢？因为时代不同，索靖是晋朝人，后人可以写出他字的形状来，但写不出他的古朴的趣味来，这是没有办法的。今天拿《异趣帖》来比较，米元章虽追摹这一种，他也不能逃乎时代，也受时代局限。

这一个帖，从前由四川西充一个姓白的人卖到海外，我听这个白先生说实际是出于唐朝钩摹的，从影本上看“笔锋顿挫，一一不失”，就当做六朝的真迹看有何不可呢？

章草法书，近世出土的不少。自汉晋简牍，以至到唐代所书的佛经，皆真实不伪，字确实是唐朝人写的，如果问写字的水平好不好，可说都好，但并非全都精美。这个帖虽然有不足，而善美有多无少，章草帖，应推为上选。

三十六

永师真迹八百本，海东一卷逃劫灰。
儿童相见不相识，少小离乡老大回。

智永禅师平生写了许多本真草《千字文》，据说是临写王羲之的集字本，所以这里说“真迹八百本”。“海东”指在日本流传的一卷。这一首诗是说智永写了许多本，挑了八百本好的，分别散施浙东诸寺。他自己就在浙东住，所以就散施给浙东许多庙。当然，从前日本遣唐的使者和留学的和尚，从浙东带本回去也是很自然的事。现在藏在日本的一个藏家手中，被日本定为国宝。日本政府将其定为国宝这是很应该的，这是真迹。我前几年去直接看到原本一回，绝不是钩摹的，因为他一笔蘸墨写下来，一下笔墨浓，笔画肥，那个墨聚起来，还有亮光，这绝不是钩摹，钩个框，往里一点点填墨，绝不是这样的。

“儿童相见不相识”，是说现在人，我们今天人。对智永来说，他生活在离我们一千多年前，我们比起他来当然是“儿童”了，我们不认识他。唐朝有诗“少小离乡老大回”，少小离开乡土，老大才回家。“乡音未改鬓毛衰”，就是说口音还没改，头发都白了。这是唐朝人写的一首诗，写的人情很真实。今天的人，看见智永的真迹不认识，因为如同一千多年前的东西在一千多年后的人来看，当然不认识了。智永千文墨迹本，唐代传入日本，拿它比较北宋长安薛氏刻本及南宋群玉堂刻残本四十二行，再来证明和印证六朝的墨迹，知道这应当是智永禅师当时的真迹。

这一本原来是个手卷，改装成册页，因为册页好保存，手卷你要看后头，必须从头打开看，一直卷到后头，才看见那一行。改成册页，你愿意打哪儿翻就打哪儿翻，折叠起来方便。不知是什么时候改成册页的，看裱工大约相当于清代末年，也就是日本明治的晚期。这时，入于一个日本老文人叫做谷铁臣之手，谷是姓，铁臣是号，又由谷氏转归小川为次郎手中，我又从小川为次郎先生的儿子家中看到这个墨迹。小川为次郎先生把它影印了，流传有内藤虎次郎先生的长跋，认为即《东大寺献物账》中所载之王羲之千文。因为，相传说是周兴嗣作《千字文》之后，梁武帝叫人集王羲之的字，把它向拓钩摹出来，传为第一个正式写本的《千字文》，传到日本就说是王羲之的《千字文》，这也在情理之中。世传王羲之的这个《千字文》是集王羲之零星的单个字而成的，这话并没有正面证据，但由来很远，唐朝人就有这个传说。那么《东大寺献物账》中错题了，就直接说是王羲之写的，也并不足异。但是，我们今天，从文献上，从古代石刻上来看，这是当时遣唐使、留学僧携带回到日本去的，是毫无可疑的。智永禅师共写《千字文》八百本，散施浙东诸寺，当年唐朝与日本交通必经海道，浙东得宝，是合情合理的。

内藤氏跋尾疑为唐摹，不敢信它是真迹，但又看见毫锋笔沈，笔毛尖的地方，墨沈浓淡完全出于自然，并非完全双钩廓填的。那我们看见唐摹王羲之的帖，纸上有窟窿，有蛀虫眼，他照旧用细丝把窟窿钩出来，那么真实，那么忠实。内藤氏认为它绝不是双钩的，而是直接拿笔写的。但他又不敢放心，就说又钩摹又临写，这未免有遁辞之嫌，没办法，找个退路。当然内藤先生的跋还是很全面的，从多方面考虑的，这一点，他没有细想，他有点矛盾。我曾经游戏地写在他的跋后说：“当真龙下室之时，为模棱两可之论。”说叶公好龙，屋里的家具，用的东西都雕成龙、画成龙，当然这是寓言故事，可一下子真龙下到屋里来，叶公吓跑了，他没见过真龙。模棱两可，是这么也行，那么也行，这实在是时代所限，无如之何！我们并不是在今天，随便批评前辈学者，因为时代所限，没有看见过很多，实在没有办法。如今我们看见西汉人直接写在竹简、木简，以及绸子上的帛书（在丝绸上写的古书），像姚际恒（清初人，著有《古今伪书考》）、廖平、康有为（晚清今文学派学者，他们的共同特点是认为很多古书都是后人伪造的），他们如果见到此“千文墨迹本”，又会发出类似《左传》为刘歆所伪造的议论了。

三十七

隋贤墨迹史岑文，冒作索靖萧子云。
漫说虚名胜实诣，叶公从古不求真。

有一个章草写的《出师颂》墨迹，这个东西宋朝有些帖里有，明朝的丛帖里也翻刻了多少回，都没有作者的名字，就是米友仁题“隋人书”，认为是隋朝人写的。可是后来翻刻的丛帖里头有的题作索靖写，有的题作萧子云写，没有名字的都给他安上个人名。我们读《诗经》毛传小序里都写着这是谁作的，给谁作的，那都是造谣，瞪着眼睛造谣。他有什么根据呢？所以我说“漫说虚名胜实诣”，把虚名往上添。原来是隋朝人写的就完了，他非得要安一个伪的人名，闹成伪的。比如这《出师颂》硬说是索靖写的，有什么根据呢？本来是无名的人写的东西也可以保存，但某些人就觉得不好，必得给他安上个人名，所以我说虚名胜过实诣。这使我想起叶公好龙的故事，叶公好龙从古就不求真，真龙来了他就吓跑了。所以我认为，米友仁把《出师颂》定为隋朝人写的字已经作了公正的评论了，宋代以来丛帖所刻，或题作索靖，或题作萧子云，都是为求虚名而从这里翻刻出来的。这卷墨迹，章草写得绝妙，米友仁题说是隋朝人写，因为它风格比唐人古，唐朝人写不了这个样子，可见米友仁判定是隋朝人写的是有根据、有道理的。从前人对古画，如果是牛，必定写成是戴嵩的款；如果是马，必定写成是韩幹的款。世俗评论法书也是这样，隶书必定是蔡邕与钟繇，章草必定是索靖、萧子云，《出师颂》就是一例。

墨迹本有残损的字，有笔误的字，丛帖本里处处都一样，所以知道它必定出于同一来源。可是我所见的各丛帖的本子，刻的笔画没有一个不是钝滞的，就知道它是辗转摹的，有意求拙以充古代的趣味，拿它跟墨迹比较看，出自真诚还是出自伪造，是不难立刻判断的，可见宋朝加上索靖、萧子云都是有意作伪。

世传又一个墨迹本，题作索靖。纸是染的，墨是浮的，墨不深入到纸里，字迹也很拘挛，上面有很多宋朝的印，也都是伪的。后面有文彭的题跋几段，曾藏在浭阳端氏家，也见于他的《壬寅消夏录》中，商务印书馆涵芬楼也有影印本，这个东西后来归我一个亲戚家，我也见过，可见这个本子又是从丛帖里摹出来的，更等而下之。

我常遇到古画没款的，有人就问，到底是谁画的？我说有款的我知道，没款的我怎么能知道？比如我们碰见一具死尸，不知道是谁，你问他姓什么，他不会说，无名死尸你非得问他叫什么，你说这应当是死尸负责还是问的人负责呢？我遇到这样的人很多很多，真没法说他是怎么想的。这才知道失去作者姓名的古书画，妄自给它添上名款的，都是为了应付这一类人的需要。没有名款，怎么瞧怎么不舒服，甚至不肯花钱买，所以画商遇到没款的添个款，哪个人名头大添哪个，这些有耳朵没眼睛的人，就花大价钱买，买了还向客人夸耀，你看我这是古代某某人的真迹，这真不值一论了。

三十八

真书汉末已胚胎，钟体婴儿尚未孩。
直至三唐方烂漫，万花红紫一齐开。

从木简上、石刻上可以看出来，真书在汉朝末年已经有一个开始，是胚胎的状况，还没有成形，直到唐朝才兴盛起来。

自古字体的演变都有它的原因，人类生活中的事，越来越复杂，用的器具力求便利，这是自然的道理。文字是日用的工具，字形也必定日趋便利，不会越写越复杂。有人故意写古体，那是另一个原因，一般都日趋简便，才能解决应用的问题。我们试着从古到今顺序看一看字体的变迁。甲骨不出殷商一代用，金文“延续稍久”，小篆是秦朝确定的，但是秦朝的时间非常短，秦朝以后没有人再用小篆做真正的常用的字体。隶书限于两汉，两汉以后，特别在用古体写字的时候还有用隶书的，但是日常通用没有人再用隶书写便条，可见实用和特别仿古是两回事。真书就不同了，从汉朝末年开端，到今天仍然沿用，我们今天的报纸上整篇整篇的文字与唐代的真书一个样，当然有个别字我们简化了，那是局部的，整体还基本上是真书的形式。艺术风格每一个人都不一样，可是字的结构、偏旁没有什么大变化。原因是这种字体用起来便利，认起来也不容易混淆，它的高明、好处、优越性在这里，而它的寿命之长也在这里。自唐代到现在已经是一千几百年了，如果从它的胚胎期开始，那么从汉朝末年到现在就两千多年了，可见因为便利，寿命就长。比起甲骨与金文，特别比小篆寿命长得多啦。以艺术风格言，钟繇是古啦，可是艺术风格还没看到漂亮的，六朝的字壮了，很雄伟了，但是变化还不多。“点画万态，骨体千姿”——点画有万种形态，骨架体式有千种姿态。“字字精工，丝丝入扣”，那是应该以唐人为大成，这只是论常情，不是论偏嗜。比如说，有人不喜欢唐朝，那是另说，就如有人不喜欢吃甜食，小孩不喜欢吃辣的，唐朝人的楷书确实是最成熟的。

三十九

六朝别字体无凭，三段妖书语莫征。

正始以来论篆隶，唐人毕竟是中兴。

我平生不喜欢“雅、俗”的说法，什么是雅，什么是俗，很难下定绝对的界限。文字就更难说了，怎么判别哪是雅字，哪是俗字？文字是符号，怎么见得横写的一二三就是雅，竖写的〡〢〣就是俗呢？“文字贵在通行，符号取其共识”，文字我写了你不认识，那是密码，就算是两个人都认识，那也是两个人的密码，街上的人、走路的人，人家还是不认识。要讲俗，得是俗人全认得才叫俗，没有人认得，那就是密码。唐朝的颜元孙（颜真卿之祖父）写了一本《干禄字书》，颜真卿把它写成碑，说哪个字是雅的，哪个字是通行的，哪个字是俗的，他都给列出来，但是谁也不听他那一套，《干禄字书》流传一千多年了，谁又按照他列出的字一个字一个字去写呢？有的人自己造了让人家不认识的字，这才真正叫俗。

六朝的俗书，以《天发神谶》为戎首。扁笔作隶书，曹魏以来已经有这种情况。那种笔像一个扁刷子，就像现在我们刷墙、裱画用的扁刷子，《天发神谶》是用扁刷子作篆书，就更糟了。车轮子是圆的，不圆它怎么转？车轮子有四个角怎么转？用扁笔写篆书，就像车轮子有四个角，不容易认，也不好看，这样已经是俗得很了，何况《天发神谶》说的事情，都属于吴国的妖孽，你能说它不俗吗？它是最俗的俗体。后来有人有趣味，写字学一点这个，刻图章也仿这个，当做美术字、装饰品那是另一回事，我们说的是在实用中有美观效果的。

平心而论，正始的《三体石经》（每字都用三种字体来写，第一种为古文，第二种为小篆，第三种为隶书）不但第一种字“古文”是孔壁古文遗留的原形，也都是世上人都认识的，经过六朝，没人管这个，而唐朝人遥接典范，接了《正始石经》的典范，现代人不敢轻视唐朝篆书，因为唐朝篆书的碑额很美观，也非常雄伟，但是现代人敢于轻视唐隶也是不恰当的。

四十

事业贞观定九州，巍峨宫阙起麟游。

行人不说唐皇帝，细拓丰碑宝大欧。（观从平读）

这首讲《九成宫醴泉铭》。

唐太宗曾杀死他的兄弟和父亲。他连兄弟都敢杀，父亲都敢威逼，至于消灭群雄，更不在话下了。他成功之后，在九成宫避暑，那地方传说出了一口井，水是甜的，这是附会、夸耀的说法，说是祥瑞，这是粉饰鸿业的谣言。魏徵是钜鹿郡公，欧阳询是渤海县男，魏钜鹿的文章，欧阳渤海的字，都是上上选，都是最高级的手笔。但是我们今天看来保存这个碑，一个撇一个捺，都辨析得到了极细微的地方。哪一笔有了损伤，哪一笔很完整没有缺损，这个拓本的价钱就能差得天地悬殊，这是为什么？因为保存的就是这个书法。一提《九成宫碑》，人们就想到了字体的美观，绝没有人想到它的文章。你喜欢《九成宫碑》，喜欢哪一句话，谁也说不出来，偶然有说得出来的，也是指那些有考证价值的字。文章有书在，打开本念书，也就念了文了，何必看碑上刻的那么大篇，那么大张，打头到尾看，眼睛看到头一个字，也许看不着下一个字，挂到墙上高处，看到下边一个字也许看不清上边的字。每个人看碑要整张的，或者挂在墙上，或者摊在床上，细看每个字怎么样，或者裱成册页细细地欣赏。很明显，这个用意不在乎那个文，这与文都没有关系，何况事？唐太宗政治怎样高明，有什么祥瑞，群臣怎么恭维，怎么造谣，怎么捧场，那就更是谁也不管，就看这个字的好坏。与文无关，与事情无关，爱唐太宗、爱什么宗都没关系，事且不问，何有于人？就知道唐太宗挂弓虬须，有愧于写碑的鼠须。唐太宗的胡子两边往上翘着，钩着，有人在记载上说，唐太宗的胡子可以挂个弓，这完全是一个形容，也是开玩笑，天下人的胡子哪有挂弓的呢？所以我说写字讲究的是鼠的须，老鼠的胡子硬，做笔硬，比羊毫硬，其实后来也不是用鼠的须，而是黄鼠狼的尾巴，所以叫狼毫。我说胡子虽硬能够挂弓的那个胡子，实在愧对那个写字的笔毛。胡子虽然能挂弓，大家看不起，欧阳询用老鼠须做的笔写出的字被后代，一千三百多年后的人，还保存拓本，上头有半笔残缺的跟半笔完整的都要争，我这多那一笔，就有那么大价值。所以说，书法的艺术价值与那个说我有武功，不但可以杀掉群雄，还能杀掉弟兄，还能拿刀把父亲给看起来，我们看究竟哪个价值更高？我说挂弓的虬须，有愧于书碑的鼠须了。

每看见观碑的人，口讲指画，没有一个人谈到这件历史事件的。唐朝人的诗说“白头宫女在，闲坐说玄宗”。唐明皇时，那些头发都白了的老宫女没事在那里闲坐说玄宗。唐玄宗还有白头宫女来谈论他呢，现在看《九成宫碑》的人谁还管他唐太宗不唐太宗，李世民胡子能挂弓不能挂弓？这都是说人情的冷暖，也可看见一个人物，在历史上被人看得起看不起，所以唐太宗打了一辈子仗，做了一辈子事，不如欧阳询写这一碑，他的胡子能挂弓不能挂弓，还不如欧阳询那个老鼠胡子写的字，这个缘故可以值得人细细深思。现在这个碑石在西安，可是累代捶拓，跟没字碑差不多了，碑上有个道儿就是了，观者摩挲，还诧为至宝，认为是很宝贵的文物。在南宋的时候，这个碑的石头沦在北方。“至榷场翻摹”，南宋与金在盱眙所设的交易市场，叫榷场，在那里宋朝翻摹的碑，我们看见过，还有清朝姓秦的家有一本，他重新刻的也很精致。这个宋翻本和秦刻本，还都获千金之享，还值千两银子。所以从前说“翰墨之权，堪埒万乘”。翰墨，笔墨的权力可以跟万乘的帝王的权力相比较，看看谁的力量大，就是说真正一个艺术品，它能够流传久远，比一时间用霸道、用武力杀死弟兄，夺了政权要久远得多。

四十一

买椟还珠事不同，拓碑多半为书工。

滔滔骈散终何用，几见藏家诵一通。

我前边的第四十首诗，意犹未尽。古董家藏金石争奇斗胜，辨点画的肥瘦，比较泐痕的粗细，哪有裂缝，哪有破损，用意不在乎文章是很明显的。如叶鞠裳先生写过一本《语石》。叶鞠裳先生，清朝末年人，他的《语石》，谈石头，谈碑刻，从石刻的渊源，碑的形制是什么样子的，文章体式，文章是什么样子的体格，书法风格，以至论人、考证历史、逸事，包罗万象，包括石刻各方面各角度，这是最丰富最全面讲金石学的。乐（yuè）石之学（好的石材敲起来当当响，可做乐器），至此可以说是独辟鸿蒙兼收并蓄，这本书的体制是最有创造性的，包括也最广。只是他叙述自己集拓本的目的仍在于所写的字，他说究竟我们收集拓本，还是以文字为准，书法如果不好，那只能从别的角度有可宝贵，但是书法不值得宝贵了，可见还要以书法精美为最高的条件。叶鞠裳是通达的人，讲金石学的人尚且如此，那么像孙退谷、翁覃溪这些人更不足道了。他们往往抠一个细节，抠那个小的地方，都不如叶鞠裳这么全面。

从书法言，“崇碑巨碣，得名笔而益妍”。这个碑很高很大，再经过有名的人题写好的字，看上去就更漂亮了。这个人有什么重大的成绩，有什么功劳，借好的字流传下来，这个人名气也得以流传下来了。女娲曾炼石补天，石头的功劳能够补天，可是碑还有待于用毛笔写上，再用刀刻上才有价值。有些人说，这碑多古，那石头比碑都古，石头成为石头，从地壳上凝聚成为石头，得多少万万年，石头比起碑，不定要古多少倍，但毕竟它只是一块石头，还得凭写的字多么古，有多少年历史，才有价值。那些建国的功勋，多么有丰功伟绩，也要“旁资于丹墨”——靠用红笔墨笔写出来。虽然唐朝说“燕许鸿文”“韩柳妙制”（燕国公、许国公，在唐朝初年以大手笔、好文章著称。韩愈、柳宗元，有很多好的作品），但却需要靠毡蜡才能流传。所谓毡蜡是指拿毡子垫着，用墨拓出来，再加上蜡，因为拓出来，一抻开了，字形就变了，用蜡把字口距离固定住。在毡蜡之前，就是燕许的鸿文，韩柳的妙制，也仅是书法的一个楦子。楦，是垫起来的东西，如一个手卷，有个木头轴，没有轴就卷不起来，给它当一个衬。没有文章写什么？文章把字衬托出来了，所以文章只是字的楦子。又何况藏碑的多，而读碑的少呢？有人对我说，我家有本《九成宫碑》多好多好，我说你背一下，他就不会背了。

撰文是为了记事，“濡丹所以书文”，拿笔蘸朱墨为什么？是为了写字，而且往往文凭字来流传。这好比买椟还珠，椟，是木头盒子；珠，是盒里盛的珠子。有人说，我买了木头盒子不要里边的珠子，我就爱木头盒，珠子还给人家。这被人认为是轻重倒置，本末倒置。“岂谀墓过情者”，谀墓，给坟地的死人记载事迹的碑文，常常立在坟前，这种碑文说得过头了，人家看碑文就不是看那个死人究竟有过什么功劳，那文章写得多么好，实在是谀墓，就是专门替墓中人说好话，对死人一味夸奖，所以人们就不重视他的文章，这不是咎由自取吗？其实这只是一个方面，只是书法艺术在石刻上有它的作用。

所以我的诗说“买椟还珠事不同”，拓碑多半是为书法工整。“滔滔骈散终何用”，尽管很多骈体文、散体文写得非常好，收藏家到后来也不会特意地背诵它，而是因为它字写得好，才被人们保留起来。就是我前边说过的，有人说我有一本《九成宫碑》拓有多么好，多么宝贵，值多少钱，你要问他既然那么好，你给我说说《九成宫碑》里头都说的什么？藏碑者能说得出来的很少很少。

四十二

集书辛苦倍书丹，内学何如外学宽。

多智怀仁寻护法，半求王字半求官。

怀仁集王羲之书《圣教序》。这个碑是很有名的，也是很美观的。它集的字很费事，都集的是王羲之的字，文是唐太宗、唐高宗和太祖时候所作的。

唐太宗喜好王羲之的字，一时风靡，大家都学王羲之的字体，唐太宗自己写的《晋祠铭》《温泉铭》两通碑，用的就是王羲之的行书字体，行书又叫行押书。从前刻碑，为了郑重地告诉人，这碑里写的什么事情，很少用行书写，怕人认不清，所以写的都是楷书的、隶书的。唐太宗他自己以皇帝身份写，谁也不敢反驳他。他用行书写《晋祠铭》《温泉铭》，从此，唐太宗开用行书写碑之先例。怀仁和尚刻《圣教序》，每个字都要集王羲之的字，一个个摹出来，再写出，刻到碑上。这个《圣教序》是夸扬、歌颂佛教的功德，歌颂玄奘法师的功劳的。怀仁和尚集王羲之的字来写唐太宗的文，对佛教来说，是双重的护法，谁也不敢批驳王羲之的字，也不敢批驳唐太宗的文。所以，这是保护佛法的护身符。

古代碑上的文，大致都列三个人的头衔和名字。第一叫篆额，就是碑上方的题目，多半用篆书写的；还有叫撰文，就是是谁作的这篇碑文；还有一个叫书丹，是谁书写的。丹就是红颜色，用红笔写在碑上。为了好刻，因为它笔迹鲜明，易于刊刻，所以用红笔写。集字碑就不然了，必须先用蜡纸描出这个字来，再用细线勾勒这个字，每一笔的背面用透明纸正面勾勒出来，把纸翻过来，从它背面拿红笔再勾勒一次。然后，把这个字再给它用力压在石头上，石头上有个朱笔的痕迹，然后再拿刀刻，根据碑上用红线勾勒出的痕迹一笔一笔地去刻，这个费的工，就比一般书丹的字费的工多得多了。古碑后头，还有的写上刻石工人姓名，但也只是写上刻石或镌字。而《圣教序》这个碑，是有集字人，被集的是谁，文是唐太宗写的，都写上了。还有两个，一个叫勒石，另一个叫刻字。什么是勒石呢？就是把这个字描下来，再在蜡纸背面勾勒出笔画来，然后压在石头上，这个叫勒石。接着按这个道，这个细线去刻。刻字就是拿刀刻石头上的笔画。从前相传，怀仁集这个碑二十年才集成功。我们看这个工序、手续，费这么多事，应该说是不夸张的。

佛学的佛书为内经，即内部的经典。研究佛学的学问叫做内学，佛教以外的学问叫做外学。书艺，就是书法艺术，对佛家来说也是属于外学的。怀仁集的字是千古绝迹，很难得的。而集字书写的经咒也有误字、错字。怎么知道？这是另一个问题，这里不多说了。从《圣教序》中我们可以知道怀仁这个僧人外学比内学要精得多。

我的诗说“集书辛苦倍书丹”，是说集书辛苦比拿红笔直接在上边写费事多多少倍。“内学何如外学宽”，他的内学不如他的外学的知识宽广。“多智怀仁寻护法”，多智多谋的怀仁用两种方法来护法：一是借王羲之的字，因为大家都欣赏王羲之的字，就不能不拓这个碑，这个碑也就流传了，玄奘法师的功绩也就随着流传了。二是找皇帝，皇帝是各种官僚最高的代表者，宋朝人称皇帝为官家，皇帝是官的总代表，所以我认为怀仁是以“半求王字半求官”的力量来做他的事。

四十三

集王大雅亦名家，半截碑文语太夸。
写得阉妻颜色好，圆姿替月脸呈花。

大雅这个碑，叫《兴福寺碑》，是写碑人和功德主出钱刻的这个碑。这个碑残缺了，就剩下半截，上半截不知哪儿去了，这个碑在明朝时，下半截出土了。这个人名字叫大雅，姓在残缺的上半截，叫什么大雅也不知道。此碑是集王羲之的字。功德主是宦官、太监某氏，这个人连姓带名，都在残缺的上半截。他写道：这个太监也有个妻子，而且长得“圆姿替月，润脸呈花”，很漂亮，圆脸的姿态可以与月亮比美。我们后来专讲这人要瘦，要窈窕，而唐朝的妇女要以肥胖为美，健康为美。当然肥胖不一定都是健康的，意思就是各时代有各时代的风尚。“润脸呈花”，就是说脸很秀润，像开出一朵花来。这个碑残缺存下半段所以俗称为半截碑。世上的残碑，仅存半截的也很多很多，比如我们前面讲的《朝侯小子碑》就是半截碑，可世上一提半截碑，不言而喻，就指这个碑，也可见它在群碑中的威望，特别尊贵，如同“赞拜不名”——古代帝王给大臣的一种特殊礼遇。他在皇帝面前，可不称自己的名字，以此表示对他的尊敬，就叫“赞拜不名”。这个碑一般不称《兴福寺碑》，只称半截碑，就因为它在很多碑中有很高的地位，有如“赞拜不名”一样。他功德主的名字叫“文”，姓没了，姓在上半截。集字的人确实叫大雅，也失去他的姓。碑文中有一句话：“惟大将军矣，公讳文。”这“惟大将军矣”是上句的末尾，这个人的官职到大将军。唐朝的宦官权力很大。然后说“公讳文”，他的名字叫文，什么文不知道了。这个“矣”字，写起来上头的三角稍微方一点，很像吴字，被人误认为“吴公讳文”，就是说这个将军姓吴，名字叫文，所以有人称它为“吴文碑”。还有个雷轰荐福碑的故事，那是荐福碑，不是兴福寺碑，有人也就把此碑误认为荐福碑。荐福碑因触雷，被劈断了。实际上这个断碑和荐福碑是两个东西，而有人就径自把此碑题为荐福碑，这也是误传的话。这断碑流传得也特别广，为什么？由于它集摹王羲之的字，大家因为喜欢王羲之的字。这个碑中好像保存了些王羲之的字的影子、形状，这样，对它传说的也就多了。事实上，它在集字时拼凑得就更多了。怀仁《圣教序》中有拼凑的字，而这个《兴福寺碑》拼凑的痕迹更明显，更少顿挫淋漓的味道，远不如《圣教序》。

六朝唐人碑志中，往往有很多隽妙的语言。就像这个碑，“圆姿”“替月”两句话也很妙，我们读了会令人绝倒。因为太监也要装门面，娶个夫人，事实上名义是夫人就是了。不知道这个话，是作碑文的人有心嘲弄这太监呢，还是一般随俗地称扬一段。因为唐朝人夸奖人家闺阃的妇女姿态多美，并不以赞美为亵渎。比如自明朝以来，我们当面夸奖说谁谁的夫人太美了，那个做丈夫的人一定不高兴，说：我的夫人美不美关你什么事。现在，受到外国的影响，夸奖人家的夫人美丽，已不算特殊，更不算不尊敬了，唐朝人也许就是这样的。杜甫的诗《丽人行》特别详细描写那些美丽的妇女，最后说“切莫近前丞相嗔”。那些妇女都是丞相杨国忠家中的姐妹，杨贵妃的姐妹，皇帝的大姨、小姨，这些人也被杜甫详细描写，可见唐朝对妇女的夸耀，也是符合当时的风俗的。可是杨贵妃的姐妹被杜甫夸奖，因为大家对杨贵妃、杨国忠都有不好的感觉，有恶感，有坏感，所以描写中含有讽刺也难说。这里是不是故意嘲笑太监，也很难说。

四十四

草字书碑欲擅场，羽衣木鹤共徜徉。
缑山夜月空如水，不见莲花似六郎。

这是讲所谓武则天写《升仙太子碑》。

这个碑立在洛阳附近缑山上，相传晋朝缑山有一个叫王子晋的人，曾在此修炼并乘鹤成仙，因此号称升仙太子。

《升仙太子碑》为武则天撰文并书，字作草体，这也不必管是她亲笔写的，还是文臣随便写的。关于草字入碑，前边我说过，碑版是要明白告诉人我有个什么事情，字要明白工整，让人看得清楚，草字并不是一般人都认得的，这样把它搁在碑上，岂不就失去了普及人人都认得的作用吗？从前并没有用草字写碑的。武则天以她的最高统治者的身份来写这个碑，谁也不敢说什么。这个碑，完全是武则天自己搞的一个丑剧。怎么叫丑剧呢？她有一个面首叫张昌宗，用现在的话说，叫情人吧。她媚这个张昌宗无所不至，也不知道谁造谣，怎么传出来，说张昌宗是升仙太子王子晋的后身，是王子晋的灵魂托生来的。他也就着羽衣，骑木鹤“舞于殿庭”。就是穿上羽毛的衣裳，骑上木头鹤，在院子里舞蹈，这样去娱乐那个“鸡皮老妪”。武则天年纪已经很大了，为了回报张昌宗，这个老太太就为张昌宗树丰碑、立巨碣，大书而深刻之。所立之碑就叫《升仙太子碑》。表面上是纪念升仙太子，实际上就是顺捧张昌宗。这个时候，是王子晋，是张昌宗，追魂夺舍，颠倒衣裳，已经是乱七八糟了，也不必分是怎么回事情了。这件事几乎可以说是集丑秽的大成。这本来是个丑剧，是个闹剧，然而事情还没有完。

缑山有个古墓，传说是王子晋埋骨头的地方，武则天就叫人打开看，觉得这里头可以寻找到王子晋的什么痕迹。可是一看棺椁完全空了，只剩了一把宝剑，“埋幽无志”——在墓里没有埋墓志铭，也不能证明是不是王子晋，于是“腾笑馀波，难于收拾”——闹成了笑话却没法子收拾。“乃为重瘗起坟”——把它再埋上，堆起个坟来树碑记事，就叫薛稷来写。薛稷是当时的文臣，字写得很好、很有名，让薛稷写碑文而不知道坟里埋的是谁，就题上“窅冥君铭”，窅冥，就是埋得深幽的地方不知道是谁的这么一位先生的碑铭。在汇帖里还有节摹的铭文，不知道全碑的拓本还有没有流传的了。

“掩骼埋胔，古称善举”。路上碰见一个死人的骨头，或烂肉，给他埋了，古代称为善举。不然的话，拿他的铜剑（不是出来一把剑么），不管铜剑、铁剑，“精考细拓，锢藏深锁，奇货以居”，还成为一件宝贵的古物。而剩下的人骨头，一扔就了之。这反倒不如龟背牛胛骨还能获得用匣子盛起来保存的待遇。看起来后代人对保存铜剑、铁剑知道重视，而人骨头就没人管了。唐朝人把骨头还埋起来，给立个碑，说是“窅冥君”，这个所谓“窅冥君”也就算够幸运的了。

我的诗说“缑山夜月空如水，不见莲花似六郎”，张昌宗行六，六郎就像后世称六爷，六少爷，别人恭维吹捧他，有人看见莲花说六郎貌似莲花，旁边有人媚张昌宗，说不是六郎貌似莲花，而是莲花貌似六郎，是莲花长得像张六少爷。“缑山夜月空如水”，看不见张昌宗的影子了。

四十五

书谱流传真迹在，参差摹刻百疑生。

针膏起废吾何有，曾拨浮云见月明。

孙过庭《书谱》的墨迹本，从前人或有怀疑它不真，我曾撰文考证它就是真迹。

从前人少见法书墨迹，又习惯于板刻的阁帖，石刻的碑文，看它的点画全是白的，笔上看不出浓淡来，就觉得有毫锋饱满。其实笔画细的地方都拓秃了，干的地方刻不出来，这样就没有一笔不被称为中画坚实饱满。《书谱》在明朝流传并不广，多半这种名贵的法书名画，都是被有势力、有钱的人独自私藏起来，一般人看不见它。明朝流传的只有翻刻本，如太清楼本，毫颖全秃。《书谱》宋朝人刻过，明朝人所传的都是太清楼本，宋刻太清楼本翻刻本，锋颖完全秃了，字字像枯干的木柴一样站在那里，一点滋润的、灵活的风格都看不见了。这样就使大家习惯于认为这是孙过庭的书风的标准，看见真正的墨迹反倒不认得了。到墨迹重新出来，“笔踪墨沈”——笔的踪迹，墨的水分一一可见，于是群疑蜂起，大伙的怀疑就如同马蜂窝被捅了一样，群蜂都飞起来了，莫衷一是。

怀疑的人认为，宋元人所临的古已有之，明清人从停云馆帖里摹出来的也久已有之。于是先入为主反不认识真迹了。这是什么缘故呢？点画和枣木板上所刻的草书不相似。宋朝刻阁帖，刻在枣木板上。但《书谱》的真迹和枣木板上刻秃笔的草书不一样，所以大伙有这个怀疑，是因为他没有见过那个墨迹的情况。最奇怪的是真本太清楼刻的残本出来了，刻得很精，现在有一个残本在故宫，这残本也经过影印。因为它是宋朝刻的，就认为它一定是真的了。于是怀疑墨迹的，就坚持认为宋刻本是真的。我们把宋刻本拿来跟墨迹本细对，并不差，所以我从前怀疑这是校对的疏忽，或者人先入为主，否则怎么会发生这种疑问呢？后来明白了，每一笔画里头有浓有淡，刻本是传达不出来的，而墨迹有干笔有湿笔，有浓有淡是灵活的，而刻出来它一律是白的，所以怀疑的人始终不能够释然。现在“脏腑洞察，已属常科”——现在我们用透视，五脏六腑都可以看得清楚，而“枣石膏肓，犹同玉律”——枣木石刻上刻本，这种病已深入膏肓，深入人的思想，成为病根，相信枣板石刻就如同相信金科玉律一般。“积习成痼，可不畏哉”——积成习惯，成了一种顽固的病，没法治。

所以我的诗说“书谱流传真迹在，参差摹刻百疑生”。“参差”，指有各种各样差别的摹刻，“百疑生”，使人对于真迹反倒怀疑，对摹刻本认为是标准的。“针膏起废吾何有，曾拨浮云见月明”，是说要敢于像公羊派学者那样“针膏肓，起废疾，发墨守”，敢于针砭那些深入人膏肓的错误观念，使这些人的病得到根本医治，不要太死板地、墨守成规地看待古代论著的书。我不敢说，我从前写文章能针膏肓，起废疾，但是我曾经拨浮云使人看见真正的月色，做了这么一件事情。

四十六

青琐蝉娟褚遂良，毫端犹带绮罗香。
可怜鼓努三龛记，乍绾双鬟学霸王。

这是褚遂良所写的《伊阙佛龛碑》。

龙门有许多石头洞，里头刻上佛像，称龙门造像。其中一处在山崖上凿了个半深的洞，里边雕了一个佛像，这个洞不深，仅能容下这个佛像，它旁边石壁上就刻上褚遂良写的《伊阙佛龛碑》。褚遂良的字，本来是比较柔软姿媚的，世称为“青琐蝉娟”。青琐，就是用青颜色油窗棂子，古代讲究的窗户，多采用青颜色给它油上，“青琐蝉娟”就是说，在青色窗户里头那个美女，是柔弱的，不胜罗绮，就连罗绮的衣服都有点架不住了，觉得压得慌，极言褚遂良的字就像那美女一样，看雁塔《圣教序》正符合这个说法。褚遂良这一派这一类的字是比较多的，至于女道士《孟法师碑》就有意求其严整了，可是未免有矜持的状态。《孟法师碑》上的字，不够一寸大，容易用上劲，就像拉弓，还可以拉圆，到《伊阙佛龛碑》就不然了。

从前的大碑，讲究大书深刻，结字要充实，行笔要饱满，称“擘窠书”。什么叫“擘窠”呢？因为大的碑都打上方格来写，好准确啊。方格就是那个窠，掰开那个窠，里头嵌进这个字，多半要写的撑满方框。一般说来“行押书挑剔撩拨”——就是行书比较灵活，便于写信，写个便条。唐代以前不用这种行书字来写碑，到了唐朝初年，唐太宗的《晋祠铭》《温泉铭》才开始用行书写碑，他是皇帝谁也不敢议论他，不敢反驳他。不但这样，从前还有人嫌他写得不够古，必定要搀上隶书的意思才觉得庄严，这样的碑在唐以前、北朝末期很多。北齐刻的许多碑，像《文殊般若碑》《泰山金刚经》，以至于现在看到的石头摹崖，把石头磨平了，刻上字，这种字体，你管它叫隶书，它又像真书；你管它叫真书，它又有点像隶书，全是这样子。褚遂良这一《伊阙佛龛碑》就有这个意思。

褚遂良的书法趣味，本来不适于写这种方整的字，而这个碑因为字特别大，差不多每个字二寸见方，这样既然字大，架子又要求它方整，笔法又要求它挺拔，就加上好些隶书的笔道。本来这个碑是楷书字，唐朝书面的楷书字比北齐的楷书又进了一步，更接近很平常的笔墨。褚遂良这时偶然在字的横笔末尾加一个挑，叫做隶书里所说的蚕头燕尾，看起来很不协调。这样子用力过大，就好像古代有人故意用力举起一个铜鼎，那鼎太沉，把腿都压折了，这样会两败俱伤。是什么缘故呢？是误追隶书的意思，舍长就短。因为褚遂良不适宜于写这么大的字，也不适宜写这么方的字，他就勉强来完成这个任务，就失去他的长处了。“鼓努为力”，就是鼓起劲努力写《三龛记》，好比一个女孩子，在“乍绾双鬟”——刚可以绾起一个发结来时，就学霸王。我们看越剧，全班是女演员，演生旦还好办，可是戏里得有花脸，得有演武夫的人，比如演楚霸王，也得女孩子演。本来是女子，演霸王的戏，演起来很不能表现霸王的气概。可是这个《伊阙佛龛碑》有人喜欢。有各种碑，各种字，这个人喜欢，那个人可能就不喜欢。我对这碑并不赞成，可是有人赞成，我也不反对。我已经在前头序言里头说明，不是要让任何人都跟我一致的意见，我只是表达我个人的看法。

四十七

翰林供奉拨灯手，素帛黄麻次第开。
千载鹡鸰留胜迹，有姿无媚见新裁。

这首讲《鹡鸰颂》。

什么叫鹡鸰，它是一种小鸟，飞起来成群结队。这种鹡鸰在古代的诗文里曾有歌咏，说这种东西成群飞，很少单独飞的，好比人中的弟兄，做事都联合一起做一样。唐明皇（唐玄宗李隆基）当时看见一群鹡鸰在飞，就认为他有许多弟兄，他就说这个鸟祥瑞，能够表现他的弟兄友爱。于是就招致这一群祥瑞的鸟，飞到他的宫院里头，唐明皇叫魏光称写了一篇《鹡鸰颂》呈给他。明皇高兴，自己也作了一篇《鹡鸰颂》，因为后边有一个“敕”字，就被称为唐明皇亲笔写的。但是我们看到，唐明皇自己手写的给裴耀卿奏记后头批答的字，跟这个《鹡鸰颂》不一样。《石台孝经》上也有批字，那字有点近似这个，也不完全一样。笔势事实上不太相类，这样就引起后人的疑惑。疑惑有两类：一类认为现在这本是米元章临的，从前许多字写的要是灵活一些，就认为都是米元章临的，米元章哪有那么大本事临这么多？米元章固然善于临摹，但不能所有的都是他临摹的，这已经“不足多辨”。另有一类认为，直接写是用绢，摹这个古帖是用透明的硬黄纸取其透明。这是事实。这一卷是硬黄纸，但是硬黄纸写的不一定都是摹的，硬黄纸也有薄厚，那个厚硬黄纸写的佛经也有很多，并不一定都透明。那么《鹡鸰颂》这个卷的硬黄纸，也是不透明的，那么厚的纸，你让他怎么摹法？这也不待言了。还有一个说法，说米元章在他自己的书中，记录所见古代的法书，有一个《鹡鸰颂》是绢本。有人就认为只要是米元章鉴定的都对，不能有错。米元章鉴定的真迹是绢本，这是纸本，就必定不真，这个话也是不合逻辑的。就是说，这个本是硬黄纸，如果不是摹书，那么又是什么？还有人认为这本不是绢本，所以不是米元章鉴定过的。我曾经看过这个东西，墨痕轻重，和钩填的是两样的。那我们现在钩填的唐摹的许多帖，跟直接拿笔写的不一样，它是用细的笔钩出框来往里填墨。这一桩公案，又是硬黄纸，又不是钩填，又跟米元章说的绢本都不一致，这是怎么回事呢？

我个人有一回偶然看宋代的诏令、敕书、告身，这些后边都有“敕”字，因为那个是皇帝发的命令，但都是出自御书院、制诰案官员之手写成的。“文属王言，后有敕字”，这个文章就算是皇帝发的命令，发出去时，后边必定有“敕”字，就是命令要通行下去。然而没有一本宋朝的诏敕、宋朝的告身出自宋朝某一个皇帝亲自写的，一天要发多少委任状，发委任状的人也写不过来。什么叫告身呢？就和后世所谓的委任状一样。委任状是政府发的，不可能叫政府负责人亲笔一个个地去写，当然是管写的人写出来，至多发命令的人或者签个字，或者用个印，也就这样，后世就是这样的。我们看到清代乾嘉时代南书房的翰林也都用由许多精致的笺纸写的，有大卷的，有小册子的，很多。这种诗文是皇帝作的，为什么屡次看见有重复内容的小本子或大卷的呢？这都是皇帝让词臣把它写出来，代替一种印刷本。这种印刷本，有时候也拿来赐给当时的文臣、大臣。清代还是这样，何况唐代呢！米元章所见的绢本和纸本，我认为：要说真同是真，要说伪同是伪，为什么？真同是真，都是唐朝翰林供奉的人所写，这都是真，都是唐朝人写出来的。说它伪，为什么同是伪呢？同都不是唐明皇自己写的，文也许是他自己作的，让词臣、让文臣来分头写的，这也是常理。如果说唐明皇时不许有第二个抄这个文的，那清代为什么许多词臣同时抄一个米芾诗呢？至于硬黄纸必定用来摹写、摹拓古法书，这是痴人前不得说梦。一个傻子告诉他这是做梦，他根本是一个白痴的人，你跟他说做梦，他甚至连表达做梦的能力都没有。

我的诗说“翰林供奉拨灯手”，“拨灯”是写字时一种执笔方法的名称，这里是形容它是翰林供奉写的。“素帛黄麻次第开”，“素帛黄麻”指用白绢或用黄麻纸写。“次第开”有的写绢的，有的写纸的。“千载鹳鸰留胜迹”，“千载鹳鸰”留下好的墨迹。“有姿无媚见新裁”，是说它有姿态而没有软媚的痕迹，是一种新的体裁。

四十八

跌宕为奇笔仗精，飙如电发静渊渟。

学来俗死何须怪，当日书碑太逞能。

这首讲的是李邕（李泰和）。

李邕做过好几个州郡的太守，可是他做北海太守的时间比较长，写的碑也多，故称他为李北海。其实他也做过括州刺史，叫李括州，可李括州很少被提起。李北海这个称呼流传得很普遍，相传他有这句话：似我者俗，学我者死。意思是他写的字谁也学不了。

行押，用行书写的碑，从《晋祠铭》开始，李靖诸碑继之。《晋祠铭》是唐太宗写的，可唐高宗李治所写李勣的碑远不及他父亲写得那么挺拔，那么气派，太纤弱而“不能跨皂”。跨皂，是说后腿的马蹄印超过前蹄的马蹄印，形容后辈能超出前辈。唐高宗李治学他父亲的帖，但太纤细、柔弱，比不上他父亲，就像不能跨过皂一样。怀仁集王右军书，只能说是巧艺之工，因为不是怀仁自己写的，这与写碑是两回事，因为他也是行书写碑，所以不能不比较一下。行书写碑，李泰和是比较杰出的，到李泰和写的行书字的碑，实在应该算是登峰造极了。碑版和铭石的字，是要书贵庄重，而行书是活动的、轻佻的样子，这样，二者之间的作用不一致了。可李泰和的字却不然，他是用行书字体来写的，用蝉联映带的行书写，写出的效果，就像瀑布的水砸下来流到一个深潭里去，虽然是流动到一个深潭中，但是很稳重。瀑布流下来准是一个方向，它绝不会往横去流，这是说泉注。山安，它很安定，什么地方的山，它就在什么地方，它很牢固。“蝉联映带”是活动的，“泉注山安”是稳定的，这样用蝉联映带的活动笔法，作泉注山安的稳定局势。“欹侧”就是歪的、侧的，虽然有歪斜的笔道，但是具有方严的态度，方严的气度，所以我说它“欹侧之中，具方严之度。书丹之道，至此顿开天地”。用朱笔写碑的这一道，到了李邕这里顿开新的天地。

李邕写的碑，一个是云麾将军《李思训碑》，一个是云麾将军《李秀碑》。除这云麾二李之外，《麓山寺碑》，即湖南岳麓山上的岳麓寺碑，也是煊赫有名。还有一个《端州石室记碑》，一个《灵岩寺碑》。《端州石室记碑》在广东肇庆，《灵岩寺碑》在山东灵岩山上的庙内。《端州石室记碑》《灵岩寺碑》刻手都不精。还有一个《东林寺碑》，传说有一个姓叶的道士，因李邕不给写，就把李的魂魄给捉来，让他写这个碑，这都是神话传说了。后来像东林寺叶道士《追魂碑》都是翻刻，没有原刻了。刻手最精的要推《李思训碑》，"起止截搭"，用笔都非常明显，好像这个字体就应该这个样子，别人写也要那样才美观。当然，这里有他自己创造性的东西，这种创造，是跟从前已有的成法不符合的，也让人信服，说他的写法不错，有这个作用。但是《麓山寺碑》正面的字比较大，一寸多不到二寸。背面所列出钱人的姓名，名字很小，也就有指头节那么大，半寸多一点的字。这个地方小了，显不出他的本领，显不出他的书法特点，又加上明朝人用大字题名，盖在上面，就把它淹没了很多，拓的人也就少了。这些字小，又属于排列衔名、人名，不如碑面那样精益地写，截搭的姿式，也就无所施展，他很拘谨写那么点的字。可以知道他的碑"百态纷呈，未免出于有意"——他各种姿态能纷纷地呈露出来，在大字上可以有地方施展能力，在太小的字上就显不出来。

我的诗说"跌宕为奇笔仗精"，这是李北海书法的特点。"飙如电发静渊渟"，形容快起来像狂风吹，又像闪电一样发出来，这是动的时候。静止的时候，就像一潭深水一样不动。"学来俗死何须怪"，他说，似我者俗，学我者死。为什么？"当日书碑太逞能"，他自己有些故意卖弄自己的特点了。

四十九

真迹颜公此最奇，海隅同慰见心期。
请看造极登峰处，纸上神行手不知。

颜真卿有几个现传的墨迹，假的，有疑问的，我们不谈。最可信的真迹，现在有两件，其中一件叫《瀛州帖》，其中说到刘中使已到瀛州，说明他这一次平息安禄山叛乱，打了胜仗，才能有"足慰海隅之心"——可以安慰天下人的心。从中原大陆，一直到海边的人，都能够安慰，言及这一次实在是可喜的。这一帖是他在高兴的时候写的，因为打了胜仗，所以他就用兰笺纸，写得很漂亮，写得很痛快。

颜真卿的字，不但是唐代书法的大宗，一大流派的祖师，也可以说是"古今书苑不祧之祖"。人祭祀祖先，年代远了就"祧"，就把他暂时搁置一边，先祭祀近的祖宗。"不祧之祖"是指创始之祖，不可替代之祖。这就是个比喻，说是颜真卿的字，在书法范围里，他是永远立在那儿，不能被抹杀的，他的铭石之作“上下千年，纵横万里”。纵横万里，指广横的空间。时间上下千年，空间方圆万里，都应该属于第一的。“莫不衣钵相沿，千潭月印”是用禅宗作比拟，师傅传给徒弟，传给他衣和钵。月亮出来，不管多少水坑，都映照同一个月亮，这是说颜真卿的字影响广泛，影响深远，这些评价就不用等待我这个末学小子喋喋不休地去说了。而在宋朝人，特别尊重他的行押，如苏轼和米芾都拿杨凝式来配享颜真卿，称他们是“颜杨”，每每说行书字中颜杨为最好。由于墨迹流传广泛，到宋朝时还很多。我们看南宋刻的《忠义堂帖》有一个宋拓真本，现在藏在杭州浙江博物馆，简札翩翻，足以洞心骇目，那里的行书字很多。“岁序迁流，累经尘劫，宋人所见，今殆百不一存焉”，是说经过许多年，又经过许多变乱，宋人所见，就是那个帖里所刻的，现在百分之一都不存在了。这个《忠义堂帖》清朝有翻刻本，是重新拼凑的，不是宋拓、宋刻真本的本来面貌。

今世所传的颜真卿的墨迹，可以列为上等的，只有四件。一个是楷书大字自书告身，是颜真卿自己写自己的告身。这很不合逻辑，我们现在受到聘用或委任，发给我们的聘书和委任状，能够自己去写吗？必定是上边哪个机关哪个单位写了送给我们，没有自己写的。唐代有一次郑重其事地要让受聘用的人高兴，就找了许多有名的书法家，写了一回这种告身。唐朝人有记载，但只偶然这一回，没见过说历次，每一件都由名人来写。尤其自己那份告身，就是名人写时也不一定自己写自己的告身，这实在是事理上难得说通的。什么是告身呢？就是古代皇帝任命谁，给他的那个文书，那一卷，就叫告身，这是第一个。我觉得大字写的告身，应该是当时学颜真卿字体的人写的。还有一个《湖州帖》，这个帖完全是宋朝人的笔法、习惯，这应该是宋朝人的摹本。只有《瀛州帖》《祭侄稿》二卷，那实在是如同日月经天，江河行地，人人都看见的，绝对可靠。《瀛州帖》“尤为欣快时所书”。《祭侄稿》是祭他的侄子。他的侄子是在跟安禄山叛军作战失败后被杀掉的。《瀛州帖》是打胜仗，心里高兴时写的，我们看起来那就更情绪饱满。从前人把宋拓《圣教序》尊为墨皇，我觉得，应该把墨皇二字移过来给《瀛州帖》，称它为墨皇。

苏东坡论笔，说好使的笔，让使笔的人拿着笔，竟不觉得手里有笔，这个比方真是巧妙得很。我们拿一个棍在地上随便画，你也用不着想，我这个笔应该怎样使笔毛，什么藏锋、转折，都用不着，随便一画就出一个字。真正好的笔，它完全能够符合使笔人的意思，要它怎么样就怎么样，这可以说是妙喻。我再引申一句话，我说“作书兴到时”，即写这个字时，兴会到了，“直不觉手之运管”，真正高兴，拿起笔来就写，也不觉得手里拿的笔如何在那儿运用，手都没有拿笔去转折的感觉，更不用说指头应该怎么拿那个笔，胳膊又怎么运肘用腕，都提不到了。“然后钗股漏痕，随机涌现”，后人说颜真卿的字笔画如折钗股、无漏痕，又说如锥画沙、如印印泥——像拿锥子画在沙滩上，找不到它的痕迹，如把印印在泥上，也找不到痕迹。这些特点随时可以在颜真卿的字中表现出来。

我的诗说“真迹颜公此最奇”，颜公写的字的真迹这一篇是最奇特的。“海隅同慰见心期”，这一次打胜仗，海边的人都高兴，不用说陆地上的人了，普天之下都高兴，就看出他的心情来了。“请看造极登峰处”，我们看看这个帖，它确实到了登峰造极的地步。“纸上神行手不知”，什么叫神行呢？心里想到哪里去，就到哪里去，用不着特别想我怎么写，纸上一片神行，手都感觉不出来。

五十

敏捷才华号立成，杜家兄弟远闻名。
正藏文轨传东国，多仗中台笔墨精。

日本天平皇后藤原氏，是日本圣武天皇的皇后，书法很好，流传下来有一本叫《杜家立成杂书要略》一卷，还有一卷是临王羲之的《月益梦》。我这首诗讲的是藤原皇后，她自己签名就写藤三娘，大概在家里是三姑娘。这位皇后写的《杜家立成杂书要略》都是预先拟作尺牍，某甲写给某乙一封信，没有那么回事，都是预先仿作出来的模式，让别人预备写信时当做样式来学。某甲写给某乙一封信，然后再预拟某乙回答某甲一封回信，这一卷就是这样一问一答，一问一答。这是谁作的呢？是隋朝人叫杜正藏作的，见《隋书·文学传》。

藤原皇后是藤原氏，名字是光明子，圣武帝之皇后。圣武死后，皇后曾建立紫徽中台，还辟官属。紫徽中台就是她自己发号施令的一个机关，她也派了一些官属。中台，大约类似中土的宋代皇后所居之处，称中殿。宋代皇后也就称为中殿，中间的殿堂。我想日本古代的中台，大约跟宋代皇后称中殿是一个样的。

这一卷用五色笺书写，“行书古厚深美，流漓顿挫”，实在应该推为上品。日本把这一卷列入国宝，是很值得，也是应该的。近世才为中国所知，以前不知道。杨惺吾，就是杨守敬，随着外交官到了日本，在清朝末年，他带回来一篇样子。他刻了一本《留真谱》，把他在日本见的古版本的书，还有古代的墨迹，包括笔写的书和木板刻的书，各自摹刻几行，表示就是书影——留下书的样子。这里刻的有《杜家立成杂书要略》几行。又杨守敬在其所跋宋拓索靖《月仪帖》中也提到，说《杜家立成杂书要略》应该是唐朝人作的，日本国内学者内藤湖南博士也遍考隋唐史籍中的《隋书·经籍志》《隋书·艺文志》这些书，他比较许多古代模拟尺牍的文章，看了半天，说这一卷还不知道是谁作的，这个文章见于他著的一本文集叫《研几小录》。在他考订时还没有得到作者的主名，他没有翻着《隋书·文学传》，他只翻了《隋书·经籍志》《隋书·艺文志》。

《隋书·文学传》中很清楚地记载，说杜家父子在当时很有文学名望，号为"杜家"，文采很好。称赞他这一家父子，因父亲和两个儿子都擅长文学。他"遇题赋物"，遇到什么题目，立刻就可以写出一篇文章来，所谓"援笔即就"，所以就号"立成"——立刻可以作成。杜正藏曾经撰有《文轨》一书。文轨就是文章的样式，文章的轨范。他这本《文轨》书，流传于新罗、百济。事实上，我认为，现在这一卷《杜家立成杂书要略》就是《文轨》中专讲书信的一部分。《文轨》这一书必然是从新罗传入日本的，这是很合乎情理的。清代严铁桥（严可均）曾辑《全上古三代秦汉三国六朝文》，他是乾隆到嘉庆时候的人，他看不到，这并不奇怪。我认为这一卷是藤原皇后抄录的，杜正藏《文轨》中的一个部分叫《杂书要略》，就是模拟尺牍往来的一卷。

五十一

东瀛楷法尽精能，世说词林本行经。

小卷藤家临乐毅，两行题尾署天平。

东瀛所传古写本，许多出自唐时日本的书手所抄录的。怎么证明？比如说《东大寺献物账》，还有藤原皇后所造的许多经卷，这些都是日本书手写的，写得不但好而且精，并不亚于唐朝本土人抄写的。所以我说东瀛所传的古写本，固然多有中土流传去的，也有唐代日本本土书手写的，像《世说新书》的残卷，《文馆词林》若干卷，《佛本行集经》虽后有隋代的尾款，但实在是重新抄录的。因为隋朝广泛流传的没有那么漂亮的笔法，应该是重新写的，笔法妍丽，结体精美，就在中土来看，也应该属最高的书法家手笔写的。有人认为，这是唐代本土人写的流传过去，我看不完全是，有的是流传过去的，有的就是日本本土书手所写的。理由是，我们要看《东大寺献物账》和藤原皇后所造的经，那分明是日本书手所写的，但是《东大寺献物账》那个笔迹和《世说新书》没有两样。藤原皇后的时候，大约相当于唐朝的中期。

《乐毅论》为右军的真迹，南朝至唐，屡经赏鉴家提到，而宋以后没有真迹流传，只有石刻。枣石上辨别小楷，如同在蚊子的眼皮上拿刀刻一样，只成了诙谐的比喻，这已经没有办法看出笔法运用的情况了。有人年年论战，说有一个残石，末一个字是个“海”字，“海”字恰在石残处，有的拓本上印出“海”字，称“海”字本，有的则没有，于是有人称“海”字本才为真本，这未免又可怜，又可笑。明代的吴廷得到一个旧摹本，刻入《馀清斋帖》，稍微看出来行笔顿挫的意思，于是又招致专抠石墨的书法家的聚讼了，说他那本是假的。

藤原皇后临本出来，我们看见，无论它离右军的真迹究竟距离有多远，但看它的结字、用笔，再和石刻相印证，它里面纵横挥洒的地方，体势备见雄强。怎么雄强呢？就指头尖那么大的小楷字，怎么看出雄强来呢？我们看见藤原皇后的临本，还可以看到右军的笔法的一些规律来，我觉得这是很可宝贵的。东瀛楷法很多、很精明的，像《世说新语》，那时还没有改，还是唐朝流传的《世说新书》。还有《佛本行集经》《文馆词林》。这卷藤家临乐毅，里边有一个图章，叫积善藤家，在《杜家立成杂书要略》那一卷中，也有斜着盖的一个印，叫积善藤家，意思是积累功德，积累善行，说藤家累代都行善。“小卷藤家临乐毅”，藤家就是藤家人，藤三娘，光明皇后所临的《乐毅论》，后头还有两行题尾的字，就是天平多少年。所以这卷是有时间、有写者姓名，很有根据的一件临本的《乐毅论》。

五十二

羲献深醇旭素狂，流传遗法入扶桑。

不徒古墨珍三笔，小野藤原并擅场。

日本嵯峨帝，也称嵯峨天皇，还有橘逸势，还有一个和尚叫空海，他们三个人写的墨迹，号称“三笔”，在日本广为流传。藤原佐理、藤原行成、小野道风，这三个人所写的字，日本人称它为“三迹”。日本的书道，实际传下来东晋六朝以来的真谛。为什么说它能传下晋唐真正的笔法呢？因为它是从墨迹熏习而来，它看的是墨迹，不以石刻为学习的标准，它是从墨迹上学出来的，而不染刀痕蜡渍。碑上刻的是刀痕，拓出来然后用蜡给它固定那字口，这种拓出来的字都比较死板，墨迹则比较灵活。

嵯峨帝所写的是李峤的诗。李峤是唐朝人，有咏雾诗多少首。嵯峨天皇的字，很像欧阳询这一派的字体。欧阳询号信本，他很像欧阳信本体。橘逸势，名字叫逸势，姓橘。橘逸势所写的是遗都内亲王愿文。内亲王就是日本称公主的意思，外亲王是男性的，内亲王是女性的。遗都内亲王的愿文，笔法跌宕纵横，气魄宏伟，实在是美观极了。还有弘法大师，就是那个空海，他和橘逸势都到唐朝来过。空海在长安，从中国的秘宗大师学秘宗之法，学了之后带回国去，他写的字很有名，也很好，确实属王羲之派。他的字流传比较多，各体都擅长，其中毕竟以《风信帖》为最好。这都是真书、行书的典范，和中土中唐以来的名家应该是平行的，毫无愧色。

稍后，就有藤原佐理、藤原行成，草书很妙，很漂亮，笔端风雨，痛快淋漓，不减于张颠（张旭）、怀素。从前王梦楼（王文治）曾题跋过一卷流传到中国的日本法书，这一卷现在还存在镇江博物馆吧（说不准了）？他说：这字我都不认得，里面搀上许多日本假名，但字虽不全认得，“但觉体类芝与颠”，觉得他的字体好像张芝，好像张颠，这真是先得我心。日本当时相当于中国的中唐时代，这些书法家的笔法，草书方面真有张芝、张颠的样子。

小野道风有《屏风稿》，就是屏风书的稿子，点画圆融，很像右军的《快雪时晴帖》的笔意，又传有临王右军草书许多帖，实在比枣板阁帖刻得要灵活得多，但是临王羲之这些帖，又有个传说，说这不是小野道风写的，而是藤原行成写的，我就没有能力考证了，只好专呈日本书道室的人请他们考证了。

五十三

笋茗俱佳可迳来，明珠十四迈琼瑰。
精纯虽胜牛腰卷，终惜裁缣客袜材。

这一首说的是怀素的《苦笋帖》。

《苦笋帖》是绢本，就两行字，上头的文是“苦笋及茗，异常佳，乃可迳来，怀素白”。苦的竹笋，还有茶叶，特别好，可以直接送来给我，怀素找人家要两种吃的。这两行字，是今天看见的怀素直接写的真迹。

现在号称怀素墨迹的，有四件，第一，是《自叙帖》长卷。第二，是小草《千字文》。第三，是《食鱼帖》。第四，是《苦笋帖》。以下我简单介绍一下：

怀素《自叙帖》长卷摹本最多。北宋时苏舜钦得到一本，前缺一张纸共六行，苏舜钦自己给补全了。这一本底本是真本还是摹本，也不可知了，传到清代，只存《石渠宝笈》这一本，“粗如牛腰”，今天流行的影印底本很多，四十年前我曾经在北京故宫看见过这个原东西，我们再用拍照本来印证一下，从开始到邵周、王绍颜的跋，这些字全是钩摹的。此后，自杜衍以下有很多跋，都是宋朝人的真迹，其中并没有苏舜钦自己的跋，知道这一卷并不是苏舜钦的那个藏本。无论谁来钩摹，从钩摹的精致圆转来讲，实在有钩魂摄魄的手段，不能否认它的艺术价值。但是从文物角度看，它究竟是个摹本。绢本小草《千字文》，"笔意略形颓懒"，笔好像很懒，振不起精神，实在是他晚年的笔法。《食鱼帖》最近在青岛被发现，也属于精摹本。从精美，从跌宕来看《苦笋帖》应是第一的。只是《苦笋帖》里有好些古印，都是乱打的，打上之后，画蛇添足。

我的诗说"笋茗俱佳可迳来"，是说此帖像明珠一样只十四个字，但这十四颗大明珠，真超过那些古玉、琼乌龟、白宝石、红宝石。《苦笋帖》"精纯虽胜牛腰卷"，但论数量，可惜太少，才两行，俗话说看着不过瘾，不能满足大家欣赏的愿望。唐朝人喜欢用绢写字，有人送绢就好像现在送点白宣纸一样，请人来写字。相传送给怀素的绢很多，怀素写不过来，生气了，说你们给我这些绢，我都拿来做袜子。两行《苦笋帖》很精，很纯，但是太少，他裁这个白绢裁得太少，大概是舍不得他做袜子的材料吧！

五十四

劲媚虚从笔正论，更将心正哄愚人。

书碑试问心何在，谀阉谀僧颂禁军。

柳公权字写得真好，我很尊重，我学过，我也临过，我现在还是非常喜爱柳公权的字。

柳公权所写的碑版，传世的很多。柳公权写的碑，有两个最好的，一个是《神策军碑》，刻得真好，好像用笔沾白粉，在黑纸上写的一样，拓出来就像笔写的一样，笔法清楚得很。另一个是《玄秘塔碑》，这两个碑字大，笔法甩得开，也能够发挥柳公权的优势。《玄秘塔碑》，还可以看出刀痕的地方。可是《神策军碑》只剩了孤本，这更异于墨迹。

柳公权的字，唐史上说"体势劲媚"，有力气还很姿媚，这句话说得确实是可信的，可谓确论、定论。有一件事也被称为柳公权历史上一件有名的事。唐穆宗有一天叫柳公权写几个大字，写完了后问他，你怎么就写好了？怎么就写正了？因为人拿起笔来，笔毛很容易偏，笔偏一点，这笔画就一边光溜，一边不光溜，这样子就不好看了，他就问怎么就能笔正。柳公权当时就回答，说心正就笔正，说皇帝您要是心正了，笔就能正，这不过是柳公权对皇帝临时答辩的一个辞令。皇帝要心正，这跟实际用笔操作是两回事情。后世大家就起哄流传这句话，心正笔正，好像这个人只要能够心正必定笔就能正，也必定能写好字，这是绝大的错误。我们说古代忠烈之士，像文天祥，像禅定的和尚，如六祖惠能，那心不能说不正。可是六祖并不识字，那还怎么写字？而文信国（文天祥）流传有字，可是文天祥比王右军，比古代书法好的也确实有所不及。为什么呢？他只是行为忠于祖国、忠于民族，没有一点不忠不正的心，这可以算心正，而字写得并不如王右军，可以证明心正的人，并不一定能写好字。唐朝神策军都是宦官掌管的，在皇帝左右保卫皇帝的兵。神策军的这些宦官“腥闻彰于史册”，他们的味道都是腥臭的，我以此来形容他们作恶多端。玄秘塔的主僧叫端甫，“辟佞比于权奸”，是会欺骗皇帝的这么一个人，我们只要看韩愈的《迎佛骨表》便知。大家都知道，当时由于迎佛骨，多少老百姓倾家荡产，拿钱来施舍给当时的僧人。事实上是谁发起这件事的呢？就是这个僧端甫，他就是玄秘塔和尚，韩愈反对迎佛骨，结果被贬到潮州去了，就因为韩愈劝皇帝不要做这种事。佛骨就是舍利，舍利见佛书上所说，都是供养、尊敬，并没有说吞舍利，把它吞在肚子里，那行吗？端甫告诉皇帝，他梦见很多舍利，把它们都吞了，这更可笑，就是真吞，也未必就能够成佛。人人都得到舍利，吞下去就成佛那太省事了，又说是梦吞，那就更明摆着是欺骗了。再有神策军是宦官掌握的一种军队，柳公权歌颂他们，柳公权又为他们写碑，我请问柳公权下笔的时候他的心是在肺腑之间呢？还是在胳膊之后呢？柳公权写这个碑的时候，他的心正不正呢？可见大家对心正笔正这句话，完全是曲解柳公权，污蔑柳公权，把柳公权歪曲了。柳公权写的字好坏，跟心正笔正没关系。要说他的特点就是心正笔正，这不是很可笑的事情么？实际我们就字论字，就这个艺术作品来看艺术作品，看它的艺术性，柳公权的字确实“劲媚丰腴，长垂艺苑”。这两个碑与柳公权其他字流传下来，在艺术的天地里实在是不朽的作品，这和心的斜正一点关系没有，这是很明显的。

我特别辩论这件事，并不是说公正的人写的字必定都不好，那也不见得，像颜真卿心很正，以至于殉国，他跟奸臣、跟藩镇的军阀去辩论，去争辩，让军阀给杀了。颜真卿总算心正，他笔也正，写得也好。故不是说善于写字的人心都不正，说欧阳询字写得好，难道心都不正么？我就是说明心正和笔正跟书法好坏是两回事情，心正写得又好的人，这在世上很多；心不正写得更不正那就更甭提了，这人是个大坏人，而写的字又坏，那谁都不提他了。

所以我的诗说“劲媚虚从笔正论，更将心正哄愚人”，更拿心正的话，哄骗糊涂的皇帝，在他写这两个碑的时候，我试问他心在哪儿呢？“谀阉谀僧颂禁军”，他只是恭维那个太监，恭维那个骗子的和尚，又歌颂皇帝的爪牙禁军。

五十五

诗思低回根肺腑，墨痕狼藉化飞腾。

满襟泪溅黄麻纸，薄幸谐谈未可听。

杜牧自己写的《张好好诗》是真迹，他的结句说：“洒尽满襟泪，短章聊一书。”这一卷是用硬黄麻纸写的，“墨痕浓淡相间，时有枯笔飞白，中有点定之字。”这个字写错了，把它点了去，旁边添上一个正确的字，连写带改，这个卷可以相信，不是别人重摹的，而是作者自己樊川（杜牧号樊川）亲笔写的，这实在是人间一件最可宝贵的东西。唐代诗人字迹，即使在石刻里头，也多半属于依托。即使是别人给抄录上的石刻都不多见，有作者名款的也不多见，何况丝毫无容置疑的像这一卷呢？

可以说，这一卷使人心服口服地相信是唐代著名诗人亲笔写的，这类作品要推这一首《张好好诗》。这一卷前头有月白颜色的蛋青色绢的渗金书签，出自宣和御笔。四十年前还粘连在卷首，后来“突经扰攘”，装池都零落了，绢签也丢失了。剩卷子本身辗转归为张伯驹先生收藏，我在张家看见过。我曾在影印本上写了这么几句话：“三生薄幸，五国仓皇，俱于纸上，依稀见之。”杜牧之说自己“三生薄幸”，不但这辈子做薄幸人，而且像佛教所说，下一辈子两辈子托生出来，转世都是薄幸人。“五国仓皇”，宋徽宗被金人掳到五国城，他所藏的许多古书画也就丢了。这些俱在纸上依稀见之，我写了这么四句话，在影印本的封皮上。有一天，张葱玉、谢稚柳、徐邦达三位先生来到我家，张葱玉先生在我的案头翻我的书、字帖，忽然拍案而叫，说“你们快来看，这里有妙文”。大伙不知怎么回事，过去一看，就是这四句话。现在想起来，张葱玉先生已故去好多年了，我每次看杜樊川这一卷墨迹，又回想起老朋友的宴谈、聚会，实在深感人琴之痛。人，张葱玉先生已不在了，张伯驹先生也不在了，人也完了，弹琴的人也完了，很可惜。这一首诗里的张好好，是当时一个大官家里的歌女，大官死了，她就沦为一个卖酒的家里做一个厨娘，卖酒做菜。杜牧原来在大官家里听过她唱，看过她舞，多少年后，又在街市上看见她在那里卖酒卖菜，很感慨，就写了这首诗。

我的诗说“墨痕狼藉化飞腾”，纸上的墨痕很随便写出来，虽然墨痕狼藉，但可以看出他的笔画是飞腾的，情绪是高涨的。“满襟泪溅黄麻纸”，他洒尽满襟泪，又感念那个大官和他的关系，又感慨张好好的沦落。“薄幸谐谈未可听”，大家都说杜牧之是薄幸人，说他对于歌妓都是薄幸的，不是始终如一跟她们好，但他对张好好充满感慨悲伤情绪，说他薄幸，实在是诙谐的话，不可听，因为我认为杜枚还是很有真挚的情感的。那个大官就是沈传师，在当时写字也很有名，现在我们还流传一个碑，叫做《罗池庙碑》，就是沈传师写的。

五十六

谢客先书庾信诗，早悬明鉴考功辞。

腾诬攘善鸿堂帖，枉费千思与万思。

宋人有狂草写的一卷庾信《步虚词》等几首诗，是在五色笺上写的，从前人题为谢灵运写。明朝有一个人姓丰叫丰坊的人，在卷后题了一大段，说明谢灵运不可能预先写庾信的诗。谢灵运是南朝刘裕那个宋朝的人，庾信是梁朝人，出使到北周去，被扣留做了北周的官，这两个人相差很远的时间，谢灵运怎么能够预先写庾信的诗呢？究竟这一卷狂草的字，是谁的手笔呢？他也存疑，他猜可能是贺知章，也还不敢确定。孔子说：“君子于其所不知，盖阙如也。”丰坊还不失为“盖阙”这个意思。后头还有董其昌跋的一大段，说狂草始于伯高，狂草从张旭（号伯高）开始写，所以就定为张旭写的。这也没有关系，见仁见智，个人发表意见也无所谓。但后来，董其昌把这一卷摹刻在《戏鸿堂帖》里头，后头加了一个短的跋语，说这一卷后头有丰考功（丰坊做过考功员外郎）的跋“持谢书之说甚坚”，说丰考功坚决认为是谢灵运写的，可是我们看丰坊自己跋里头并没有这句话，并且是他首先不相信这是谢灵运写的，可董其昌说：丰考功持谢灵运书说甚坚。并且说狂草始于伯高，又把它考订为唐朝张旭的字，还说藏这个卷子的朋友恭维董其昌有再造的功劳，对于张伯高的墨迹，幸亏他辨别明白了。这哪是辨别明白了？是诬蔑，是瞪着眼睛欺骗、诬蔑丰考功。在董其昌那时，这一卷藏在私人家里，别人看不见，还由得董其昌他自己造谣，硬就说丰考功说这是谢灵运写的。现在这个东西出来了，影印的有千百件，大家都共同看见了，丰考功没那么说，而是董其昌反倒诬蔑人家，这实在是古书画鉴定中的一件冤案，也可以考证出董其昌的人品是不高明的。

“董氏以府怨遭民抄。”府怨，就是许多的怨恨都冲在他的身上，他招惹许多的怨恨，遭到民抄。当时董家所居的华亭的人民闹起事来，把他家给烧了、砸了。这时董其昌就跑到一个地方躲起来了。他的一个朋友叫吴玄水，这个人给他写信说："千思万思思老先生。"董其昌的号是思白，这个朋友的意思是要他好好想想，你也有错误的地方啊！可见董其昌被抄，在他的朋友里头也认为不能全赖闹事的人，他自己也有招惹。

这一卷在董其昌题跋以后，被人相沿说确是张旭的真迹了。清朝人，康熙皇帝学董其昌，康熙的大臣里头有许多是董其昌再传的后辈，他们都跟着一块拥护董其昌，他不知道这一卷里头有一个最大的漏洞。庾信的诗有"北阙临玄水，南宫生绛云"两句。按：五行分属五方，南方红，东方青，西方白，北方黑，中央黄，这是五行的分配。所以北方的门（北阙）应该临玄水（黑水）。南边的宫应生起红云（绛云），这才合乎五行方位习惯。南红北黑，南火北水，这是久已成为常识的。而改玄为丹，那就成为两个红了，可宋人书庾信诗时却写成"北阙临丹水，南宫生绛云"。为什么改玄水为丹水呢？因为宋真宗在大中祥符五年的时候，他自称梦见他的始祖叫玄朗，就令天下人避讳这两个字。这是宋真宗大中祥符五年以前绝对没有的，这是一个历史的铁证。不懂得有避讳字，不知道大中祥符年间有这个避讳，还要坚持说这绝对是张旭的真迹，这个话就使人不可理解了，也就不真实了。这一卷狂草是什么时候的人写的呢？我们从这个证据证明，是大中祥符五年以后写的，绝不可能是唐朝张旭写的。

我的诗说"谢客先书庾信诗"，谢客，即谢灵运，这句是说在庾信之前他就能写下庾信之诗，实在不可能。"早悬明鉴考功辞"，早已挂出一个很亮的镜子，是谁挂的呢？是丰考功的跋辞。"腾诬攘善鸿堂帖"，有人飞起诬陷的话来，攘善，就是把好的攘夺过来，这句是说董其昌在《戏鸿堂帖》里的题跋是造谣、诬蔑。"枉费千思与万思"，他白白动了脑筋，做了些诬蔑人的事情。

五十七

非狷非狂自一家，草堂夏热起龙蛇。

壶公忽现容身地，方丈蓬山是韭花。

这首诗讲杨凝式墨迹四种。

杨凝式的书法，被宋朝人推崇得很高，每每和颜鲁公并称，号称"颜杨"，是由唐启宋书法上一个大转折。可是杨凝式平生写的字，多在寺庙和园林的墙上，这就好比唐人的绘画也很多专在墙上画，像吴道子、李思训都在墙上画。这有一个缺点，他原本以为结实，可以存在久远，却不想房子日久倒塌了，墙上的画也就完了。墙上题的字也是这样，日子久了墙一塌，他题的字也就找不着了。杨凝式的字迹，当时刻石的一个也没有，所以他流传下来的字很少很少。

宋朝丛帖，像《淳熙秘阁续帖》《凤墅帖》，都有记载杨凝式的目录，而这些帖凋残不全了，偶然有存在的本子，也缺少杨凝式字的帖，只剩下《汝帖》里头有"云驶月晕，舟行岸移"这八个字，也没有神采可观了。

墨迹，还侥幸存在的有四种：卢鸿草堂图后头有杨凝式写的跋尾一段，天真烂漫，一气呵成，比颜鲁公《祭侄稿》没有多大差距。看见这个跋字，才明白颜杨并称的缘故，他们风格确实有极其类似的地方。其次是《韭花帖》，小真书，精警奇妙，得未曾有。这个帖很好，可是这一卷现在也不知道哪里去了。百爵斋历代法书藏本中杨凝式的《韭花帖》是真迹，三希堂刻的《韭花帖》也是个摹本。第三种《夏热帖》，挥洒酣畅，很痛快，可惜纸受潮都烂了，存字不多，这个虽然刻在《三希堂帖》里，可是看不出它的全貌来了。还有一个《神仙起居法帖》，是小草书，行笔流滑，很随便，帖后有一个"残"字，笔顺竟倒着写，实在是游戏一样。杨凝式这个人疯疯癫癫的，其实他是在躲避祸患，装疯卖傻，所以叫杨疯子，这可能是犯了神经病发疯时写的。这个帖也有摹本，故宫所藏的是真迹。

我的诗说"非狷非狂自一家"，古人有"狷者"有"狂者"之说，"狷者"就是自己独善其身，"狂者"就是很狂放不拘谨。杨凝式的字，能不墨守成规地保持一己的品行，一点不放纵；也不是狂放，号称狂，事实上是假的癫狂，自成一家。"草堂夏热起龙蛇"，"草堂""夏热"两种帖，笔走龙蛇很痛快。"壶公忽现容身地"，古代有个传说，说有个神仙，白天拿个酒葫芦，拿着酒瓶子盛酒喝，到晚上自己就变成一个很小的人，跳进酒葫芦里去了。杨凝式有大草的字，有很痛快的行书字，类似古代神仙一样，忽然现了一个容身之地，跳到自己的酒葫芦里去了，就像蓬莱方丈的神仙一样，神仙所住的地方能大能小，能伸能缩。《韭花帖》就具有这类特点，这是我对杨凝式这几帖的评价。

五十八

江行署字实奇观，韩马标题见一斑。

有此毫锋有此腕，罗衾何怕五更寒。

南唐后主李煜写的字确实很有骨气，很有风格，字的笔画很硬，写出来姿态也很潇洒。

李后主的字，宋朝人屡次称道他。宋代丛帖里也常常记载他的目录，现在只是《汝帖》残石里头还存五言律诗一帖，但是已经模糊剥落得很厉害，看不出原来的面目了。《凤墅帖》残本七卷里，有中主的字，而缺后主的字，“才人不幸，而为帝王，笔砚平生，竟无寸札之留”。天才的李煜不幸做了帝王，他要做了文人，未必不流传千古，可是他却做了帝王，又不善于治国，写了一辈子字，作了一辈子诗文，竟没有留下一寸的手札，而只剩下“啼血号天”小词数首，“能有几多愁，恰似一江春水向东流”。回忆从前在南唐都城金陵的生活和到北宋被软禁起来的生活，像他自己说的真有“天上人间”之差，最后还是被用毒药给毒死了。

今世所传，古画题跋上有两个，在我看来，这两个题跋应出于李后主的手笔，是李后主写的无疑。唐朝韩幹画的照夜白，前头有“韩幹画照夜白”六个字，底下有花押一个，邻近隔水上有南宋初年吴说题：“南唐押署所识物多真。”可是这一卷韩幹画马，是个古的摹本，钩得很细致，不是原来直接画的那张原纸，李后主这六个字笔法挺拔健壮，和《汝帖》里的字很像，可以知道是李后主的笔迹。还有赵幹画的江行初雪图。赵幹这个画，有个题跋：“江行初雪，画院学生赵幹状”十一个字，字大像钱，这个笔势也跟《汝帖》的笔势很相似。那么就有一个问题，有人认为这个款是赵幹写的，是赵幹具的名字款，但是唐宋人画没有人写这么大的字，而且是直接写在卷头的，一般写很小的字写在后头。如果是李后主写的，李后主又怎么会替他写“赵幹状”呢？当然也不排除是李后主替赵幹写的款，“赵幹状”是赵幹描摹这个景物状，是写出它的样子来，说明是画院学生赵幹所描写的江行初雪的图景。不管怎么样，这字是李后主替赵幹写的，这是李后主的笔迹，是可以相信无疑的。笔势就像“锥破统万城墙”。从前五胡时，十六国里有个叫贺连勃勃的，占据统万城，这个地方怎么盖起来呢？让工匠盖城墙，盖好城墙后他拿锥子扎城墙，如果这锥子扎进去，就把筑城墙的人杀了，他认为城墙让锥子能扎进去，就容易被敌人攻破。但是事实上，贺连勃勃的统万城还是被攻破了。就算是李后主的字看起来很硬，尖锐，像要扎破统万城墙，可是“虚张声势，无救亡国也”。李后主有这么大的劲头，有这么大力量写出题字来，也救不了他的亡国。

我的诗说“江行署字实奇观，韩马标题见一脔”，是说这两个帖的标题。“有此毫锋有此腕”，说他有这样的笔锋，也有这样的腕力。“罗衾何怕五更寒”，他的小词里有“罗衾不耐五更寒，梦里不知身是客”，我就开个玩笑，他有这样的笔毫，有这样的腕力，怎么还能怕五更寒呢？

五十九

行押徐铉体绝工，江南书格继唐风。

名家汴宋存遗矩，只有西台李建中。（铉有平读）

这首讲徐铉、李建中。铉有平声读法，我这里当平声用。

徐铉的字，世上所传的多是篆字，像所摹的《绎山碑》《碣石颂》都是很有名的。栖霞山有他兄弟题名，也是篆字，但作“徐铉、徐锴”四字。他们都懂篆书，所以现《说文》（即《说文解字》）大徐本的注，徐锴用《说文》习篆，都是研究《说文》的很要紧的书。近世出土的有一个温仁朗墓志，是徐铉篆盖。这个字“新发于硎”——刚刚刻出来的，最见真貌，但是它不是真行墨迹，不是真书，也不是行书，更不是墨迹。“譬之峨冠朝服相见于庙堂之上，不如轻裘缓带促膝于几榻之间为能性情相见也。”我是说，篆书，就像是穿着礼服，在庙堂之上见面一样，不如行书很随便，就像轻裘缓带在几榻之间促膝而谈，很随便地就能看出人的真性情、真面貌来了。

大徐的简札墨迹，几百年来只传一个就是《贵藩帖》。这帖曾经入《石渠宝笈》，而《三希堂》《墨妙轩》并没有摹勒这一帖，不知什么缘故。现在屡见影印本，笔致犹是唐人的格调，信札的尾处原作一个花押。不见这个信札，不知道大徐墨迹的真面目，也不知道唐代的书法风格。而这种风格与时间递嬗，就是一天天往前发展变化。拿徐铉这一札和宋朝人写的其他字一比，就可以知道它的演变是怎么一种情况。

北宋以后，大徐仍保存唐代的余风，稍后于大徐存在唐代余风的人，是李建中。李建中现存有《土母帖》等四个帖，笔法和大徐很相似。他的帖尾部签名的地方也花押，这也是当时习尚的特点。李建中之后，就很少有花押的情况了，偶然有，但是不全有。例如苏轼就写轼顿首，黄庭坚写庭坚顿首。

米芾论《月仪帖》说：“时代压之，不能高古。”可见时代压人、压艺术风格多么厉害，他就是想学那个高古的，以前人的风格也学不了。“大化迁流，豪杰莫能逆转”，是说真正的大的变化、进化是慢慢发生的，谁也不能逆转。梁武帝时有一个人叫张融，写字很有名、很好。梁武帝说：“你写的字不错，就是缺少二王法。”他对梁武帝说：“不恨臣无二王法，二王亦无臣法。”这句话说得很透彻。不但二王跟张融，就是张三跟李四也不能完全一样，就是父子，王羲之、王献之的字，我们现在仍然看得见，王羲之的字与王献之的字当然像可又不像，毕竟王献之是王献之的字，王羲之是王羲之的字。比如苏轼的兄弟苏辙，苏轼的儿子好几个，写起字来都像苏轼的，可又不是苏轼的。米元章（米芾）的儿子米友仁的字，又像又不像米元章的。所以我认为张融说“臣无二王法，二王亦无臣法”不能算他诡辩，实在是有道理。

六十

编摹底本自昇元，王著徒蒙不白冤。
淳化工粗大观细，宋镌先后本同源。

这首讲《淳化阁帖》和《大观帖》。

魏晋以来的书法墨迹，历经离乱，到宋所存无几。看《宣和书谱》所载，名目虽然繁多，拿今天存在的古代墨迹来看，曾经有宣和著录或有宣和图章的已经是真伪参半。米芾得见几张纸，是晋人真正用笔写出来的，由于确出于古代人直接手写而不是钩摹的，已经不惜一记再记，认为这才是真正的晋朝人写的，认为稀有，惊叹少见。宋徽宗有势力，是富贵天子，米元章是书画的祖师，但是他们所见也仅止如此。而平常人要看六朝隋唐的法书，困难是可以想见的。

法书的难见由来已久，所以到了淳化年间，刻了阁帖，叫《淳化秘阁法帖》。这淳化帖在当时就觉得了不起了，可是我们看到的《淳化阁帖》刻得也不精，笔画还有许多错误，很粗糙。这样的帖已经风行天下，还屡次经过钩摹，再重新翻版。由于当时是在枣木板上刻的，很容易失真。这样它就遭到诽谤诋毁，说它刻得不好。王著是负责摹刻这个帖的人，正由于这个原因，大伙儿一批评《淳化阁帖》，也就连带批评王著，随声附和的人也就多了，我认为王著是蒙了一种不白之冤。

我们综合地看宋朝人所记载的，大约在南唐的时候，曾经用蜡纸向拓历代的法书，已经有了十卷的底子，纸是用油纸，方法是用钩填，既然不是原来的笔迹，有的人就认为这是“仿书”，就是现在所说的“摹本”。从前的钩摹，也称为向拓。向，是冲着亮，不是声音那个“响”，是冲着阳光钩摹下来的。所以并不是南唐先有一种石刻而宋朝人再把它翻刻，而是宋朝人根据许多卷的仿书，刻出《淳化阁帖》来。那么《淳化阁帖》本身的底子也并不是凭空捏造的，它也有钩摹的底本。《淳化阁帖》刻完了不满意，到了宋徽宗的时候，他就把那个底子拿来重新刻一回，就是《大观帖》。我们试想《淳化阁帖》底子要是胡乱的底子，那大观重刻怎么能反倒精彩多了呢？可见钩摹的底子并不那么坏，《淳化阁帖》刻的时候潦草，而《大观帖》刻得精细，底子还是那个底子。你想想，宋徽宗有《宣和书谱》，里头有多少墨迹，他为什么不重新刻，而专把《淳化阁帖》那个底子再刻一回呢？可见《淳化阁帖》那个底子有重刻的价值，所以宋徽宗大观时候摹刻的，只是用精致的方法再刻一回，好比我们现在有影印本，有的影印本很模糊、很不好，我们用精致的印刷的方法，再印一回，底子还是那个底子，可是效果就不一样了。道理应该是这样，大观所根据的也是南唐摹拓的那个底本。有人说什么昇元祖帖、南唐祖帖，这都是揣度、猜想、推论，是按情理推论，并不是南唐一定就有刻本，比如现在善本的古书，一次印得不精，再一次精印，这一桩公案的情理就在这里，我把它提出来，希望和有研究的专家共同商定。

所以我的诗说"编摹底本自昇元，王著徒蒙不白冤"，编成十卷的底本从南唐昇元的时候就有了，王著徒然蒙受不白之冤。"淳化工粗大观细，宋镌先后本同源"，《淳化阁帖》的刻工粗，《大观帖》刻得细，宋朝两回摹刻的根源是一个，这是我的看法。

六十一

晋代西陲纸数张，都成阁帖返魂香。
回看枣石迷离处，意态分明想硬黄。

西域出土的晋人的墨迹，是我这首诗所要谈的。

西域出土的晋朝人的墨迹有好几部分，一部分现在也影印出来了，那是非常的灵活，是有血有肉的，真正晋朝人写的。前边我不是提到馆本《十七帖》吗？那就是墨迹原来应是的那种样子。就是说从西域出土的那些，特别是楼兰一带出土的，是很生动活泼的晋朝人的墨迹。从前人提到草书、真书、行书，没有不推尊晋朝人的。黄河的发源地是星宿海，晋朝人是书法风格的发源地。但是晋朝人的真正面目有谁看见过呢？米元章说："媪来鹅去已千年，莫怪痴儿收蜡纸。"王羲之碰见一个老太太，这个老太太拿着几把六角的竹扇子，王羲之拿起来就给人家写了几个字，这个老太太很不满意地说："我这挺好的扇子，你随便给写几个字，我就卖不出去了。"王羲之说："卖的时候你就说这是王羲之写的。"这一下大家抢着买，老太太一下子就卖出去了。老太太又拿了扇子来找王羲之写字，王羲之笑而不答，不再写了。这是一个故事。王羲之写了一卷《老子道德经》给一个道士，道士有一笼鹅，王羲之就用《老子道德经》换了鹅，从此就传说王羲之爱鹅。米元章说“媪来鹅去已千年”，王羲之写字时已经离宋朝一千年了。“莫怪痴儿收蜡纸”，有许多痴儿，就是傻小子，不懂得，就拿蜡纸上钩摹的字当真迹。米元章就嘲笑他，这些傻子收买好些蜡纸钩摹的当做真迹。可见北宋米元章时，看见真迹已经很难很难了，看见摹拓本已经不错了，硬黄描摹的已经很值钱了。米元章有宝晋斋，自称是保存晋朝人墨迹的，他夸耀他的东西是真正的晋朝人直接写的。他也刻了帖，就是《宝晋斋帖》。我们细看宝晋斋里头，米元章认为他收藏的真的晋朝人的墨迹是什么呢？就是谢安《慰问帖》、王羲之《破羌帖》、王献之《割至帖》。这三帖到现在也没有踪迹了，所可以看见的样子、形状，都是米元章自己刻的，南宋人又翻米元章刻的《宝晋斋帖》，里面有这三张所谓的晋人墨迹。

谁想到“地不爱宝，汉晋墨书，累次出土”。不用说晋朝人的字，现在我们还能看到汉朝人在竹简上写的字，汉朝人在绢上、帛上、绸上写的字。这些字屡次出土，成千上万，大都是汉代的隶书、草书。最近这些年，又看见秦朝时候的一个小官殉葬品。秦朝的一个吏，一个小法官，他坟里埋了许多东西，还有秦律。这样看见秦朝的所谓隶书，就越来越多，我们的眼界也越来越开阔。真书，就是楷书，有佛经、有公文、笺牒。笺，就是信札；牒，就是公文，“亦复盈千累万”。行草帖中奇妙者，如楼兰出土的“五月二日济白”残纸，和阁帖里刻的《索靖帖》一样的风格。“无缘展怀”一小条纸，又绝像馆本《十七帖》。其余零碎小纸，又绝像钟繇的《贺捷表》。我说的所谓的相似，绝不是随便的比拟，大致的类似。我所谓的相似，是形状、笔意完全真正相似，任何人拿过来看，也相信它们相似。我们临摹枣木、石板上刻的阁帖时，如果能够随时领会晋朝人残纸上那种字，用笔就会灵活不钝滞了。古代汉武帝有一个宠爱的妃子，叫李夫人，她死了。有一个道士说，能够把她的鬼魂聚来，于是在帐子里放个灯，帐子里果真出现李夫人的影子和形状，汉武帝就很悲哀。其实那指不定找一个什么样的相似的人在帐子里表演一回。我们看不见真正的王羲之、钟繇、索靖原墨迹，我们拿楼兰出土的这些墨迹残纸和阁帖对照起来看，就真像帐子里灯影上的李夫人，扒开帐子真出来了。我用这个比喻，是说就真的像看到索靖、王羲之的墨迹一样。

我的诗说“晋代西陲纸数张”，晋代中国西北的边境上，挖掘出来有几张纸。“都成阁帖返魂香”，古代传说有返魂香，死了的人拿返魂香一熏就活了。这几张纸可以看做是返魂香，阁帖像死了的人，拿返魂香一熏就活了。“回看枣石迷离处”，我们回头来看，枣木板和石头上刻出来的笔迹，迷迷糊糊看不明白。“意态分明想硬黄”，我们现在就可以拿楼兰、西北出土的墨迹来看，它的笔意，它的姿态，就很明白了，就可以想象到《淳化阁帖》的硬黄摹本，应该是什么样子了。

六十二

百刻千摹悬国门，昔人曾此问书源。

赫然一卷房中诀，堪笑黄庭语太村。

《黄庭经》是不是王羲之写的，本没有定论。南朝梁时有一个叫虞和的，记载王羲之的事迹，像前边所说的用来换鹅的事情写的是《道德经》。李白有一首诗说：“山阴道士如相见，应写黄庭换白鹅。”诗人用典故，本来与考订没有关系。这个句子，黄庭是平平，道德是仄仄，本应写“道德换白鹅”，但平仄的韵律就不调了，句子的律调又有关，只能用平，而且黄白相对，妃丽可观，又很漂亮自然，这是李太白艺术的点染，未必是实际的事情，竟成书林信谳，即成为书法家可信的凭据了，我认为《黄庭经》是《黄庭经》，《道德经》是《道德经》，王羲之写的《道德经》现在不存在了，大家就说这《黄庭经》是不可靠的。

《黄庭经》所以遭人附会是王羲之写的，只是最后写：“永和山阴县写”几个字。永和年间山阴这个地方只是王羲之写，别人不许在永和年间山阴地方再写字么？所以凡是有人看见永和年、山阴县，就会附会到王羲之写的。这个经翻刻本最多，并不亚于《兰亭序》，千摹百刻。“心太平”本，有的本是“修太平”，七个字一句的本子是“心太平”，没有涂抹的痕迹，那就是经人誊清修润的。道藏我没有看过，但是我有《云笈七籤》这个本子，里头《黄庭经》也是七字成文。我们看整齐加工之后的《黄庭经》，涂改的本子，更觉得原来涂注的本子略微存在起草的面目。“养子玉树”这一行，有涂抹的笔迹，翻刻本作双钩一条，宋代刻本则作一个白笔道，完全挖掉了，涂抹的痕迹看得很清楚。

我的诗说“百刻千摹悬国门”，千翻百刻悬在国门之间，这是用《吕氏春秋》的典故，吕不韦写完此书后挂在国门上，没有人能够改一个字，那是怕他，不敢改。“昔人曾此问书源”，《黄庭经》被人尊为王羲之写的，挂在国门上没有人敢说一个怀疑的字，有的人就曾从这儿来问书法的源流。“赫然一卷房中诀，堪笑黄庭语太村”，《黄庭经》本是道家房中术的话，大家不知道它是房中术的内容，把它写了之后挂在墙上，我们看见很可笑。

六十三

失名人写孝娥碑，拟不于伦是诔辞。
谶语毕陈仍进隐，长篇初见晋传奇。

这首讲的是《曹娥碑》。

汉朝有个故事，在一个叫上虞的地方，就是现在浙江的上虞县，有一个姓曹的老头，掉在水里死了，他的女儿在江边寻找父亲的尸首，她自己跳到水里头，把她父亲的尸首拖出水面，可是她也死了。为表扬曹娥孝父行为立了一个碑，后来时间久了，也不知是谁立的碑了。到了晋朝，有人用小楷字抄录这篇文，便传说是王羲之写的。可是在刻入南宋的《群玉堂帖》时，又说是无名人写的这篇小楷字。从前任何事都想找到是谁做的，给安上个名字，这篇小楷书写的故事文，就变成王羲之写的了。本是无名人写的，有人却把它归到王羲之名下。所谓“俗语不实，流为丹青”——本来世俗传说的并不确实，而流传就成为历史的真实了，李代桃僵、张冠李戴，越传越错。小楷字帖，很多都随便归到王羲之名下。还有汉碑，本来写名字的不多，可是写了名字的也都归为蔡邕写的，蔡邕成了多能的了，不管哪个汉碑，也不管这汉碑在什么地方，都一律归为蔡邕所写。《曹娥碑》这个帖，本来没有名字，南宋《群玉堂帖》写的是“无名人”，我认为是近情近理的，可是其他的丛帖都写王羲之。

我细考证过这篇文章，它与《水经注》里所引的并不相合。《水经注》多载有名胜古碑，它的话不能说完全没有根据。可是帖里，这篇小楷写的文章，它行文用的典故，很多都是节妇殉夫的典故，与孝女殉父渺不相干。至于遣辞，就是写文章用的辞句，“尤多纰漏累赘之处”。所以说它是“绝妙好辞”，是因为相传有人在《曹娥碑》后头题了“黄绢幼妇外孙齑臼”八个字，这八个字是隐语，黄绢是有色的丝，是绝字；幼妇是少女，是妙字；外孙是女子的儿子，是好字；齑臼捣蒜受辛，是辞（古代的辞可写成左“受”右“辛”），而且还把这种解释归为曹操和他手下的杨修。本来是夸奖这篇文章是绝妙好辞，反倒成了讥讽，事实上它不够绝妙好辞，而是很拙劣的，我作过一篇《绝妙好辞辨》，我说它不是绝妙好辞，我曾详细论它，现在就不多谈了。

这篇《曹娥碑》事实上是一篇小说，刘义庆曾在《世说新语》里头用过这个故事，刘峻作《世说新语》注的时候，也曾提出来曹操没有到江南去过。传说曹操跟杨修两个人走到碑前拿手摸着碑的字念，最后说这个碑如何是“绝妙好辞”。

刘峻的注说，这事不可靠，曹操根本没有渡到江南。书法的范围里本来有许多好文章，像唐朝何延之作的《兰亭记》和这一篇都可以说是传奇，这是晋朝人的传奇。有人辑过《唐宋传奇集》，事实上漏掉了《兰亭记》，也没有人特别提出《曹娥碑》是一篇晋朝的传奇小说。《曹娥碑》虽然短，但可以算晋朝的一篇传奇小说，可惜搜集古代传奇小说时漏掉了，没有把它编入。

六十四

子发书名冠宋初，流传照乘四明珠。
寥寥跋尾谁能及，不是苏髯莫唤奴。

这首诗说周越。

周越字子发，是北宋的一位书法家。“落笔已唤周越奴”，周越奴这个说法出自苏轼的诗句，一下笔就看不起周越，说周越是奴书，有法度，但没有变化。周子发是北宋一个大家，而遗迹流传很少。《石渠宝笈》旧藏有王著写的真草《千字文》，后头有周越的跋，可惜在几十年前已经成了劫灰，不知去向了，听说周越的跋被撕下来，现存台湾私人手中。现在存的有刻本四件：

第一件，陕西碑林里刻的怀素的《律公帖》，后边有周越的跋，笔势雄强飞动。前段行草书，末行年月是楷书。黄庭坚年少的时候曾经学过周越的字，后来颇不满足。社会上专有一些耳食之人，听见什么就随声附和，于是就跟着说周越的书风并不好，其实他们都没有见过周越的真迹。米芾年轻时学李邕，后来有人说他像李邕，米芾就“心恶之”，心里不愿意了，自己怎么像李邕？其实《英光堂帖》里刻的有他写的《蚕赋》，这一篇《蚕赋》的笔法完全像李邕，可见米元章曾经学李邕学得很像，这和黄庭坚后悔学周越没有两样。可米芾“心恶之”，对于李邕的字又有什么损伤呢？他学过李邕，而后来后悔学李邕，这跟李邕是另一回事。黄庭坚小时候学过周越，后来不满足于周越，这与周越毫不相干。事实上，米芾还受李邕的影响，黄庭坚还受周越的影响，“黄作草书长卷”，多一半用真书写跋尾和款，这种习惯也是周越的办法，可见他受周越的影响很深，不但字像，就连这写法安排，前边写草书，后边写楷书，这个格式都像。现在传的周越有《律公帖》后的跋。第二件，柳公权跋《洛神赋》十三行，叫柳跋十三行，后面有周越的一段跋，楷书像钟繇一派的字体，见于明朝玄宴斋摹刻本，刻得很精。也有刻得很精的号称宋拓，同样在十三行后头，有周越楷书的跋。第三件，是清代中叶出土的欧阳询草书《千字文》的残石，这个尾上也有周越的跋，就作欧阳询的楷书体。第四件，泰山种放诗后头一块石头，右上角有周越的观后短题一小块，石头很顽钝，刻法也很粗，我平生所见只此而已。但是后来我在上海图书馆看到《郁孤台帖》宋刻本，里头有周越一个短的信札，今天算起来，我们看见周越的字迹已经有五件了。

所以我的诗说“子发书名冠宋初”，周越的书法在宋初是很有名的。“流传照乘四明珠”，流传下来，像车里的四颗明珠把车子都照亮了。“寥寥跋尾谁能及”，就现在所看见的寥寥无几的字，只是几段小跋尾，谁能比得上呢？“不是苏髯莫唤奴”，苏东坡可以说周越是奴书，而别人则没这资格。

六十五

矜持有态苦难舒，颜告题名逐字摹。
可笑东坡饶世故，也随座主誉君谟。

这首诗讲的是蔡襄。

蔡襄的真书有两种，一种是虞世南体，是谢御赐书的诗：皇帝给他有御批写的字，他给皇帝作了一首表示感谢的诗，这个诗卷子是学北宋前流行的一派虞世南体，像刘敞传世的有一个帖，也是这路字体。还有一种是颜真卿体，在颜鲁公告身后头，有蔡襄题名，这两体都不免于矜持。他的行草手札好像可以舒展自如，可是看起来始终找不到自得的趣味，也不成自家的体段，他总是好像没有谁的体势一样，这种毛病不仅是蔡襄，明朝祝允明也是这样。这不是我们后辈人随便“妄议前贤”，随便评论前辈书法家，只要看一看蔡襄的字，再看看祝允明的字，就可以知道这个感觉是很明显的。我有时候跟朋友谈起来，他们也有这个感觉，好像没有一个自己的绝对风格。看苏、黄、米，只要是他们写的，在哪儿也可以看出来，而蔡襄缺少一个自己的主宰风格。

欧阳修，就是欧阳永叔，首先对蔡襄夸奖在前，苏东坡跟着夸奖在后。苏东坡说蔡襄应该是宋朝第一，这实在未免投其所好。然而也不是毫无缘故，文学、艺术都不能逃避时代风气，书家的名望，尤其以官爵世誉为凭借，这人官大，他写字就有人保存。在宋朝前期，官也大书法也好的，诚然除了蔡襄难找出更高过他的来。其实也不尽然，苏、黄一出就振作起来，这二人的意思原来并不在乎写字，像苏东坡随手写，写个人的风格、个人的趣味，所以苏、黄这些人能够转移积习，字到苏、黄确实有很大的变化。还有应该进一步讨论的：凡是能起到转移旧习惯的，只有他的用意原本并不在书法，有的人凭空想要特别转移这个风气，夸耀自己有所创获、创新，这样的人都不能赶上苏、黄。我们知道每一时代，必有每一时代自然的风气，包括他用的工具、纸张等种种的因素，总能被人看得出来他是在这个时代写的。我们随便看，明朝人写的字一看就是明朝人写的，清朝人写的也可以看出来，而且能看出这是康熙年间人写的，那是乾隆年间人写的，一看就可以看出来，他想我偏不受时代限制也不可能。还有人说，我要写出我个人的个性来。我常常跟朋友辩论这个事，我说你就不想独立创出个人的个性也不可能，为什么？因为签字在法律上生效，我随便签个名，别人总不能仿效，要不然为什么大至两国签订条约，小至两人订个什么合同，都要签字，因为签字在法律上生效，可见你想写出字来不代表你个人，是不可能的。

至于把苏、黄、米、蔡四个人拉在一起凑成四家之说，实在俗得厉害，令人齿冷，令人发笑。四家之中，蔡姓就有两个说法，一说是蔡襄，另一说是蔡京，其实蔡京和蔡卞弟兄两个写得都不错。我认为要以书法来论，蔡京、蔡卞实在比蔡襄写得好，可是后人因为蔡京、蔡卞是奸臣，所以把蔡襄换上，苏、黄、米、蔡的蔡是蔡襄。要知道，蔡襄是苏黄的前辈，如果要是凑四家，也应该说蔡、苏、黄、米，而不能说苏、黄、米、蔡，可见蔡放在最后，一定是蔡京，或者蔡京和蔡卞并提，四家的说法已经很无聊了，爱说是蔡襄，爱说是蔡京，我们都不必管它了。

我的诗说“矜持有态苦难舒”，蔡襄的字总有一种矜持之态，胆子小，故意在那儿往好里写，苦于难得舒展。“颜告题名逐字摹”，颜真卿告身后头那个题名，几乎是每个字都刻意地模拟颜真卿的字。“可笑东坡饶世故”，可笑苏东坡也随俗讲世故人情。“也随座主誉君谟”，欧阳修是苏东坡科举时的老师，老师都夸奖蔡襄，苏东坡也就跟着说他是本朝第一。这个话是很可笑的。我对四家说法觉得无聊，对再拿蔡襄凑数算宋四家更觉无聊，而且觉得他也不够格。

六十六

梦泽云边放钓舟，坡仙墨妙世无俦。
天花坠处何人会，但见春风绕树头。

这一首诗是讲苏东坡写的《太白仙诗》。

苏东坡的字经过“元祐党籍之禁”，被毁掉的太多太多了，偶然逃过劫数的，也多半被割去名款。虽然蔡京想用这个手段来毁灭苏东坡的墨迹，但事实上还是照旧流传。现在我们看得见的苏东坡的字和刻的碑，还是很多很多。世上人看见他的字，还照旧“什袭宝之”——好好包裹起来加以保存，并不在乎有款没款。书卷流传于社会上的，要以黄州《寒食诗》那一卷首屈一指，其实还有一个《太白仙诗》，也足够一流的大手卷。《太白仙诗》的笔致挥洒起来很流畅，并且还有金源（金朝）等许多名家的题跋。金朝人的字是很少见的，实在是很可珍贵的。这二首诗号称为李白所作，因李白字太白，又常被人称为“仙”，所以叫“太白仙诗”。事实上就是苏东坡自己作的，他假托太白的神仙或太白的灵魂作的，并且假称是经过叫丹元的道士传下来的，其实所传李白诗都是苏东坡一手编的，开玩笑的瞎话，游戏之论，后世还竟有把它编入《李太白集》中。这岂不是完全受他题跋的词所欺骗吗？为什么人家就相信这是真李太白的诗呢？事实上，他的诗里确实有超逸的地方，也确实可以跟李太白的真作品混起来，让人分不清，足以乱真，足以说是真李太白，也毫无愧色的。人家相信，也有这个缘故。

这诗是五言古诗二首。第一首开始说：“朝披梦泽云，笠钓清茫茫。寻丝得双鲤，内有三元章。”这都是故意作神仙之语。第二首开始说：“人生烛上花，光灭巧妍尽。春风绕树头，日与化工进。”苏东坡的这一卷书法的境界与他诗里所写的实在有一致的地方。“春风绕树头，日与化工进”，是说春天的风在树头一转，这树就开花了，春风绕树，化工同进。我说苏东坡的字顺其自然，信笔一写，果然就有这种春风化物的境界。

我的诗说“梦泽云边放钓舟”，梦泽是地名，这是引用“朝披梦泽云，笠钓清茫茫”诗的意思。“坡仙墨妙世无俦”，苏东坡被称为“坡仙”，李太白也是被称为“仙人”。这句是形容他这人的风格，人的学问，人的艺术，真有神仙的境界。苏东坡的笔墨之妙，世上也是很少能找出第二个，没有人能比得过的。“天花坠处何人会”，他写出字来，好比在维摩诘一个方丈大小的屋里，有天女来这散花，这是一个佛经故事。苏东坡写的字，在诗卷里真的就像天花乱坠一样。这个道理谁能领会，这是禅宗的话，“会”就是你理解吗？你会心吗，你心里明白吗？不是现在说的你会写不会写、会作不会作的“会”。天花坠处这个道理，谁理解呢？“但见春风绕树头”，我们也不求人理解不理解，我们看他写的字，就像春风吹到树头上那个作用一样。

六十七

字中有笔意堪传，夜雨鸣廊到晓悬。

要识涪翁无秘密，舞筵长袖柳公权。

这首是讲黄庭坚的大字。

黄庭坚的小字事实上没有什么特殊的地方，大字才甩开了笔，才有气派，才有特点。他的字，方寸以内的字并不很酣畅，并没有痛快劲，可是到了一寸半的字，或是二寸的字，都是写得很痛快淋漓的。他的行书也不太行，也像楷书，但是，他的《松风阁诗》笔画写得很流动，还有《阴长生诗》。草书有《忆旧游诗》《廉蔺列传》，还有青原法眼的语录等，字有一寸加倍大的，这些碑帖，各自有纵横挥洒的趣味。

黄庭坚号称涪翁，他论书讲究字中有笔，就像禅家所说的句中有眼。这话都太神了，写字哪有字里没笔的？没笔就白纸一张没字了。但他确曾说自己年轻时字中没有笔，这是黄庭坚自己说的。这都是机锋，禅宗互相问答时候的机锋，常用些譬喻的话。我也曾学习过柳公权的字，我也学过、临过黄庭坚的字，看他的用笔，说实在的，黄庭坚就是学柳公权的，实在没有两样的情况。他用笔还尽笔心的力量，能把笔的中心力量写出来，这个很重要。写起来，笔的中心力量能使出来，"结字聚字心之势"，即笔画聚在中心，四外散开，用力这一笔，不管长短，总能把笔心的力量使出来，这是柳公权书法的秘密，也就是黄庭坚书法的秘密。

黄庭坚善于用笔，还善于结字。虽然用的是柳公权的方法，但也有微微变化的地方。因为纵笔所极，甩开了写，不免伸延略过，伸出去就不免拉得比较长。比如，一撇、一捺，柳公权的字也有那样一撇、一捺，但黄庭坚的字常常比他伸出去、拖出去更长。这就像晋朝平吴国时，有个将军叫王濬，他在四川制造很多战船顺流而下，去打吴国的首都金陵。有人想阻止他的船，借口要跟他谈话，他说"风利不得泊"——风的力量很大，很锐利，我不能停住船。黄庭坚的字，取这个势头，过于柳书，他写的字比柳公权的字还要伸长一些，用力过一点头，有超过柳公权字的那个势头，也就是说他控制这个笔有不够的地方，他不如柳公权能够放，能够收。黄庭坚的字是放有余，收不足，比起柳公权这是他不足之处。

据前人记载，有这么个故事：苏黄二人互相嘲笑，黄庭坚说苏东坡的字像石头压一个虾蟆，又扁又肥。苏东坡就说黄庭坚的字像枯树上挂一条蛇，就是拖得很长。这二人的比拟、玩笑都很有趣，这也正是二人书法的特点。

我的诗说"字中有笔意堪传，夜雨鸣廊到晓悬"，黄庭坚的《松风阁》诗中有一句"夜雨鸣廊到晓悬"，是说夜里下雨一夜不住，他的房廊上面有雨从房檐上流下来。"鸣廊"，是廊子上有下雨流水的声音。"到晓悬"，是说下一夜雨，到早晨起来，房上的水还是那样往下流，也就是“枯梢挂蛇”一样的比喻。我认为，这一句话就很能比喻黄庭坚的书法，很能道出他的境界。字中有笔这句话，可以使人理解，但是无法说哪个字中有笔，哪个字中无笔，只能心照意会，要明白这个意思。“要识涪翁无秘密”，说是黄涪翁没有什么奇怪的，书法上秘密的地方就是“舞筵长袖柳公权”。他不过就在跳舞的席上，长袖善舞（古代人利用长的袖子来表演舞蹈的姿态），黄庭坚的字就是一个跳舞甩长袖子的柳公权。

六十八

从来翰墨号如林，几见临池手应心。
羡煞襄阳一枝笔，玲珑八面写秋深。

米芾（元章）有一帖，他说，张旭有一《秋深帖》，其中有“秋深不审气力复何如也”十个字，说秋风重了，冷了，我不了解对方气力现在怎么样了，这是问候一个朋友的话。“气力复何如也”这六个字，是一气写下来的，非常自然、连贯。我们拿起这个帖，随便临学，很难写出这个程度，它又有粗细，又有笔画，“笔势连绵，一气贯注”。这十个字就是临张旭的帖。张旭这一帖全文刻在《戏鸿堂帖》中。但是用笔的意思，并不是像米临的样子，而是像赵孟頫，这大概是戏鸿堂刻的，是赵孟頫的临本，反倒不如米帖专学这十个字那么自然，那么流畅。米元章自己夸自己用笔是“笔锋独具八面”，一般人用笔不定几面了，能有四面就不错，就是上下左右，有纵有横。米芾认为自己的字可以有八面，纵横转折没有不随心所欲的。看这十个字，真是如此。他的话不是自己随便吹大气，而是确实做到八面玲珑了。

米字中年时是最精的，他的生卒年有几个说法，有的说五十几岁，有的说刚过六十。不管怎么样，我们看见他四十多岁时写的都是“神采丰腴，转动照人”的。像这个“秋深不审气力复何如也”这一帖，就是最著名的，其他像《蜀素帖》《苕溪诗》卷都应该算是米氏的剧迹，是最高的，也是天壤之间的瑰宝，最宝贵的笔墨了。米元章到晚年写的，就枯干无韵，像《虹县诗》等，几乎如同没有肉，就剩枯的骨头了。我们也不能为贤人讳，强说他什么时候都写得好。

米元章又矜夸自己写的小楷，号为跋尾书，并自称不轻易给人写。但小楷墨迹也有许多区别，像《向太后挽词》那二首诗，实在是最腴润，最丰润，最有油水。“腴”就是胖胖的，其实那小楷不是太肥的字，可是它不是枯干的，是很肥润的，很有油水的。刻本中群玉堂刻的龙真行诗，那个小行书，也是很流动、很美观的。“若褚临兰亭跋尾”，世传有墨迹三件，兰亭八柱的第二柱那个跋，是一首七言古诗，只是行书中比较小的，单成一种风格。其余的二卷，都是用秃笔破笔写的，那就枯干多了。到了写《破羌帖》赞，即题在他所藏的王羲之的《破羌帖》后边的赞，纯粹是老手颓唐之作，那一卷腴润都没有了。可以知道，一切艺术，凡是人掌握的艺术，不到相当的年龄就不会成熟，但过于老了，就又衰退了，所以，艺术是很难的。像米元章四十多岁成熟了，但没多少年他又衰老了。

我的诗说“从来翰墨号如林”，从来笔墨号称像树林一样多，可是“几见临池手应心”，临池就是写字，说王羲之在水池旁边写完字后，那池子里水都黑了，这是传说。会写字的人多得是，但有几个人能得心应手呢？“羡煞襄阳一支笔，玲珑八面写秋深”，我们最可羡慕的就是米襄阳这一支笔，八面玲珑的写《秋深帖》，这是他盛年时候写得最好的境界。

六十九

薛米相齐比弟兄，薛殊寂寞米孤行。
尚留遗派乡关著，继起河东李士弘。

这首是讲薛绍彭、李倜这两个人的。

“薛米相齐比弟兄”，是说薛绍彭和米芾是最熟的、最相好的朋友，两个人也开玩笑。薛绍彭郡望是河东，所住的号为清闷阁，是北宋时书苑里的名家，和米芾是好朋友，当时二人齐名，常互相争名次，薛总称二人为“薛米”，米总称二人为“米薛”。米又有“米颠”的称呼，这人疯疯癫癫的。这里边可以看出薛的风趣也并不比米差，也好开玩笑。米的字在天下流行很广，而薛的字流传并不多。现在可以看见的有几个零星的手札，都只有几行字。长的手卷大作品，只有石渠旧藏杂书真迹长卷里有许多诗，这是薛绍彭的字最多的一卷，叫《杂书卷》。看他用笔很流动，也很美观，“不立崖岸”——即没有棱角没有特别用力的地方，不追求什么特别的气派，是很自然的。他的真书、草书都接近智永。平心而论，他的腕力未免稍稍弱些，这大概与他的体质与性情有关，不是仅靠用功就可以写得强壮的。也许因为他的身体不如米，所以也不耐于多书多写，因而流传的墨迹也就不多了。所以在书法这个大的国土之内，他就敌不过米元章的称王称霸的事业了，这是我的想法。

近年发现薛氏摹刻的唐摹《兰亭序》，后边有他真书跋的一段，是钟繇、王廙那一体，实在开创后来宋克之先河，和宋克很相似。可以知道他毫不著力的笔法，是他故意不著力，并非是写的功夫不够。

薛氏这一书法流派，在南宋初有吴说（字傅朋）实在是沿着他这一流派而加以精密。到了元初，有一个叫李倜（字士弘）的人，他的字也很像薛绍彭。我们看见过所谓陆柬之书写的《文赋》，后边有李倜的跋，还有林藻的《深慰帖》后边也有李倜的跋，确实足以接续、继承薛氏清闷阁的这种书法流派的。李倜自己也称“河东李倜”，称他的郡望是河东，这也许是受乡关风习的熏陶。但是，事实上，李倜的河东，薛绍彭的河东，都不过是自称郡望罢了。比如说姓王的，有太原一支，有琅琊一支。现在天下姓王的也很多，如果都称是山西太原，或山东琅玡，哪有那么多山西太原人和山东琅玡人呢？他可以写郡望是琅玡王，是太原王，事实上就是那么一说罢了。可是这两个人，可巧都是说他的郡望是河东，还都是一派的，我就这样猜测，与他们乡土的风气有关。“薛米相齐比弟兄，薛殊寂寞米孤行”，米就称王称霸，一人独霸书坛。“尚留遗派乡关著，继起河东李士弘”，是说在家乡，著名的还有河东继起的李士弘。

七十

多力丰筋属宋高，墨池笔冢亦人豪。

详搜旧格衡书品，美谥难求一字超。

宋高宗勤于八法，一辈子写字用功很勤，不减他父亲宋徽宗。他平生屡次变化，可以看得很清楚，早年学黄庭坚。日本藏有一个石刻拓本，是他的手诏，这个拓本是宋朝传去的。这个石刻拓本和黄庭坚的简直没有两样，几乎无可辨别。后来因为金国人模仿他的笔迹，假造他的诏书等，或者用假造宋高宗的笔迹来扰乱两国间的政治，他就改学其他的字体，让金国人无法伪造，这件事记载在史书上。又曾学米芾，这见于英光堂米帖里的岳珂的跋赞中，而世上颇罕见他学米的笔迹。在四十多年前，辽宁博物馆发现一卷，用米的字体写的白居易的七言律诗一首，大字，后边有御书的印玺。《石渠宝笈》旧题为宋徽宗，鉴定家又说这是真米字。其实，御书为宋高宗印。有人说那印是后加的，是假的。其实不是，印是宋高宗打的，拿岳珂（岳倦翁）的记载来印证，这实在是宋高宗学米元章的作品，他的字足以乱真，跟真米字一样，可以使后人看起来，以为就是真米字。

宋高宗晚年又多学智永这一体，他得到智永《千字文》，就拼命临习智永体，草书略带有章草的笔势，而他的手病，越发不可掩盖。从他点画用笔的情况看，他大约拿笔拿得很紧，笔管跟手指都靠近掌心，这样写，所以左边一撇不得力，右边一捺又捺得很重，同是一个扁跛，显得扁而跛，好像瘸腿一样，字也发扁。苏东坡的扁轻松，宋高宗的扁是急迫，看起来并不轻松。他这种流派所影响到的，有他的吴皇后，还有宋孝宗，还有宋宁宗的皇后杨皇后，世称杨妹子，都是这样的。还有御书院供奉的写字的人，抄录的《毛诗》，现在流传连篇累牍的有多少卷，都是学宋高宗那一体。但是弱一点，看起来都缺乏一种超逸的趣味，可以知道，学黄、学米，特别像的地方，正是他自己缺乏自己的力量。这是对宋高宗书法特点的认识。

我的诗说"多力丰筋属宋高"，是说他力量大、筋骨强，这应该说是宋高宗的特点。"多力丰筋"是古代人现成的话，说某些人写的字不但力量多，而且筋骨也强。事实上，对宋高宗，这四个字就未免过头一点，比拟太高了。"墨池笔冢"——墨成池，笔成冢，如此用功也可算做一个豪杰之士。"详搜旧格衡书品"，是说我们可以拿许多字来比较，来衡量一下宋高宗书法的品格。"美谥难求一字超"，是说宋高宗的功力很好，写的字也不能说错，可是，论起超脱的趣味来，他就远远不及苏、黄，以至"吴说"。相传，宋人笔记说，宋高宗走到临安往九里松去，有一个地方有片松林，那有个牌子是吴说写的"九里松"，他看见不满意，便撤下"吴说"的牌子，自己写了"九里松"三个字。过了些天，又到九里松去看，他说，"'吴说'的牌子哪儿去了"。人说"撤下来了"。他说"还把他的挂上吧，把我写的撤下来"。可见，他自己先是看不起吴说的字，后来他服气了，说吴说的字比他写得好。可见，吴说有超脱的味道，更不用说苏、黄了。宋高宗的字实在是很难得超越他们的，这是我对宋高宗书法的评论。

七十一

傅朋姿媚最堪师，不是羲之即献之。

草法更能探笔髓，非同儿戏弄游丝。

这首是讲吴说的。

吴说，字是说话的"说"，但读要读成喜悦的"悦"。他号傅朋，生活在北宋末、南宋初。他写的字，实在可以称为巨擘，巨擘就是大拇指，够上头等的了。他的墨迹，虽然没传下来长篇大轴的作品，但是"一脔知味"——吃一块肉也可以知道这一大锅肉的味道，也足以看出他书学的深邃来。

真书小字以独孤本《兰亭序》后面跋的那一段最精，虽然，现存的只是烧剩下的那一小块，但也是很精的。"字若蝇头，笔如蚊脚"，字小的像所谓蝇头，笔画细的就像蚊子脚一样，这都是形容。“而体作钟繇”，是说他的字体是钟繇那一派，“雅有六朝之韵”。“若世传黄素本黄庭内景经”，是说它很像世传的那本黄素本的《黄庭内景经》，这黄素本的《黄庭内景经》有刻本，见于乾隆时候孔继涑刻的玉虹鉴真，有人称赞它们是杨羲、许询这些许多修成神仙的道士的遗墨。黄素《黄庭经》我看见过，还看见过两本，以玉虹楼刻的这本比较好，其他两卷墨迹并不都好，比较烧剩下的吴傅朋这几行，说实在的他们连做吴傅朋的鸡犬都不够格。传说汉淮南王刘安修炼成仙后，把剩下的药撒在院子里，鸡狗食后，也都随他升天。拿黄素《黄庭内景经》来比较吴傅朋写的小楷，真还不如神仙的鸡犬呢？得到吴傅朋这个妙处的，后来只有倪云林。我认为倪云林够上吴傅朋这一派的突出的人。“赏音必有颔余斯言者”，是真正知音的人是会对我的说法点头同意的。

吴傅朋行书手札，流传不及十通，字字精妙。说他是有血有肉的阁帖，具体而微的羲献，实在不算是过于称誉他。

吴傅朋又创了一种游丝书，就像拿钢笔写草书一样，非常婉转，有他写的王安石的诗一卷，纯粹用笔尖写，婉转连绵的大草，这并不是故意的表现奇特，实在是怀素《自叙帖》更进一步。拿笔毛的尖在纸上走，那路线必定是点画中最中的一线，那才真正是中锋，就如同画人能透衣见肉，透肉见骨，透骨见髓一样，真难哪！画一个带衣服袖子的胳膊，首先看见袖子，把衣服脱了就看见一个带肉的胳膊，然后肉又没了，再用透视看见他的骨头，骨头还不行，还看见骨头里的那个骨髓，这个比画带衣裳的肉体更难了。吴傅朋的游丝书，就可以说是每一笔画的都是那个骨髓。

我听说西安乾陵碑上有吴傅朋题名的大字，可是我到陕西乾陵碑底下看，因为碑太高大，我眼睛近视看不见那么高，究竟在哪儿？将来把望远镜带去详细找一找。

我的诗说“傅朋姿媚最堪师”，是说吴傅朋的笔画姿媚最可以学习，可为师法。“不是羲之即献之”，他的字够羲献的风格。“草法更能探笔髓”，他写的草书，就是游丝书更能够探取笔画的骨髓。“非同儿戏弄游丝”，虽然叫做游丝书，但跟小孩玩游丝不一样。

七十二

黄华米法盛波澜，任赵椽毫仰大观。
太白仙诗题尾富，中州书势过临安。

这首专讲金朝人的书法。

王庭筠、任君谋、赵秉文，这些人都是金源的大手笔。王庭筠自号黄华老人，他的书法完全宗法米元章。在涿州有《蜀汉先主庙碑》，还有《博州州学碑记》都非常像米字，写得也沉重，沉着里头饶有生动的味道，比起米芾自己写的像《芜湖县学记》，真没有太多的差别。并且我觉得他在沉着方面，并不比《芜湖县学记》差。他的墨迹有自己画的《幽竹枯槎图》后大的题尾的字，还有一个金朝山水画家李山画的《风雪杉松图》的题尾，都是王庭筠的墨迹，很流畅，是米元章书派，写得痛快淋漓。从前人们爱用一个字评论艺术作品，什么神品、逸品、能品，我说像这种字，总在神品与逸品之间。

其次，我们谈任君谋，任君谋的名字叫询，号君谋，自己别署称龙岩。陕西碑林石刻的杜诗《古柏行》，很久以来世上人误认为是颜真卿的字，结果它底下有"龙岩"两个字，大家不识得，不知这是谁，其实是金朝人任君谋写的，可见他的笔墨可以跟颜鲁公媲美。又有他写的韩昌黎的秋怀诗，共十几首，比《古柏行》字小一些，有二寸大，有大有小，一首大一首小，天真烂漫，实在得力于北宋初年周越那一派笔法，怀素《律公帖》后头有周越的跋可证明。

赵秉文，也是金朝的大文学家，一个大官，赵秉文所传的比较少，现在流传有一卷金朝人画的《赤壁图》，后头有赵秉文和苏东坡韵题的一首词，字很大，这是赵秉文唯一流传下来的墨迹。"妙运方圆于一冶"——巧妙地运用方笔圆笔，像熔化钢铁一样，把它熔化在一炉里。略后有耶律楚材楷书写的大字，那一个大卷子可以跟他媲美。

其他像苏轼书《太白仙诗》卷后头有好几个金朝人的题字，有蔡松年、蔡珪，等等。可以看出金朝这一代的文献，不仅只是艺术品，也可看出金代的文化来，绝不仅只是笔法的美观。而江左的书风，即当时南宋的书法风格，除张即之以外，很少有能够比得上他们的。南宋那个时候，连宋徽宗都被掳去了，宣和内府所藏书画墨迹也都被金朝掳了，南宋很少有习字的样本。所以这个时候，南宋人没有什么可以取法的范本，张即之算是很有书法修养的，他的本事很大，此外都很一般了。

我的诗说"黄华米法盛波澜"，王庭筠学米元章的笔法。"盛波澜"，形容他波澜壮阔。"任赵椽毫仰大观"，"任赵"，任君谋、赵秉文。"椽毫"，形容他的笔像房椽子那么大，这是夸张。"仰大观"，我们仰头看，他真是一个大观，有很高明的书法成就。"太白仙诗题尾富，中州书势过临安"，苏东坡写的那一卷《太白仙诗》卷尾题得很丰富，有好几家题。“中州”，就是河南，金朝从北京迁都到河南的开封，才被元朝灭了。“中州书势过临安”，中州这一带的书法成就，要超过南宋临安（杭州）的那些书家。

七十三

破的穿杨射艺精，赏音还在听弦声。
渔阳笔外无馀韵，难怪沤波擅盛名。

这首是讲鲜于枢的。

鲜于枢号渔阳，他是河北渔阳人。可事实上他生活在南方，早年的书法还沿南宋的体态。只要看他独孤本《兰亭序》的跋尾和颜鲁公《祭侄稿》的跋尾，就可以看出来。这一类的笔迹，容或不完全是他早年的，也许由于题跋古法书，未免有点矜持，缺少挥洒的趣味。

他最胜的，俗语说最拿手的、写得最好的，要推行草的大字。一个卷子，每一行写四五个字，这样的有好几卷。世传的真迹有：昌黎《石鼓歌》、少陵《行次昭陵诗》，还有苏东坡《定慧院海棠诗》，这些卷子都可称为上选。也有好几本中等的行书字，都是一寸多的中楷。我看见过一个印本的小册子，可是现在不知道流传到哪里去了。小楷没有看见过，见的是中等的行楷书，大字最好。

总起来看，无论字是大是小，无论字体是行是草，没有不谨慎写出来的，看起来他有一定的方法，没有什么很多的变化。点画似乎都有一定的形状，结字也还庄严，很少任意挥洒。可以看出来，他这个人大概比较拘谨，虽努力往大里写，也只是那一种方法，看他答复友人的话就可知。友人问他，你说写字有什么秘诀没有呢？他就告诉人家“胆、胆、胆”，就是你首先要有胆量。我们说，写字不是全凭胆子，你有胆子敢写，但写得好不好并不在胆子大小。可见他自己正因为胆子不够，所以才勉励自己要有胆子，也劝人有胆子，所以他不足的地方是胆子不大。

白香山（白居易）在《和微之诗二十三首序》中有“劚石破山，先观铲迹；发矢中的，兼听弦声”这样的比喻。他说拿镐头锄破山，先要看所铲的痕迹；拿一支箭，要射向靶子，不但要看射得中射不中，还要听弦的声音。意思是说在和诗的时候先要看透对方的用意。这是白居易和元微之半开玩笑：我知道你名义上是要和我的诗，但是我知道你的用意是想难为我一下子，看我和得了这么多和不了。铲破山石，先看铲迹，发射弓箭，先听弦声，这也是禅宗的机锋语，恰恰道出书法的理。我的意思就是说，从效果上看，鲜于枢所写的字也不错，可是我们从他这个“胆、胆、胆”的说法看起来，他正是想勉励自己要壮了胆去写字。

有一回曹操见外国的使臣，他自己觉得自己相貌不够王那样威严，大概曹操的个儿不高，可能是怕外国人看不起他，就让崔季珪替他，他自己当崔的护卫，让崔季珪坐在中间，伪装国王，自己拿刀站在床旁边护卫（古代大的椅子都叫床）。见完了之后，使臣走了，旁边的人问使臣，你看我们魏王怎么样，这个使臣就说，我看中间坐的那个人并不怎么祥，倒是床旁边拿着刀做护卫的那个人像是真正的英雄。曹操一听，知道这个使臣看破了他的把戏，就派人半路把这个使臣杀了。这是一个故事，我就是说，崔季珪他长的什么样子，我们现在不知道，但是他代替魏武帝的时候，必定是正襟危坐，在那里装模作样呢！这恰恰是被使臣看破的地方。我用这个故事，形容鲜于枢的字好像很有魄力似的，事实上他有点装腔作势。我这实在是开玩笑，事实上鲜于枢的字是很好的，我也写不了，我也学不到，说一篇风凉话。

我的诗说“破的穿杨射艺精”，破的，一箭射中目标靶子。穿杨，百步穿杨，一箭要射穿了杨树叶子，射得多准呀！“赏音还在听弦声”，发矢中的，兼听弦声。“渔阳笔外无馀韵”，鲜于枢笔之外，没有更多的韵味。“难怪沤波擅盛名”，“沤波”就是赵孟頫，鲜于枢和赵孟頫两个人又是朋友，又是齐名的书法家，但是看起来，他所以赶不上赵孟頫的地方，就是在于没有更多的变化，没有富余的韵味。

七十四

绝代天姿学力深，吴兴字欲拟精金。
纤毫渗漏无容觅，但觉微馀爱好心。

这首诗是说赵孟頫的。

赵孟頫的字承先启后，开元明以来的风气。开风气的地方人所容易见，也容易知道，而继承前人的规模、规范，并能赋予生气的地方，则人多没有察觉。他把古代人的长处，消化在他的笔里，这是不容易看出来的。必须多看他所学古人的地方才能知道。他学晋唐人，晋唐人的字到宋元以后，传习就只凭石刻，很少有墨迹。学的人硬加模拟，就如为桃梗土偶写照——如同给桃木雕的人、泥土捏的人画像。给这些人画出像来，举动毫无，何论神态？画出来也是泥人，也是木头人，不是活人。我们看赵孟頫临王右军的那些帖，就不难领会妙处在哪儿。他运用晋唐人的笔法，给别人写的书札，也是这一类。他临王羲之的帖，也可看出是把石刻、木刻字写活了。他不但能临那个帖，还能吸取他们的长处，运用在自己写的手札里头。像碑版的字，从前人认为难写，为什么？因为碑版的字要写得端正，写得明确，让过路人都认识这碑上写的是什么事情，是谁的碑，所以体贵庄严，而字宜明晰。由于这种要求，往往长在整齐，短在板滞。后世写碑的人，常常让人感觉到死板有余而灵活不足。可是赵孟頫能够运用晋唐流利的笔法，在方格里写大个的字，称为"擘窠"，写大字别人更难追得上他。

他有论书法的话，他说："书法以用笔为上，而结字亦须用功。"这个话有点颠倒了。我认为，字先是结字要紧，精严妥帖，这是结字的需求。我总说，结字要紧。比如说一、二、三，同是这个笔画，不过是三笔，我们把它拿剪子从纸上剪下来，它的用笔一点也没有错，是原来的笔迹，但把它剪开后，随便颠倒位置，这个字是什么样子，把某一笔稍微位置歪一点，大小距离变化一点，这个字还能像字么？笔画用笔是原来的，但是结体变了，这个字就变了，可见书法是用笔为上呢，还是结字为上呢？他自己认为结字人人都会，一是一道，一道往横里写，而两道是重叠的，写好了结字不成问题了。但是这句话只能由赵孟頫说，因为他对结字不成问题了，而我们每个人并不一定对结字都能掌握那么全面。他说用笔为第一，是在他那个水平上说的，并不是我们普通人都是以这个次序为准，这是我对他这个说法的意见。

我们细看赵孟頫写的碑版的字，精严妥帖，全自欧柳诸家而来，运以姿媚的点画。他写的大字，很有些像柳公权的结体。比如像《胆巴碑》，这是他很有名的作品，他的字就非常的像柳公权，但是和《玄秘塔》等的碑来看，又并不完全那么像，可是他得到了柳公权最要紧的方法，"刚健婀娜，无懈可击"，点画上很有姿势、很美。如果有人"疏于结字而肖于点画"——疏于结字，甚至有错误的地方，而专门点画很像，就有如捧心折腰——如同西施的街坊邻居东施，也学西施捧心，或走路故意摇摆腰，表示自己特别的美观，那实在是有点故作姿态，并不是真正的美观，而是不堪入目了。"结字亦须用功"，这几个字说得未免太轻率了吧！我认为二者不能偏废，不能哪个多用功，哪个少用功。

从前人论诗，"病朱竹垞贪多，王渔洋爱好（hǎo）"。朱彝尊（朱竹垞）是清朝初年康熙年时候的文人，他作的诗、文很多，而王士禛（王渔洋）作的诗四平八稳，绝没有粗豪的地方，打磨得很干净。我认为赵字，也不免爱好。然而，"三代以下唯恐不好（hào）名"，三代以下的人，如果能够珍惜自己的名誉，并不是坏事，好名总比那自暴自弃的人好吧。爱好（hǎo）有什么缺点呢？胜于自弃。

所以我的诗说“绝代天姿学力深”，赵孟頫是绝代的天姿，学力也很深。“吴兴字欲拟精金”，赵孟頫是浙江吴兴人，现在这个地方还叫吴兴，吴兴的字真要比拟精金美玉。我们看他的字“纤毫渗漏无容觅”，他写的字每一笔都那么讲究，绝不让笔毛出破绽，人找不到他一点差错。“但觉微馀爱好心”，只是让我们感觉到他有求好的心，我认为总比不在乎，爱怎么样怎么样强吧！

七十五

细楷清妍弱自持，五言绝调晚唐诗。

平生每踏燕郊路，最忆金台迺易之。

这首讲迺贤。

元朝有一位诗人叫迺贤，字易之，姓合鲁氏，合鲁是译音，快说是合鲁，慢说就是葛逻禄，这个音在汉字里的意思是马，所以又有人称他是马易之。他是元代的色目人，他的诗集叫《金台集》，金台就是黄金台，位于现在的北京地区内。

世传有南城咏古诗一卷，都是五言律诗，“格高韵响”，声调很好。“宛然唐音”——就像晚唐的许多诗人的作品一样。我在这里插入一些题外话：元朝的诗都是学唐人，而且学得很像。元朝的诗人不仅只有迺贤，还有许多家都像唐人诗的风格。这南城咏古一卷，载在他的《金台集》中，他所咏的大半都是大都，就是北京城，北京城在元朝时称大都。这部诗集咏的大部分是大都城南的许多古迹，事实上包括现在北京城的西南内外一带的庙宇、名胜，也写到现在北海公园的白塔琼岛那个地方，和广安门内南边的悯忠寺，就是现在广安门内的法源寺。妆台、西华潭就是现在的北海公园的琼岛和太液池。在金朝，妆台、西华潭都在金朝的城北边，为什么这么说呢？我们要明白所谓南城是指元朝都城里所包括的金代都城遗留的名胜古迹，金朝和元朝的城址是有所不同的。现在我们还能找到如悯忠寺，如妆台，如西华潭，剩下的古迹，现在都找不着了。他的诗也成为记载文献的证明、旁证了。

这一卷墨迹，刻进《三希堂帖》中，书法风格在赵孟頫、张伯雨、倪云林之间。我爱诵、爱念他的诗，也好临他的字。尤其有意思的是，他是色目人，但深通中原文化。他的墨迹风采，从前我从《三希堂帖》中看到，每当读到《金台集》时，诗中描写的情景就萦绕在我的梦寐之中。有一天，忽然得到一个原卷照片（现在原卷不知哪儿去了），我简直高兴极了。我保存这个墨迹照片，很宝贵。有人笑，说这只是照片。我说，别看是照片，第二本也没处找。它的字迹疏朗，工整之中有超逸的趣味，实在是诗人的笔墨。

我的诗说“细楷清妍弱自持”，“细楷”是说它是小楷，“清妍弱自持”，是说它的风格看似很弱，可是又能把持住自己，能够在柔弱之中有挺拔的趣味。“五言绝调晚唐诗”，他写的这些具有晚唐风格的五言律诗真是绝调。“平生每踏燕郊路，最忆金台廼易之”，我自己每次走到燕郊的路上，走到这些古迹的地方，我最回忆、最想念的就是金台的廼贤。

七十六

有元一世论书派，妍媸莫出吴兴外。
要知豪杰不因人，尚有倪吴真草在。

这首讲的是倪瓒和吴镇。

自古以来，唐代如欧阳询、虞世南，宋代如苏东坡、黄庭坚，可以说杰出冠代。而唐宋两朝，书人风习，并不完全都是被欧、虞、苏、黄所笼罩着，欧的同时，还有各家各派，苏的同时，也有各家各派。到了元朝就不然了，赵孟頫一出来，天下都跟着他走，虽然是同辈，甚或还有比他岁数大的人，也受他的熏染，就不用说他赵家的弟兄子侄、门生故吏了，他的这一派笼罩面太大了。元朝人不被赵孟頫局限的，屈指算来，仅仅有五六个人。我们不但看见元朝其他书法家、画家学他的字，就连元朝刻的木版书，写书版的人，也是赵孟頫体，这个影响就太大了。周草窗，就是周密，他号叫草窗，自称是天水遗民。天水是赵氏的郡望。周自称是宋朝的遗民，字迹仍存宋派，写的并不高明，很像他的朋友金荪璧，而又不如金荪璧那么工整，这是第一个。第二个是冯子振，那字都是歪的、斜的，右边往下歪，左边往上歪，很特别的，有许多的古法书、名画，后边有他的题字，完全不入规矩，更不用说受赵孟頫的影响。还有一个杨铁崖，即杨维桢，他写的字也不中绳墨，有不能工整的地方，也有故意歪斜的地方。书法行家，只有倪云林、柯九思、吴仲圭（吴镇用）这几个人。

倪云林全学六朝人，姿媚包含在他的僻涩之中，“僻涩”是偏僻不圆滑。吴仲圭草书学怀素，表面看圆熟，而里面有质朴的趣味。倪云林不写草书，吴仲圭不写真书，而豪情古韵，都不是赵孟頫所能局限的，他们不借助别人现成的优势而另起炉灶，所以不愧为高士。

柯九思还做了一点官，文官。倪云林、吴仲圭一辈子没做过官，所以被称为高士。柯、倪、吴都是用书法的笔道画画，也用画画的笔道书法，很有趣味。我们看柯九思画的小竹枝，跟他写的字的笔道一样。倪云林的笔道和他作画的笔道很相似。吴镇用秃笔画的树，画的石头、竹子，都是一个味道。赵孟頫就不然，虽然他题的枯木竹石有一首诗，末一句为“须知书画本来同”，但是他的书画并不完全一致。为什么呢？因为他即使是画枯木竹石也不完全和他写的字一样，更不用说他画工细的山、水、人、马，那更是两种笔法。书和画在笔法上完全一致，在元朝这是书画风格上的一大转折。

所以我的诗说“有元一世论书派，妍媸莫出吴兴外”，不管是美、丑，写的水平高低，总的风格都在赵孟頫的范围之内。“要知豪杰不因人，尚有倪吴真草在。”真正的豪杰是不借助别人优势的。这豪杰之士有倪、吴真草在，倪的楷书，吴的草书，可以说不受赵孟頫的局限。

七十七

唐摹陆拓各酸咸，识小生涯在笔尖。

只有牛皮看透处，贼毫一折万华严。

这首和下面几首是我和朋友论字作的诗，都收在这里。这首论的是元朝人陆继善。

陆继善字继之，他钩摹的一本《兰亭序》，底子是唐朝人钩摹的《兰亭序》。元朝人没有现在的照相术，只得自己细细钩摹，他借到《兰亭序》这个底本用鼠须笔钩摹了好几本。三希堂里收入的，是他自己题跋的这一本，其他钩摹本都随手让别人拿走了，自己没有存。后来有人拿一本来，他认出是他从前钩摹的几本中的一本，就在上面写了题跋。这件东西，从前在故宫，我看过它的原本，笔势飞动，居然是神龙《兰亭序》的面目，这纸稍微黄些，点画比较瘦些。他题跋的字，尤其秀劲古淡，在倪云林、张伯雨之间。明朝有一人叫陈鉴，号叫缉熙，得到墨迹一本，被称为褚摹，后边有米元章的一段题跋，陈缉熙就把它刻了石，号称陈缉熙本。这就招起许多人的猜想，是不是褚遂良？甚至有人怀疑这一本所谓的褚摹本，就是陈缉熙自己所摹。

在二十多年前，出现了陈缉熙这一卷，它的纸微黄，是元朝的竹纸，乃至有破锋贼毫，也就是笔毛有叉出去的地方，都和陆继之摹本、三希堂刻本的底本一点不差，上边也有陈缉熙的藏印好多，米跋是真的，但是从其他卷子上移来的。

米怎么能跋元朝人摹的呢？我就恍然而悟：所谓陈缉熙本，其实就是陆继善摹的好几本之中的一本，这一发现是很痛快的。可是翁方纲（覃溪老人）已经死了多少年了，他的《苏米斋兰亭考》也得不到印证了，如果能把翁方纲找回来，说看看你对陈缉熙的不虞之誉，硬说那是陈缉熙的摹本，其实陈缉熙的字很不好，他怎么能和元朝那个高明的陆继善相比呢？他不应享受这个荣誉。

从前有个和尚是药山地方的唯俨禅师，他不准人看佛经，说你们不要看佛经，如果你们要研究佛经里面那些很深奥的意思，只可以意会不可以言传。要是笨人，死看字句，那就完全失去佛经的精神了。而他自己有时看，他徒弟就问他，你不许我们看，你自己怎么看上了。药山唯俨禅师就说："老僧止图遮眼"——我看经只是用它遮眼睛，"若汝曹看，牛皮也须透"——如果你们看，就钻进字面去，连牛皮都可以把它钻透。讥笑别人是死看，自己是活看。这个典故告诉我们看《兰亭序》要学古人的书法，也是要学他的精神，学他的风格，或学他的方法，不能细抠某一个字、某一笔画，甚至摹仿笔毛劈出的一个叉，即所谓的"贼毫"，细辨到这种程度，就完全失去真正的意义了。我觉得，我自己这首诗也是自己笑自己，自己也走上看透牛皮的笑话了。

我的诗说"唐摹陆拓各酸咸"，是说唐摹本和陆继善钩拓本各有不同的味道，就像葡萄酸甜各有味道一样。"识小生涯在笔尖"，贤者识其大者，不贤者识其小者。我们看笔画，看一两个字，这是不贤，是小。"只有牛皮看透处"，就是刚才说的看牛皮也要看透了。"贼毫一折万华严"，是说小也有小的趣味，牛皮看透的地方，就是有贼毫稍微一个转折，这里就有无穷的境界，这也是我和朋友开玩笑的。

七十八

丛帖三希字万行，继之一石独凋伤。
恰如急景潇湘馆，赢得诗人吊古忙。

《三希堂帖》中刻有陆继善的钩摹本，我的朋友周先生最喜欢这一帖。这一帖没有墨迹影印本，他只好看三希堂石刻本。我这朋友最好研究《红楼梦》，尤其喜爱陆继之摹的《兰亭序》。他得到《三希堂帖》本，爱不释手。有一天，他游北海公园，登阅古楼，阅古楼就是《三希堂帖》的石头保存处。他每个石头都细看，有的完整，有的有缺损，而陆摹《兰亭序》的这块石头，剥落得特别厉害，他心里很难过，作了首诗寄给我，我就写这首诗答复他。"急景潇湘"，是说

《红楼梦》中林黛玉住在潇湘馆，她生命短促，这是《红楼梦》的故事。我这首诗，蒙得朋友很欣赏，大概是由于我写的是合于其人其事的情景吧。

陆摹的墨迹，四十多年前，我在故宫见过，当时在别的印本里只印过两面。从这个影印墨迹本可以看出，它和后来陈缉熙本是完全一样的，我就是根据这两页影印本来看的。拿三希堂石刻来比较，它们“利钝迥殊”，的确是墨迹好，墨迹笔画是那么精致，石刻是很难传出毛笔描摹出来的细微的地方，也就是我说看透牛皮的地方。石刻的拓本便失了真，但还能使人钟爱到这个程度，那么，陆继善的原本那就可以看出更高明的地方，可以直接媲美于唐朝人。无怪乎陈缉熙就直接认为它是唐代的褚摹本了。

《石渠宝笈》所藏的法书，经过许多的浩劫，可是现在次第重新出现了。而影印本也大致完备。虽然其中有过遗失，但是比起宋徽宗在靖康之际，将三馆所储一下子全丢了，还是大可庆幸的，虽然有损失，但绝大部分还在。现在陈缉熙本，有精印单行本，可是三希堂陆继之本，除了这两页有印本之外，还没有看到全本影印出来，估计这全本是能出现的，而且应该是为期不远了。

我的诗说“丛帖三希字万行，继之一石独凋伤”，继之这一块石头凋伤得特别厉害。“恰如急景萧湘馆，赢得诗人吊古忙”，就很像《红楼梦》中的潇湘馆那么短命，我这朋友吊古，看到这个很悲哀。我说这个朋友爱好《红楼梦》，正好就把它比作林黛玉的寿命了。

七十九

昔我全疑帖与碑，怪他毫刃总参差。

但从灯帐观遗影，黑虎牵来大可骑。

这也是答复我那位朋友的一首诗。

我的朋友特别喜欢陆继善拓的《兰亭》，得到三希堂刻本，也惊它的神妙。及至看见影印本二页，我翻照下来给他，他就觉得石刻是失真很多了。但是当时影印的还没有足本，只是两片，要想看到全面，还是得凭三希堂刻本。所以我说，刻本还是不能扔掉。

我对于石刻本，见解也有好几次变化。年轻时，初次见到唐碑，像《醴泉铭》啦，《多宝塔》啦，感觉到它很精妙，可是无从寻找它的运笔起落及转折的方法。后来看见唐朝人墨迹，如敦煌所出，日本所流传，眼界渐渐扩大了，我又看不起石刻了。后来临习得久一点、时间长一点了，我才发现结字的功力比用笔不在以下，就是前边我说过的，赵孟頫说“结字亦须用功”，我说结字首先得用功。字的结构很重要，有时甚于用笔，笔会用了，但用不到地方，也不起作用。所以，有的刻本，虽然笔锋渐渐失真，或者点画有剥落的地方，如果字的间架结构还存在，也就像“千金骏骨”一样宝贵——就像用千金买一个骏马的骨头一样，“并无忝于高台之筑”。这是引用燕昭王花千金买千里马的骨头并为它筑一个高台，最后引来了很多千里马的典故。我觉得碑石虽然拓秃了，笔锋看不着了，它的结构还可以供我们参考，供我们学习，这样的也可宝贵。就把它看作帐中灯下李夫人的影子就是了。我前边也讲过这个典故，说汉武帝有一个妃子，姓李，人死后有方士说能招她的魂来，在帐子里放个灯，照出的影子果然是李夫人的影子。意思是说看笔锋秃了的石刻，如果要是专从结构来吸取它的长处，那就是李夫人的影子，也可以参考。

从前人对于石刻拓本，贵旧贱新，新拓的就觉得不好，也在情理之中。新拓的多半笔画都秃了，或者剥落了。旧拓的还保存刚刚刻得的面目，离碑刻的时间越近，拓本上碑刻面目存在的越多。这样一点一画都讲究，我这多一笔画，你那少一笔画，多一笔画就能多多少钱。而作假也是想尽办法把那一笔补上，把缺的地方补上，这样受欺骗的人也多了，价钱也贵了，花了很多钱，买的是作假的拓本，所以碑帖有“黑老虎之目”——碑帖有人管它叫“黑老虎”，为什么呢？就是说老虎咬人，人一时不留神，就被黑色的老虎咬一口。善于学碑帖的，并不争这个，我们看的是大致结构，不争那一两个笔画。赵松雪说：“昔人得古刻数行，专心学之，便可名世。”这句话确实是懂得这个道理的话。意思是说从前人得到古刻数行，即使是残缺不全的，要紧的是“专心”，用心学它，也可以在社会上有名。他强调的是专心学它，不在古刻全不全，数行也可以，只要专心学，就可以起作用。

我的诗说“昔我全疑帖与碑，怪他毫刃总参差”，我从前怀疑过帖和碑，我怀疑笔毛和刀锋总有不一致的地方，现在我觉得不应太苛求、细求。“但从灯帐观遗影，黑虎牵来大可骑”，既然在帐子里头灯影之下可以看到李夫人遗留的影子，那我们也未尝不可看看黑老虎，把黑老虎牵来骑一骑。我们看的是它的结构，并不是看它的笔锋。

八十

七姬志里血模糊，片石应充抵雀珠。

孤本流传馀罪证，徒留遗恨仲温书。

这首讲《七姬墓志》。

元朝末年，明太祖朱元璋争夺天下，一块打元朝的还有一个张士诚，占据着苏州，江苏省的大半地盘都在他手里，张自称吴王。吴王有个女婿叫潘元绍，张士诚打仗打败了，敌兵逼近他，潘元绍援救他又大败而归。潘家有七个小太太，他把她们同时逼死了，把七个人的尸首烧了，共同埋在一个坟头里，作了一个墓志铭。这个墓志铭是张羽写的文，宋克写的字，卢熊镌刻。到了这时，他还有这个闲情逸致来建这个墓志。这个墓志文实在太无聊了，它开始写："七姬皆良家子"，说这七个妇女都是良家子，以下便称赞这七个妇女"美姿容，识礼义，感主恩，愿同死"等，都加上一个"皆"字。好像这七个人都跟田横五百义士一样，重见于巾帼。七个妇女一同死，其实都是让她们丈夫逼死的。在他笔下，秦穆公的三良，都不如她们慷慨就义，这已经完全是造谣，这七个人是被逼而死。张羽、宋克、卢熊都是当时的大名人。潘元绍杀了他的小太太之后，还有这样的闲暇，让这三个人执笔来写墓志。这三个人老老实实也就给他写。我觉得这三个文人，他们的遭遇，也就跟这七个妇女一块把脖子伸出都被勒死相似。那七个人被勒死，这三个人还得给他写碑文，其差别只是一息之有无，七个是没气了，三个还活着，但是这三个人的下场也很悲惨。张士诚被灭了，朱元璋起来了，凡是在张士诚部下的这些文人，没有一个不被他杀的。"文人生丁乱世，不得不就人刍豢"——文人赶上这种乱世，不得不像马一样被人用草料豢养着。"及其栈厩易主"——就是马棚换了主人，马不定怎样让人给处理掉。"终不能自获令终"——所以这三个人都不得好死。张羽是因为朱元璋让他从家里到南京来，他赶到半路自己跳河淹死了，他知道到了南京朱元璋定要收拾他。只有卢熊我没有细考证是什么下场，反正宋克也是被逼死的。所以都"胁于於皇寺僧以死"，"於皇寺"是朱元璋出家做和尚的地方，朱元璋后来简直到了歇斯底里的程度。

这个墓志原来的石头传本极少，所见只有两个本子。其中一个还出于翻摹。而且真本拓墨模糊，看起来令人堵心，非常别扭。我觉得看这模模糊糊的拓本，就像看到那七个妇女血肉狼藉的情形，我反倒恨世间有这两个本的存在，不如干脆这两本都没有。为什么？因为这是个悲剧，是个恶劣的事。但是"煌煌史册，不诬有几"？历史的书，不诬蔑的有多少？"留此数行，以为殷鉴可乎"？就是这个七姬都是良家子等，把她们勒死还夸奖一番，就如同朱元璋跟潘元绍这样对这些人，潘元绍逼他七个小太太，朱元璋凡是受张士诚招待过的文人都给杀掉，历史上对朱元璋还怎么怎么样。不如真正忠实写，有功有过都写出来的有几个呢？

历史都是后人装点的，所以说留几行字，刻的这墓志铭，可以留做殷鉴。这《七姬墓志》做个反面教材，也就可以了。

我的诗说“七姬志里血模糊”，这个《七姬墓志》里边血肉模糊。“片石应充抵雀珠”，这一块石头应该拿来砸碎了当打麻雀用的小石头，有人拿弹弓子打树上的鸟，拿什么呢，用泥丸子去打，《七姬墓志》的拓本那么宝贵，而我觉得把这个石头敲碎了，拿它打鸟去，可以随便扔掉它。“孤本流传馀罪证”，就只剩下孤本流传了，只剩下罪恶的证据。“徒留遗恨仲温书”，徒然遗留一件恨事，是大伙保存了《七姬墓志》，因为是宋仲温（宋克）写的字，我对《七姬墓志》没有好感。

八十一

黄庭画赞惟糟粕，面目全非点画讹。
希哲雅宜归匍匐，宛然七子学铙歌。

这首说的是祝允明和王宠写的小楷。

《黄庭经》《东方朔画像赞》《乐毅论》等小楷，姑且先不论它是不是王羲之写的，就它摹刻出来的样子，就它点画的形态，久已不是毛笔所写出来的功效了。而经过刻，刻之后屡次拓，又磨去一层，点画已经细了、瘦了，刀刃也不容易回旋，大字的碑还容易刻，小楷拿刀子把它刻出来，笔锋还一一都可以看出真面目，是不容易的。于是粗的地方，深只有半分，而细处就不超过头发丝，捶拓年代久了，石头表面磨掉一层，粗的地方成了很浅的凹处，而细的地方就成了平面。再加上用墨拓，上头再加上蜡，这样就成了笔笔相离开的样子，比如说一个“入”字，一磨磨成“八”字，“十”字也许成了“卜”字，以至于有人以为古代就这样写字。

明朝人少见六朝真正的墨迹。他们错误地向世人宣传在所谓的晋唐小楷里求钟王之意，这些小楷看起来像死人的周身关节，处处散脱。比如葬埋的一具死尸，肉都烂了，就剩下骨头，一块一块地全散了。如果说把这个死尸捡起来，再重新拼出人的形状，再重新埋葬，必定靠专门捡骨的葬师，拿丝絮把它缀连起来，人形才能看出来。看祝允明的小楷，就像散脱的死尸的骨头，常常使人看着心里不舒服。王雅宜（王宠）病了，卧在床上，拿手还在被窝上画，他说：我要能“与希哲狎主齐盟”就好了。什么叫狎主，就是可以跟他共同做头目的人，可与他相媲美，共结同盟的人。言下之意即能成为与祝允明平行的书法家我就满意了。这很可怜，祝允明到死也没有看见过晋唐人真正的墨迹，写出来都像散了架的、死人的骨头一样的字，这不是很可怜么？

汉乐府《铙歌》里头声词混乱，“呀呼咳”的表声词和真正的文词混在一起，以至于看《铙歌》不知说的是什么。明朝“盲于佞古”——盲从地闭上眼睛瞎摸，又专门迷信古人，竟加以仿效。“石刻模糊，书家亦囫囵临写。”明朝人也有仿效汉朝《铙歌》的，把那些没讲的衬字，也照样模仿，非常可笑。明朝人作诗，模仿汉《铙歌》，明朝人写字，模仿那秃了的笔画和残缺了的小楷帖，这是风气所关，诗和书没有两样。

我的诗说“黄庭画赞惟糟粕，面目全非点画讹”，《黄庭经》《东方朔画像赞》只剩下糟粕，没有本来面目了。“希哲雅宜归匍匐”，祝希哲、王雅宜最后归于盲目地崇拜。古人有邯郸学步的成语，据说邯郸有一个人学别人迈步走，结果不但没学会，连自己原来怎样走都忘了，于是只好爬着走了。祝允明、王宠学这些刻坏了的《黄庭经》等文，就像邯郸学步没学好满地爬着走一样。“宛然七子学铙歌”——他们这种晋唐小楷，宛然像明朝前后七子（有前七子后七子）专门学汉朝人《铙歌》一样。

八十二

无今无古任天真，举重如轻笔绝尘。
何事六如常耿耿，功名傀儡下场人。

这首诗讲唐寅。

明代人写的字，到了明代中期，“旌旗始变”。因为最初二沈——沈度、沈粲，还有台阁的那些大官，循规蹈矩，没有什么新的意境。

祝允明出来，继承徐有贞、李应祯的风气，稍微超出一点旧范围，但是祝允明没有成自己的体段。就是上首所说，他的小楷死学《黄庭经》《乐毅论》，找不到准风格。文徵明对于书法有见识也有操守，他不肯轻易随着别人路子走，“功力深而年寿富”，他活到九十岁，可以独立书坛，几乎可和赵子昂媲美。“其天资人力，如五雀六燕。”“五雀六燕”语出《九章算术·方程》，意为五只雀与六只燕重量相等，后用以比喻两者轻重相等。文徵明很严格，很有功夫，也有天才。

和文徵明、祝允明同时间的，还有唐寅。“以不世之姿，丁弥天之厄”，是讲唐寅的才能不是随时都能有的，他曾遇到一个很大的打击：他在南京考中了解元，又到京城来应考，后来就有人说，他与考官有不正当的来往如何如何，就把他给开除了。在科举时代，文人科举的路子一堵塞了，他就一切事情都不能够有所发展。这样“抑塞磊落，雄才莫骋”——情绪被压制，胸襟就不痛快，雄大的才能也就不能施展，这样他就发挥到笔墨上了。“俱见跅弛不羁之致”——他的书法看得出他放荡不羁随随便便的性格。他的字，往上说像李北海，往近说像赵孟頫，可是他好像又没有用过多大的功，很自然地就写出那样漂亮的字。“以运斤成风之笔，旋转于左规右矩之中。”是形容他写字的才华：说古代有一个人，在另一个人鼻子上抹上一块白灰，他拿着斧子抡起来，抡得像风那么快，往鼻子上一砍，可巧把白灰砍掉，而鼻子的肉皮一点没伤，说明这个人手段非常精熟，旋转起来很灵活，并不离开规矩。“力不出于鼓努，格不待于准绳”——看起来他不怎么使力来写，可是他的规矩总不离准绳。所以他写字是很自然的，又随便的，看不见他怎么用力，却能显示出他在一定的范围之内灵活自然的情况，并看不出他只硬模拟古代某一家的线索。可惜他的笔墨流传得不多，也没有看见他临的哪个人的法书。明朝一般的书法家临古帖的还是很多，可没看见他临谁的法书。可见他的天赋，诚然有一般的贤者所不可及的地方。

科名的得失，对于六如（唐寅）有何所损益呢？其实这句话只是我现在说风凉话。真正在明清的时候，一个人在科举里失败了，特别是当能够取得高等名次，而忽然一下说这里有弊病，给革除了，这样他一辈子就没有什么出路了。我的意思是唐六如的心胸应该宽广得多，应该想得开。而“南京解元”这四个字，屡次看见在画上高高地打上这个图章。名场失败了，他屡次在诗文里说“功名傀儡下场人”，“傀儡下场”是自嘲的句子，也很可叹。

我的诗说“无今无古任天真，举重如轻笔绝尘”，他好像毫不费力地就写出字来了，笔法轻快的、灵活的就像快马跑起来连尘土都不沾一样。“何事六如常耿耿”，为什么唐六如常常耿耿于怀呢？“功名傀儡下场人”，他这句诗就是他耿耿于怀的原因。

八十三

憨山清后破山明，五百年来见几曾。

笔法晋唐原莫二，当机文董不如僧。

这是讲两个高僧，都是书法家，写得特别好。第一个叫憨山德清，第二个叫破山海明。和尚一般把他排行的字常常不提，憨山德清，就写憨山清，破山海明就写破山明。

我的先师励耘老人，就是陈垣先生，每每教导我说，写字宜于多看和尚的字，因为他无须应科举，应科举要一个字一个字规规矩矩地写考卷。和尚不需要应付科举，所以他就不受馆阁字体的拘束，有一种疏散的气息。并且“袍袖宽博，不容腕臂贴案”。他袍袖是宽的，我们看和尚写字，他左手拢住右手的袍袖，这样就容不得腕贴在纸上写，所以常常是悬着笔，直着往下写，这样就富有提和按的力量。我后来阅读浏览法书多了，对于唐朝人的笔趣认识理解也深一点，才知道老师说过的话，对和尚写的字，提着笔就直接悬空写下去这个道理就越发悟解了。这个地方我必须加个解释：所谓的悬空写，并不是越悬空越好，以此为能，耍杂技，有人拿着笔杆的头，甚至于接长了笔杆，把笔管接出几节去，既像个手杖，又像个吸旱烟的烟袋那么长，手捏着笔杆头，离桌子三尺远来写，这就毫无必要了。所谓悬笔，也是相对讲。比如说和尚袍袖覆着纸，用左手拢起右手袍袖来写，是离开一点纸的意思，并不是悬多高。离也不是绝对离开，就是灵活，手腕子不死贴在纸上，有人误解了，在书法上并没有什么益处。

“明世佛子”，就是指明代和尚，他们中有不少精通外学的。什么叫外学呢？和尚管佛经、佛典、佛书叫内学，佛书以外的，比如写字、作诗、作文等修饰佛法的，都叫外学。至于外学中八法这一种，即在书法这一门里头，我在明朝和尚里就推尊憨山德清和破山海明这两位老人。憨山德清悬笔作圣教序体，他的传世之迹，也以盈寸的行书为多。看他的行笔，“每有摇曳不稳处”，这正是“袍袖宽博，腕不贴案”所致。而“疏宕之处，备饶逸趣”——更富有超逸的趣味。破山海明多作大行草的字，往往一个单条里头就写两句诗。我也看见过破山海明大张的字，可是一般的一个单条写两句话的居多。他不以顿挫为工，随手写下来，不作特别姿媚的形势，而他字的高明，他的字的趋势、笔势也正表现在其中。“冥心任笔”——没有得失的心，拿起笔来就写，任笔很自然，看起来无心在写，却有十分刻意求好、刻意求工的人达不到的地方。我从前得到破山一幅字，上写：“雪晴斜月浸檐冷，梅影一枝窗上来。”这么两句不晓得是谁的诗，我买到后给陈老师了。后来得到憨山德清书《苦雨》五律四首一卷，可惜那时陈老师已经不在世了。所以到现在我还特别喜欢明朝和尚写的字，实在是受老师的指点。

八十四

钟王逐鹿定何如，此是人间未见书。
异代会心吾不忝，参天两地一朱驴。

这首诗讲八大山人书法。

八大山人早年的字，完全学董香光，他的画也有临董香光的。他四十多岁自题小像的字，可以看出完全是董香光体。后来“取精用宏”，他学得多了，胆识没有不过人的地方，所以“挥洒纵横，沉雄郁勃”，沉着雄伟，“郁勃”，形容勃然兴起，反弹的力量很大。我自己的嘴太窄，说不明白他的道理，我没有法子仰首赞美他，我赞美不了他，我对八大山人实在是佩服。

大致算起来，他署款“传綮”时（他出家后法名传綮），已经渐渐出了方笔。方不仅是笔画方，结体也方。为什么？我们可以理解，他是要破除早年学董其昌的那个习气。到后来署款“八大山人”四个字时，也有时常作方笔的，比如这个“八”字，他就写两个拐弯对称，一个往左拐，一个往右拐，不但字方，他画的花头、树叶，乃至鸟的眼睛、兔子的身体都是方棱的，看着非常可笑。鸟眼睛几时有方的？兔子的身体哪有那么方的呢？因为他的胸襟里头想要表达的只有在棱角中可以看出来，他故意的、有意识的在那里起哄，在那里开玩笑。再后来“渐老渐圆”，年龄老了就圆融了。就学习李泰和（李北海）的机趣，就是李北海那种机锋，那种趣味，并时时流露在他的作品中。“而大巧寓于大拙之中”，是说他是十分巧妙的，可写出来让人看见觉得很拙笨。恐怕李邕看见八大山人的字，他也应该爽然自失，李邕“能逮其巧，不能逮其拙”，就是说李邕看见八大山人的字，他自己能够感觉到，能够跟他巧妙的地方相合，而八大山人那种拙的地方，恐怕李邕是得不到的。

世事迁流，整个历史、社会一切都在变化，写字的风气也是一层挨一层，一时挨一时在变化。晚明大手笔，确实常见有石破天惊的作品。但是必定得“大声镗鞳”——发出撞击的声音才行，都得大声嚷出来，大喝一声，才能振聋发聩，才能看出他石破天惊的、雄伟的气派。这就不如八大山人“按指发光”——手指头按一指就能发出光来，这都是佛家的比喻，这是明朝末年别的书法家所很难做到的。古人说“嬉笑之怒，甚于裂眦”——不吹胡子瞪眼睛来表示生气，而在嬉笑之中来表示生气，这比裂了眼角还都要厉害。古人又说“长歌之哀，过于痛哭。”大声的喝一声，比痛哭更悲哀。八大山人的书法就有这样的境界。

八大山人署名，每每写“驴”或者“屋驴”，这句话也不懂怎么讲。大概是他落发当了和尚，剃了头，是否自己嘲笑自己是秃驴，这种也很难说。我们看见他亲自落款，写一个“驴”字的有，写“屋驴”的也有，他的图章有四个字，“驴屋人屋”，驴子的屋子也是人的屋子，怎么讲？可从来没有看见过他自署名字“耷”的。这个字古代有，当垂下来的意思，那是古字，后人很少用。我们现在看八大山人的作品不算不多，也不算不全面，各个时期的字也可以看得出来，从来没有看见过他自己写“奞”这个字的。后来我明白了，这个字就是明朝末年驴字的俗体。驴不是耳朵大嘛？“奞”就是大耳，是俗字，与古文的奞字一点关系也没有。正如同《西游记》里孙悟空骂猪八戒为夯汉，大字下边写个力量的力字，这个字现在叫夯，什么叫夯汉呢，后来明白了就是笨汉，孙悟空骂猪八戒笨汉，这跟夯土的夯没有关系。作画史传记的人，不忍直接写马字旁的驴，而用奞代替驴字。这有两个证据，比如像我们看见过乾隆时代抄本的批脂砚斋《红楼梦》，这里头也有笨字，他不写草头一个本字，他写本，这就是笨。还有写悝，在抄本《红楼梦》里当埋怨的埋。土字边一个里字，这都是临时民间俗体字。我对于八大山人传记里写的奞是这么解释的。

我的诗说“钟王逐鹿定何如”，钟王指钟繇和王羲之，他们在中原逐鹿，看这书法天下究竟属谁，八大山人跟钟王争，这三个人指不定谁输。“此是人间未见书”，我认为这是人间没有看见过的书法。“异代会心吾不忝”，时代不同了，他是清初的，我生在他几乎三百年后，虽异代可是会心，我心里理解他、明白他的意思，如果说是会心人，我应不以为忝，感到并无愧色。“参天两地一朱驴”，这个话本来是唐朝人歌颂孔子的，说孔子有参天的人格，他站在地上是两层的地，说孔子是一层地，真正土又是一层地，就是上头顶天，下头立地的意思，我说八大山人够得上参天两地的书法豪杰了。

八十五

破阵声威四海闻，敢移旧句策殊勋。

王侯笔力能扛鼎，五百年来无此君。

这一首是讲王铎的。

从前人用“雄强”二字评王右军（王羲之）的字，而王右军又被韩愈讥讽说：“羲之俗书趁姿媚”，其实雄强也不是剑拔弩张才叫雄强，而姿媚也不是“龋齿慵妆”才叫姿媚。有的妇女拿手老捂着嘴，好像牙痛，得了龋齿；慵妆，就是懒得梳头发，都垂下来，这是妇女特殊的一种姿态。我说真正的雄强，毕竟不是剑拔弩张、吹胡子瞪眼，姿媚也不是“龋齿慵妆”这种情形。拿从前人说王羲之雄强和唐朝人说他姿媚合起来看，我们就明白了。“右军往矣，宗风所振，后世书人，得其一体，即足成家”。王右军自成宗派，并将这种风格振作起来，后世的人，能得到他的一种体派就可以成为名家。我们实际看一看，就能发现能得其姿媚的多，能得其雄强的少。

明季书法学问，学阁帖这一派又重新兴起。大部分都是振笔疾书，直接痛痛快快地写，精神是奋发而超越的。将近五十年前，我们的一个老先生叫塔式古，名叫塔齐贤，这是一个满语的译音，字式古，也是我们的一位老伯，曾经教导我，说是明朝人的用笔有所向无前的趋势，这句话我至今记得很牢，这可以说一语道破。我们只要看明朝末年那些人的字，像倪元璐、黄道周、张瑞图、傅山、王铎等等，这些人被后人批评，有认为某个人人品不好的，像倪元璐、黄道周，倪元璐是自杀的，黄道周是跟清朝打仗时被杀的，王铎是降了清朝的，这都关系到他的人品。这里头我们姑且不论他们的平生，我们看这些人的书法流派，真是有所向无前的意思。如果论字，字字都有来历，笔势又极奔腾，这应当首推王铎。他好比大将用兵，虽临敌万人，但他的旌旗一点不紊乱，指挥很有秩序。他所写的小楷字，细若蝇头。行草巨幅，随便就长过一丈多，张幅越大，写起来越痛快。这诚然可以说书法的才和书法的学兼而有之。如果以排兵布阵来比喻用笔，他可称“一世之雄也”。我自己家里有一张一丈一尺长的大幅，这里写了三行字，我的屋里挂不下，挂起底下得卷起一块来，那实在是写得好，就跟随便在桌子上写个小条纸一样，可见王铎的本领真大。我的一个朋友手里有一个方块纸，就是一个册页的一开，写得密密麻麻的小字，都是王铎的诗稿，小字也是每个字、每一笔都那么精细，那么活动不呆板。

我的诗说“王侯笔力能扛鼎，五百年来无此君”，这是倪云林题王黄鹤（王蒙）的画的诗句。说王的笔力能“扛鼎”，铜鼎很沉，而王黄鹤的笔力可以把鼎举起来，五百年来没有见过这样的人。我想拿倪云林题王黄鹤画的句子，来移赠给王铎，所以说“破阵声威四海闻，敢移旧句策殊勋”。敌人摆出阵势来了，我方也摆出阵势来了，一声令下，就把敌人的战阵给打破了，这样的勇气和威力四海都听得见，我大胆地借来倪云林的旧句来奖励王铎的特殊的功勋。王黄鹤姓王，可巧王铎也姓王，我就说“王侯笔力能扛鼎，五百年来无此君”。把倪云林的诗句给抄上了，这是我对王铎的看法。

八十六

头面顶礼南田翁，画家字说殊不公。
千金宝刀十五女，极妍尽利将无同。

南田翁恽寿平，名恽格，号寿平，他平常都写恽寿平。

“生丁桑海之际”，他生逢明清换代之际。恽寿平小时曾被清军掳过去，主将很喜欢，就想收养他。到了杭州一庙里，有个和尚知道他是谁的孩子，就对主帅说，这个孩子，你们行军带着有许多困难，就放在我这儿出家，给我当徒弟得了。由于和尚的努力才把他交给他父亲。“崎岖戎马之郊”，到长大一点，他就在兵荒马乱的环境中来回逃跑。“事迹谱于传奇，节概标于信史。”他的事迹有人写成一出剧本，他的节概，也在历史上标出自己的地位。大家觉得这个人很艰苦，也很有操守。“一水一石，巍并西山；一草一花，香齐薇蕨”。西山指的是伯夷、叔齐，武王灭殷后，他们“不食周粟”“采薇而食”最后饿死在首阳山，也称西山。恽寿平画的水石显得很高洁，就如同伯夷、叔齐在首阳山一样。恽寿平画的一草一花，它的香味都和伯夷、叔齐“采薇而食”一样。“数艺苑畸人于明末清初，惟八大山人与南田翁而已”。“畸人”就是真正特殊的隐匿之士。在明末清初之间，艺苑中堪称“畸人”的只有两个，一个是八大山人，一个是南田翁。当时隐居不出来的人很多，我们这里专说的是书画方面的人。

南田翁的画，大家都认为他的写生有很高的造诣，能“攫造化之魂”——能抓住造化的魂魄。他也推崇徐熙、黄荃、赵昌等等，这些都是北宋初年的大手笔，流传的真迹很少很少。明末清初人所见到的名画，我们现在差不多还可以看见，有的记载中还有。可是，我们看明末清初的记载中，真正的徐熙、黄荃、赵昌就很少很少，几乎没有，就是有也是假的。南田翁的画都是对着原花儿来写照，包括他画的菊花、荷花都如此。他的信札里写，有个朋友家里的一棵树上有樱桃，他就约定时间拿着笔到那儿画樱桃去，可巧，赶上一场雨，雨一淋，樱桃都掉了。这说明他就是直接对花木来写生的。题款故意写上学宋朝人某某名家，这不过为掩俗人的口，当时人必定要以为你学的是某人，才算有本事。他的书法，实在就是学他的父亲，只是比他的父亲“略加秀丽风韵”而已。虞、褚、黄、米各家他都学过、临过。他能“取精用宏”，对古代名家的精华，他没有不吸收的，都作他熔炉中的资料。他好像能化铁、能化金一样。“所谓六经皆我注脚”，是说一个人有大的学问、高明的品行，好像古代圣人的六经都在给我作注脚，我所作的都合乎六经。恽南田学古人，事实上古人不过给他作注脚就是了，这也是我有意识的、特殊的、恭敬的对南田翁的说法。

流传他题画的稿本有几大册，里面“片语只词，胥先起草”。一个画上题四个字，哪年哪月，给谁写，他自己都在稿本上先写一个位置，然后才往画上写。这个草稿，是横写，是竖写，是长，是短，每一笔、每个字都有安排。这几大本，很可宝贵。这使我想起了阮籍（阮步兵），他“脱略礼法”，整天喝酒，喝醉了也不管礼法，当时有这样的话：“礼法岂是为我辈设的。”他不拘世俗的礼节，生活很随便。因为晋朝那时非常的乱，他就故意装醉，来逃避政治的许多纠缠。阮籍的“脱略礼法”，正可看出他是最谨慎的人，他可借此躲过那些纠缠，只装作疯疯癫癫的，或者是喝醉了来自我隐蔽。而南田翁的字，我们都看见他是秀丽一派，不知他实在是“大道至柔，得致婴儿之道也”这个道理。老子说：“大道至柔。”老子道家的修炼，不是神仙的修炼，而是修持自己的行为、性格，要达到最柔和。一切绝不用暴力，不主张暴力，不主张硬的行为。相传道家有这话：问别人我舌头怎么样？我牙又怎么样？牙都掉了，可舌头还在。为什么呢？因为牙是硬的，所以它掉了，舌头是最柔软的，所以还有，这也是道家在乱世中求得苟全的一种办法。又说“专气至柔，能婴儿乎”？说人要能像一个婴儿一样，就是完全没有什么特殊的要求，也没有什么争夺的事情。我认为恽南田的字，表面上很秀美，事实上它里面有大道至柔能到婴儿的道理。

我常听见有人评论恽南田的字，说那是画家的字，好像恽南田的字只配在画上题，成为丹青的附庸。他不是会画吗？他画上题的字只是画的附属品。我就曾经与朋友辩论，说不能这么看。古乐府有首“千金买宝刀，悬著中梁柱。一日三摩挲，剧于十五女”的诗。这首诗很有意思，他说，我千金买口宝刀，把它挂在我屋的梁柱之上，每天要拿起看，还要摸一摸。我爱惜这一宝刀，胜过爱惜一个十五岁的少女，觉得这一宝刀比女子还要美，还可爱。试看这个英雄、这个武士，是如何爱惜自己的宝刀。我认为恽南田懂得这个道理。我觉得恽南田的字，看起来像一个年轻的女子那么美，而事实上，他正像千金的宝刀一样，要懂得这个道理，才足以看恽南田的字，也才足以来论恽南田的字。

我的诗说“头面顶礼南田翁”，“头面顶礼”这是佛家说的，头面都要伏在地下，来给佛磕头，表示对佛的最尊敬。我要头面顶礼，伏在地下，头顶地给南田翁磕头。“画家字说殊不公”，说他是画家字，这个说法非常不公平。“千金宝刀十五女”一方面是锋利的、坚硬的、价值千金的宝刀，一方面又是十五岁妙龄的少女，一个是极妍——最漂亮的，一个是尽利——最锋利的，“将无同”——这个恐怕是相同吧？晋朝人在《世说新语》中两次说到“将无同”这个词，什么是“将无同”？大家解释的很多。事实“将”就是“刚”，古字“将”的读音就是“刚”，“无”就是什么，我们现在北方还有这话。有人问谢安，说老子的道理和儒家的道理究竟同不同，反正都是劝人为善的，儒家也没有劝人作恶。所以他说

“将无同”——估计同吧，他显然不能肯定。我认为“极妍尽利”这两件事本是矛盾的，不相容的，但在恽南田书法面前，这两件事估计应该是相同的，他的书法具有极漂亮的一面，又有极锋利锐利的一面。

八十七

耕烟画笔天瓶字，格熟功深作祖师。

更有文风同此调，望溪八股阮亭诗。

这首说的是王翚的画，还有张照的字。

“取金于沙”——把一大堆沙子炼出金子，得三弃七，一斤沙子中，要能得三两黄金就很不容易了。然后把炼出来的金子捶打得像纸那样薄，再研得如同泥一样柔，然后“布地装门”，不管贴在什么地方作装饰，“入眼莫非金色”，这是第一道用途。“刮而称之，或不足三中之一”，再把它刮下来称一称，也许还不够三分之一。这可以比喻艺术的事。

第一代还是刚炼得的金，锤成的金箔，装饰出贴金的建筑物，那是金碧辉煌的，很好看。到第二代，就是把它刮下来，再做一次用途，那就很难说了。一个人创出某一种流派来，一传再传，原来的成色、原来的优点越来越少。

清初的书法，在康熙、雍正时期，最初崇尚董其昌派，这是沿袭晚明的理论。晚明人，推崇董其昌的字很厉害。张照是董其昌同乡后辈，他又不完全学董，他从颜字、米字定了他的基础，然后再润泽上一些赵孟頫和董其昌的味道，就成了乾隆一朝官样的字体，被称为南书房体。那个时候，政治上是兴旺的，钱财也是很丰盛的，发展到文艺方面，以四平八稳为贵。现成的方法里，又必微微存在一些变化的地方，这才不被人看作印版、排算。古代的算，不是算盘珠，而是一个个的棍，把这棍儿排出来，叫算筹。所以说不要像印版、排算。当时的南书房体，即前期的馆阁体，就是一定现成的方法，现成的套子，而里头又有一定的变化，并不是像排列算筹一样的死模样。但这种变化，又依托于繁规缛矩之中。齐民，就是一般的平民老百姓，看起来这个字很灵活，而帝王看起来很规矩，很驯顺，很精神，心里明白，这是完全根据我的要求写出来的。这就好像刮出来的黄金：从金砂矿里提炼出来的是三分之一金子，用了一次刮下来，又是第一次的三分之一，最初的黄金就不足九分之一。比之于书法，这时的南书房体经过两次变动，比起古代真正的书法艺术，也就仅剩九分之一了。这完全是个比喻，并没有人真正去量一量。

“姑冒枝蔓之嫌”，我姑且冒犯说些离开本题的话，说些写字之外的事情，兼论其他艺术，像王翚的画，他的笔力可以同庖丁的刀刃（庖丁解牛，是庄子的寓言），没有他割不开的。“山川气象，无复全牛”，他画的山川的景致，到他手里没有一点难的，完全可以画出真正山川的特点来。但是每看摹写古人的画册，常常给他加上效仿董其昌那种不合画理的画。比如，最有意思的是董其昌画的水平线、地平线，他坐在那儿，画上边时看不见底下，上边一个歪的角度，下面又是一个角度，不是一个水平。真正的景致，难道江水在上游左边高，下游右边高？不管到什么时候，河流是在一个水平上。而董其昌“全乖画理”，还有人替董其昌作解嘲的话，说他笔墨好。风景画出来，人头朝下行吗？天下的树底下粗上头细，把它画成底下细上头粗，行吗？王翚的本事，不知比董其昌要大多少，但是他总还有一两张画模拟各家，他还要模拟董其昌完全不合画理的作品，这完全是迫于俗论。当时皇帝都学董其昌的字，谁还敢说董其昌不好呢？这并不是尊重董其昌，而是尊重学董其昌的人。“虽摄取山灵的笔”，就像王翚的笔本能够摄取山川精神，“亦俱入砖型瓦墼之中”，现在也都像按照做砖瓦的模子烧出来一样变成死板僵硬、了无生气了。王翚本领那么大，他都得纳入砖瓦的模型，甚至要学董其昌那歪歪扭扭的画理。还可以再推演到诗文。方苞的古文，成为“化妆八股”，他是用八股的文体来写古文。而王士禛的诗歌，有如傀儡戏中的生旦，生旦角色都是木偶人，这个道理不难推论出来。

我的诗说“耕烟画笔天瓶字”，耕烟就是王翚，天瓶是张照的字。“格熟功深作祖师”，他们的风格是熟练的，功力是很深的，可作祖师。其实王耕烟的画和张照的字，经一传再传也就变了质。“更有文风同此调”，是说文章的风气、文学的风气也跟这一样。“望溪八股阮亭诗”，方苞的八股文、阮亭的诗，都和这属于一个道理。为什么不说方苞的古文呢？因为方苞的文章就是用八股写的。八股文到底有什么道理？我另有一篇专门文章叫《说八股》可以参考，这里就不详说了。

八十八

坦白胸襟品最高，神寒骨重墨萧寥。

朱文印小人千古，二十年前旧板桥。

这诗讲的是郑板桥。

二百几十年来，人不论是男是女，年龄不论是老是幼，地方不论是南是北，到今天推而广之，国家也不论是东方的国家还是西方的国家，只要研究中国艺术的，可以说没有不知道郑板桥先生名望的。如果说一个研究艺术的人，而连郑板桥的名字都不知道，那实在是不可思议的事。先生写的字，结体精严，笔力凝重，而运用自如出于自然，点画从不矫揉造作。用平视的、平等的眼光——既不藐视其他人，也不盲目崇拜其他人，来看待他同时代名家，“未见骨重神寒如先生者”，这里“骨重”形容他骨气坚挺；“神寒”是形容他神气凝重。这都是比喻，形容他艺术品格的稳重和深厚。

当他休官卖画，以游戏的笔墨，来赚取扬州一带盐商的金钱时，他的书法就杂以古篆隶的笔法。你们不是要古吗，要奇特吗？我就给你写这么几笔带有古意的篆字或隶字，“甚至谐称六分半书”。大家知道汉隶又称八分书，他自己说“我八分不够，我只有六分半”。是打了折扣的八分书，这是开玩笑的话。世上的人，有的人就要考证，郑板桥讲六分半书，剩下那一分半是什么呢？这种算账法，实在是很可笑的，这是甘心受古人的欺侮、玩弄而不自知。

郑板桥先生名气高，有人说他是以书画得名，或者说他以诗文得名，或者说他以循绩得名。因为他做过两任知县，很有政绩。我以为都是，也都不是。为什么？他的书画确实很高明，他的诗文也确实很高明，他做官的成绩也是很高明。我认为他这个是“秉刚正之性，而出以柔逊之行”。怎么刚正？并不是吹胡子瞪眼睛，才叫刚正，他有正义感，是非分明，这就叫刚正。但他又很谦虚，并不跟人家那么严格的计较。胸中没有不可对人说的话，口中没有不可对人说的事，笔下没有写出来让人不懂的词句，这才能独绝今古。我认为郑板桥的特点，就在这个地方。人是正义感强，行为也并不欺侮人，自己是温柔谦逊的，这是多么高明，所以说他的名声来自诗、画、书、文，俱是又俱非，他的成就是来自多方面的，包括他的品格。我的理论是从这儿来的。

先生常取刘宾客（唐朝的刘禹锡）《杨柳枝》的诗句刻一个小印，有人又考证这是白居易的诗，我们不管了，反正有这么一句唐诗，叫“二十年前旧板桥”。他在年轻没有考中进士的时候，家乡的扬州人都看不起他。他后来一下中了进士了，也有了名气了，大伙又都重视他了。他自己呢？就刻了这样一个图章。唐朝人的诗大意说：我在那儿看见一个木头桥，是二十年前的旧板桥，从前有美人在桥上走过的时候，我还记得，可是现在美人不知道哪儿去了，就剩下板桥了。这是唐朝人凭吊旧的古迹的诗。他刻这图章就断章取义了，说我就是二十年前的那个郑板桥，意思是我还是我，可是现在大家对我另眼看待了。刻这个小印多么委婉，一点不是说我现在怎么怎么样，对从前看不起自己的人应该如何报复，而是很委婉地说。

韩信年轻的时候，在淮阴地方有个恶少，说：你能从我的胯下爬过去么？韩信就趴在地上，从恶少的胯下爬过去了。大伙都说，韩信这个人当时很英雄，怎么会受辱于淮阴的少年呢？赶到韩信阔起来了，做了齐王，到淮阴去他又找那个少年，那个少年害怕了，以为他要报复了，他反倒赏赐少年一笔钱，说你那时要不是这样欺侮我，我也不会发奋努力到今天这个成就。

李广情况就不同了，他从前做到将军的职务，突然下台了。一次他走过灞陵，想在那里借宿一晚上。那里的亭长喝醉了，就问：你是谁呀？他答：前将军（前任的将军）。亭长说：现任的将军你也不能犯夜！就把他扣起来了。古代黑夜不让走路，因为照明不好，怕干坏事。犯夜就是违犯戒严的意思，这样李广就受了气。后来汉武帝又特别起用李广，让他到右北平带兵打仗。皇帝问他，你还需要什么，他说不要什么，就要灞陵的那个亭长某某人。汉武帝说这好办，就把那个亭长调给他，他就把那个亭长杀了。韩信是那样对待从前侮辱他的人，李广是这样对待从前侮辱他的人。项羽呢？又不同了，项羽说富贵不归故乡，如同衣锦夜行，意思是说做了大官好比穿上锦绣的衣服，半夜里回到家乡。锦绣的衣裳半夜里谁看呢？自己阔了，自己成功了就应该回到故乡炫耀炫耀，让故乡父老知道我有什么成绩，就像穿着锦绣的礼服，一定要在白天走路，这才能炫耀给人看。这是三个类型，韩信是赏赐那个侮辱过自己的人，李广是杀掉那个侮辱过自己的人，项羽是比喻阔了得给故乡父老看看。这三种人都是从前不得意后来得意的人，都不如像郑板桥打这个小图章时候的心情，这个小图章打上的时候，就是“躁释矜平”的时候——浮躁的心情都化解没了，矜夸的情绪也都平和下来了。这个小图章是长方的小图章。

我的诗说“坦白胸襟品最高”，郑板桥的胸襟是坦率的、是纯洁的，品格最高。“神寒骨重墨萧寥”，神气是寒的，骨气是重的，笔墨是萧寥的，郑板桥的画没有见过设色的。“朱文印小人千古”，他的印不大，人已千古了。这个印是什么呢？“二十年前旧板桥”，这可以定郑板桥的一生，多么含蓄，多么委婉。

八十九

持将血泪报春晖，文伯经师世所稀。

禊帖卷中瞻墨迹，瓣香应许我归依。

我，启功，一周岁的时候，父亲就死了，“先母抚孤，备尝艰苦”。我小的时候，虽然也随分子入小学、入中学念过书，但生性鲁钝，天资笨拙，半不及格。十六七岁的时候，始受教于吴县戴绥之老师，他是福州人，我从戴老师那儿听到，江都汪中（汪容甫）先生的学问。不久，在某年新年的时候，在琉璃厂厂甸的书摊上，花一块银元，买得汪先生的著作《述学》二册，归而读之。里面那些研经考史之作，大半不能句读——连如何断句都不会，可最爱他的骈俪的文章。当我念到他给他的同族兄弟叫汪剑潭的信时，我就不由得“泪涔涔滴纸上”。为什么呢？因为汪剑潭记载过他的母亲如何的艰苦，如何把汪剑潭养大了。汪中先生也是这样，他父亲早死了，他母亲就带着他，过着几乎就等于讨饭一样的生活，到冬天冷，夜里不知道能不能活到明天，熬到看见太阳出来了，他就欣然庆贺又活了一天，艰苦到这份上。他母亲带着他和他妹妹过得就是这样的艰苦的日子。我自己看汪中给汪剑潭的这封信，就想到自己也是早年丧父，母亲极其艰苦地抚养我长大，怎么能不“泪涔涔滴纸上”呢？相比之下，觉得像《琴台铭》《黄鹤楼铭》这些篇章又不足见他至性过人的地方。

我最初在《述学》里头，看见有定武《兰亭序》跋，不觉为之神往，就觉得这定武《兰亭序》好。后来看见扬州的翻刻本，知道原卷子里头只有先生手写的跋尾两条，其余那些条，都是赵晋斋根据《述学》的文章补抄上的。后来得到汪容甫先生《兰亭序》帖的影印本，帖的前头有丁以诚画的先生小像，戴斗笠，留着一点胡子，手捻着下边一点胡须，胖胖的一个老头儿，是四十几岁的像，神态如生。跋尾的墨迹，淋漓顿挫，也绝不是石刻本所能完全表达的。

先生宝爱《兰亭序》，但是得帖的时候已经四十二岁，得《兰亭序》以前熏习的书法艺术很多是学怀仁《圣教序》的。我平生鉴阅书画不为不多，而所见先生的墨迹，连上印本计算，不过五、六件东西，反倒觉得《兰亭序》比汪中先生的笔墨容易得。我对汪中先生的像、字觉得很宝贵，《兰亭序》那个刻本细看起来实在是宋朝人翻刻的，不是定武的原始本，这我们就不谈了。

我的诗说“持将血泪报春晖”，“慈母手中线，游子身上衣。谁言寸草心，报得三春晖”。他拿自己的血泪，报答母亲的恩德。“文伯经师世所稀”，他是文章的大家，又是经师，研究经书的大师，又是文章、德学的最高师表，这实在是世上稀有的。“禊帖卷中瞻墨迹”，在禊帖这个册子中我瞻仰了他的墨迹。“瓣香应许我归依”，我烧一瓣香，他应该允许我归依他。归依，即向他礼拜，这是我对于汪中一种崇敬的心情，正如郑板桥先生也是我敬佩的一样。

九十

高邮之后有番禺，安雅终推学者书。

一代翁刘空作态，几经鸣鼓召吾徒。

这首讲的是王念孙、陈澧。

王念孙字怀祖，扬州府高邮人，清代的大学者。陈澧字兰甫，广东番禺人。

乾隆的学者，有大工力于书法的，应该推钱竹汀先生。但他“控笔略失于重”，隶书更不免有钝滞的情况。戴东原（戴震）先生的字，我曾经看见过他的殿试策，还有手札、手稿，似乎并没有借书法传世的思想，写得很好。但是从没见过戴东原给谁写过对联、条幅、扇子。还有朱笥河（朱筠）先生，好做隶古定体，就是用楷书的笔道写古体字，比如一个雷字，有雨字头，这个雨字我们现在一边写两个点，而古文可以写好些个点；下面的田字，可以写三个、四个之多，这叫隶古定体。他自己手写的《华山碑》的跋尾就是这一种体。其他随笔挥洒的书札、楹联，没有一点馆阁的习气，只是所传的特别少。我有一个朋友，得到朱笥河先生的真迹，是副对联，这个朋友临死之前把它送给我了，这是个很值得纪念的东西。

高邮王怀祖先生的手稿，还有信札，所见的很多，他“无意于书”——不是要把字写得多么好看，可是天真、平易、自然，生平学问修养都见于点画之间，这诚然是学者的笔墨。

较后就推番禺陈兰甫先生的字。翁正三（就是翁方纲）曾经做过广东学政，陈在翁方纲之后。翁方纲在广东影响很久，陈兰甫先生就不免间接地染上他的余习，可是他能融合欧（阳询）米（元章），不但能成自家的面目，也可以看出他的性情。他所做的书札，都娓娓论学，不矜持，不懈怠，首尾千百言，跟人谈学问的信，都很有意义。从前人论师道，有言教，有身教，我觉得看学人的笔墨书法都可以教导我们。

当时的名家，“成王以爵重，可以别论”。因为他是王爵，地位特高，他写的字，也确实有功夫，因为地位高，别人也不敢议论他，这个我们不谈他。成、刘、翁、铁凑四家也无聊，所以我也不想谈。剩下的就是翁方纲和刘世安（刘墉）了。翁和刘“各标众望”，大家都重视得不得了，大家谈起书法来，不是翁，就是刘，但这两个人事实上是“抟土揉脂”，看起来处处作态，让人心里不痛快。“殆所谓艺成而下者乎？”“德成而上，艺成而下”，这话见于《礼记》，道德高了整个地位就高了，但如果一个人没有道德，光有艺，那他的地位也是低下的。我认为翁方纲跟刘世安不见得没有学问，但是翁方纲那个字，刘世安那种笔在纸上挤，像墨球揉在纸上那样，“艺成而下”。

我的诗说“高邮之后有番禺”，就是高邮王怀祖先生之后有番禺陈兰甫先生。“安雅终推学者书”，要想从书法上看出人品的安雅，还要推像王怀祖、陈兰甫这样的学者。“一代翁刘空作态”，这一时代翁方纲、刘墉空作态，不是写字，是装模作样。“几经鸣鼓召吾徒”，孔子说：“非吾徒也，小子鸣鼓而攻之可也!”我几次鸣起鼓来，号召徒弟们，你们攻击他吧。这是我在开玩笑。

九十一

琳琅诗富容夷韵，洞达书饶婉娈情。
一事惜翁真可惜，误将八股榜桐城。

这首诗讲姚鼐。

姚鼐，号惜抱翁，名震天下。他的文章和他的同乡前辈方望溪（方苞）齐名，号为方姚。方苞平生不作诗，其实从前也作诗，作后给高明的人看，人就劝他：你的古文写得不错，诗就别用力了。言下之意是你要是写诗便露了马脚。方苞后来就听了这个话，自己也有点自知之明，既然写得不行，也就不写诗了。这样就称平生不作诗，以文章论。方苞又何堪媲姚鼐呢？大致看起来，姚见过世面，通达人情，方苞就是自卖头巾，当道学先生。小说里常说这个人戴着方头巾，各处去充很酸的文人，方苞就是自己卖弄自己的头巾，“而诸头巾却不相许也”。皇帝曾经叫他做国子监祭酒，而其他酸腐的书生（诸头巾）却说，不能让方苞当国子监祭酒，这样就把他攻击下来了，皇帝也不敢用他。方苞是这样一个人，在其他的文人里头，并不被人看得起。

姚鼐的诗，“容夷跌宕”，比起随园（袁枚）来有时竟可以超过他，例如袁枚死了，姚鼐给他作的挽诗，真好。对袁枚评论得非常恰当，袁枚的墓志铭也是姚鼐作的。于是有人就攻击姚鼐，说袁枚这个人，在当时有许多满不在乎的地方被人攻击，可是姚鼐不那么看，他始终是尊敬袁枚的。至于姚鼐写的字，又超过他的文，字写得很有趣味，踏踏实实地在那儿写，并不像翁方纲那么刻板。他处处无意求工，而处处都看出来他很有功夫，有深造之功，有自得之趣。我曾经看见近代赵尧生先生（四川人），题姚鼐书札文稿后面有一首诗说：“纸墨似相恋”，纸和墨黏在一块互相吸引，像分不开一样，形容得真好。宋朝人论欧阳修（欧阳永叔）的字，说“以尖笔作方阔字”，我觉得姚鼐正是这种情况，正是欧阳修的同调。

我曾见过明朝人杨继鹏在安徽刻的董香光的帖叫《铜龙馆帖》，姚鼐的笔墨非常像《铜龙馆帖》，从中可以看出他入手所学的痕迹。“望溪以八股之法为古文，又以古文之法为八股，遂成其所谓桐城文派。”方苞是这样，这是我的看法，而姚鼐也标榜是桐城派的古文，这是他追随家乡的同乡前辈，我们也无可非议，但如果他真觉得应像方苞那样作古文，就未免受方苞的欺骗了。

我的诗说“琳琅诗富容夷韵”，他的诗声音、辞藻都好，非常的美。“容夷”是从容自然、风采琳琅、格调从容的意思。“洞达书饶婉娈情”，姚鼐的诗有韵味，格调很高，字写起来也非常好。“洞达”是说好比一个通气豁亮的房子，字也是这样，不是拘谨到一块的，而是很灵活的，可以处处看出他的结体明白通畅，书法从整体看也很洞达。同时他又有很亲密的那样的笔墨，不是僵硬的，写起字来是洞达透明的。“一事惜翁真可惜，误将八股榜桐城。”只有一件事，惜翁真可惜，他误将八股文标榜为桐城派，我认为桐城派的古文是八股的变种。

九十二

一般风气一乡人，岁月推迁有故新。

四体历观程穆倩，始知完白善传薪。

无论什么艺术，都不能超出时代，亦不能超出地域。“作者师承授受，口讲指画，波摹磔拟”，是说师傅传徒弟，一撇一捺都去摹仿，不像就是不合格，这是有意所成的家法，是师傅传徒弟教出来的某一家的方法。当然也有生在其时，生在其地，也没有师生的关系，可是耳濡目染，无意中成了一个流派。那么师傅传徒弟这是一种，无意传授而习染形成的，也能成为一个流派。

我最讨厌清朝人所说的南北书派论，这书怎么还要分出南北？地区差别是有，可是地区就不止南北了，东西也有分别，怎么能一切都用南北判断呢？阮元就是南北书派论的开创人，我偏说东西书派论行不行呢？山东人写的字和山西人写的字，要细看也有区别，可大致看都是用这种楷书、行书字体，这点差别有多大了不起呢？“又复私逞抑扬”，私自随便或者是压，或者是捧，他的过失在于武断。但是如果平心而论，字的“形质性情”是有同有异的。《书谱》曾说：“真书以点画为形质，以使转为性情，草书以使转为形质，以点画为性情。”意思是说真书和草书各有各外在的形态和内在的气质。人或亲如父子兄弟，或疏为异县他乡，在时代笼罩之下，在地域的分别之中，都是异中有同，同中又有异，这都应该具体地细细分析，不能笼统地概括。就是豪杰之士，奋志起来，特别要写出某一“壁垒全新”的流派来，或者商人为了牟利而作假，刻意在极细微的地方加以摹仿，尽力把赝品做得逼真，但是让真有眼力的人来看，还是看得出来的。所以，异和同不能简单地论，从同的角度讲，那些谋利的人，摹仿再像，还能让人看出来，这是我认为不能拿南北书派来概括天下一切书派的理由。

嘉庆时有个完白山人叫邓石如，“书法篆刻，如异军突起，震烁一世”。包慎伯（即包世臣）作了一书叫《艺舟双楫》，又为他建旗竖鼓，“历述山人遍临汉魏群碑，各若干本，取资广而用力深”。包慎伯的《艺舟双楫》中特别推尊邓石如。这里又有几个原因，包慎伯是安徽泾县人，邓石如是淮宁人，这总有点乡土的观念。但邓石如在当时确实是很有独创的精神，写隶书、篆书是很特殊的。包慎伯就特别恭维他，说他的“天资学诣，迴不因人”——他的天才修养都有超出常人的地方。我曾经看到康熙时歙县人叫程穆倩所写的各体的字，邓石如的行书就特别像程穆倩的行书，邓石如写的隶书最后一笔的那一捺，也特别像程穆倩的隶书的捺。可知邓完白的篆刻、用笔、行刀都是有来源的，他的隶书、行书没有不像程穆倩的，右下一捺更像。“乃知按模脱墼，贤者不为”。因为“按模脱墼”是笨办法，我们不能说邓完白完全用“按模脱墼”这种亦步亦趋的办法模拟程穆倩，这不见得。但是人人都有所借鉴，走路总得坐车，你就是骑自行车，比坐火车轻便，也要有个代替走路的工具。登楼要用梯子，传说神仙上楼也要走楼梯。总之，说邓完白受程穆倩的影响，这并不奇怪，因为程穆倩也是安徽人。

我的诗说“一般风气一乡人，岁月推迁有故新”，在同乡的人，受一带地方风气的传染，时代有早些年，有晚些年，有故有新，虽然时代变化一点，但是那个地方的风气，还能影响到后来的人。“四体历观程穆倩，始知完白善传薪”。四体指真、草、隶、篆，我历看程穆倩的字，才知道邓完白善于继承前人的薪火。古代不像我们今天用火划个火柴，更没有打火机，总要留点火种，第二天生火时，再用柴禾把火种接上，邓完白完全继承了程穆倩的火种，这是很清楚的。

九十三

惊呼马背肿巍峨，那识人间有橐驼。
莫笑肇经持论陋，六朝遗墨见无多。

实在让我忍不住了，我得跟阮元开个玩笑。古代有人说：“少见多怪，见橐驼谓马肿背。”说是有人少见多怪，不认得骆驼，骆驼背上有两个驼峰，他认为是马背肿了，惊呼：“了不得了，马背肿起了很高。”我说“莫笑揅经持论陋”——不必笑阮元所持的见解多么浅陋、可笑，因为“六朝遗墨见无多”，他没有看见真正六朝人的遗墨，揅经即阮元，因为他的斋号叫“揅经室”。“仁智异乐，酸咸异嗜”，智者乐水，仁者乐山，各人的喜好及性情都不一样，有人爱吃酸的，有人爱吃咸的，各好其好，本无强同之理。世人好辩论，非要让别人勉强地跟着他走，在治学中，这种弊端尤其厉害。

经学里头的今古文，道学里头的朱陆派，“读书人为之齿冷久矣”——读书人一说到这些牙都冷了，这是个夸张的形容。我认为经学里的今古文学派争得不得了，道学里头朱熹和陆九渊这两派，也争得不得了，读书人久已笑掉大牙！“至于医术、丹青、烹饪、音乐等，入主出奴，喧嚣不堪入耳”。中医的医术，不同于现在用科学的方法，你说这个人体温增加，血压高低，我们拿起仪器来一量，体温多少度，血压多少，有凭有据。中医不然，就凭三个指头一号脉，就说这个人是寒是热，是阴是阳。当然中医也有他可治的病，但是那个药总有它特别的用处，你不信把药吃错了，准出毛病。药有它的作用，但是谁使用这个药，开哪个药方子，各流派就打得很厉害了。强人从我，往往自己说的都是对的，别人说的都是错的，所以会发生“入主出奴”的现象：跟他合得来的，跟他说话相同的，就是主人；跟他不同的，就是奴隶，就得排斥、打击，以至“喧嚣不堪入耳”。到了书法一道，争端更容易发生，打起架来更厉害。“医术有生死可征”，吃错了药开错了方子，人死了这是个证据。“丹青则人马可辨”，画的是个马，我非说是个人，那不行，人人都认得。“烹饪则猫犬亦识其香”，你炒的菜只要香，猫狗家畜也会闻着味过来。“音乐则鱼鸟亦歆其韵”，人在水边弹琴，只要弹得好，鱼鸟都会过来欣赏你弹琴的韵味，这是带有神话性质，我们姑且这么说。可是写字不然，不识一个字的文盲，也可以照猫画虎，“率尔操觚”，随便拿起来就写。“略识之无者，更得笔舌澜翻”，稍认得几个字也可以讲一大套，写一大篇，“逞其臆论”——主观地大发一阵议论。这种浅学的人，听到的人都嗤笑他。这种浅薄的错误，还不难识破。怎么讲呢？毕竟认识这个字的人多。这个人写的字，我们不说风格，只要他写错了，缺笔、短画，谁都可以提出来，说你那个人字只是写了一撇，那个捺没有了，写个“之”字，只画了两道，人就问他你这是二还是三？最不好辨别的是那些大官、学者，名头太高，即使他指鹿为马，听的人也不敢稍加疑惑。阮元有一个“南北书派论”，就实在荒谬得很，唐宋的法书，汉晋的墨迹，他几乎很少看到过，他只看过一点内府藏的东西。比如说，他也有笔记，写他在宫廷里头看见一些所藏的法书名画，不是没有。但是他的主观看法，大部分还是碑、石刻、墓志这一套东西。唐宋法书，汉晋墨迹，在清朝已经几乎没有，我们现在能看见在西北出土的汉朝的木简、竹简，还有近年出土的帛书，但清朝人连梦也梦不见。晋朝楼兰墨迹，阮元他从什么地方能看到呢？他所论列的，谁谁学谁，谁谁出自谁，谁是哪一派，是南派是北派。我认为这就好比一个人独坐在道边，指点评论过路的人，一个胖子，说这个人姓赵，一个瘦子，说那个人姓钱，一个高个儿的，姓孙，一个矮的，说姓李，你去问一问那人也不姓赵，这人也不姓钱。大家都说，阮太傅都这么说了，必然如此，这是“少见多怪，见橐驼谓马肿背”——堪为揅经室主诵之，我觉得这两句谚语，可以为这位揅经室主阮元念一念，让他听一听。至于他陋谬的例子，那太多了，我们要费点事，把南北书派论拿过来给他细细地分析一下，就会发现很多非常可笑的地方，我们没有那个时间去细细辩论他这个问题。

九十四

无端石刻似蜂窝，摸索低昂聚讼多。

身后是非谁管得，安吴包与道州何。

“人之性情源乎禀赋，而识解则必资于见闻。”性情，这人是好动的，那人是好静的，这人好文的，那人好武的，这是源于先天的。而见解认识必定借助于“资”，资是辅助的力量，辅助的资料。什么是辅助的资料？就是他所见所闻，所经历的事情，人经历了事情才能对它有所认识，有所了解。像佛寺道观里面满墙画的都是鬼神，纵然三头六臂，而每一个头、每一个臂必定都取自于人，借助于人的四肢魄体。这狗马难画，因为人人都看见过，画个猪硬说是狗，画个猫硬说是马，这不行。“遗腹子不梦其父”，因为他没有亲自见过他父亲。“顾陆张吴，丹青绝世”，顾恺之、陆探微、张僧繇、吴道子，他们的丹青绝世，但没听说他们画出的是所没见过的东西。

“书法习尚，代有变迁。”这本来是自然的事。梁武帝时有个文臣叫张融，梁武帝很喜欢二王的书法，就告诉张融说，你写得不错，但是你没有二王的法。张融说：“臣无二王法，二王亦无臣法。”他说，我固然没有王羲之、王献之的法，可是他们也没有我的法。这话很有说服力，因为每个人写字不一样，要不然，怎么签字在法律上能生效呢？张融的话不是诙谐的话，而是真理，时世既然不同了，他的书法必然也有不同的地方。“复古创新，同借所因。”不管是复古，还是创新，总得有点因由，有点凭借，要不然，心目中没有的，豪杰也无法措手，只能“徒逞龂龂之口，悻悻之心，多见其无益耳”。有的人口齿伶俐专和人辩论说就是我的对，你说你的对，得让大家听了以后服你才行。“悻悻之心”，指很狭隘的、很固执的思想，一定要让别人听我的，只有笨人，才这么办。

清代中期，一般写字人厌薄馆阁流派，因而迁怒于二王、欧、虞、赵、董这些字体。本来馆阁体的字很难出乎这些通常的流派。到了清朝中期，出土的古碑刻、墓志铭日见其多了，就有尊碑卑帖的说法和南北优劣的辨别，阮元、包世臣开了这个头，何绍基、康有为又接上来，“于是刀痕石璺，尽入品题；河北江南，自成水火。”他们这些人说碑就怎么好，凡是帖就说不好，其实他们也没看见过好的碑帖，甚至刀口都加入他们的品评。实际字是毛笔写的，怎么能说刀刻得怎么样？有时所谓的笔画其实是石头的裂痕，也把它当笔墨来看，这不很荒唐吗？“河北江南，自成水火”。他们认为江南祖拓的帖，不如河北出土的一个断碑，这就是他们的口号，造成书界内部自相攻伐。直到敦煌石窟出土了很多文书，从西域一带的流沙中出土了很多简牍，世界上才看见古代的墨迹究竟是什么样的。“操觚之士”——指书写简牍的人。古代人写的简牍是三棱形的，不管是竹简还是木简，都是把这一节竹子、木棍对角劈开，而不是从中间劈开；从中间劈开，只能写四行字，对角一劈，劈成两个三棱的，就可以写六行字，可以多写出两行字。“耳目为之一变”，于是从前“龂龂然”，咬牙切齿、连篇累牍的辩论文章，都不足以让有见识的人一笑了。时代不同了，耳濡目染，大家对这才有认识。

我的诗说“无端石刻似蜂窝”，无端的石刻就像马蜂窝一样出土那么多。“摸索低昂聚讼多”，你说这个好我说那个对，大家聚在一起好像打官司一样。“身后是非谁管得，安吴包与道州何”，这些人活着的时候争辩得面红耳赤，就像安徽泾县安吴镇的包世臣与道州的何绍基那样，他们死后，他们的理论主张已没有人再看重或过问了。

九十五

秦汉碑中篆隶形，有人傅会说真行。

逆圈狂草寻常见，可得追源到拉丁。

字体的篆隶草真，实在是文字在各个阶段自然演变的结果，有古今，没有高下，并不见得古就好。比方说虫子，卵子圆而小，幼虫长而细，蛹如桶状而微椭，蛾像蝴蝶一样还能飞，这是虫子演变的几个阶段。虫子先于蛹，成虫比蛹早，先成虫然后变蛹，可是并不说虫比蛹高，比蛹美。卵小于虫，比如蚕，蚕子在纸上就是一个小圆疙瘩，它出来就是一个很小的小虫子，慢慢长大。卵虽小于虫，但并不见得比虫子美。有人认为篆高于真，隶优于草，以至到了“沦肌浃髓”的地步——一直都渗透到肌肉中，渗透到骨髓里，好像是铁案如山，不能改变，这是从前的文人和艺术家的一个偏见。

但是真行之体，行来已经千百年了，久已成为日用所需，就是仓颉再世也回天无术。如果仓颉出来说，你们不许写楷书，不许写草书，不许写行书，必定得写我最早创的字，那也做不到。我们现在看见那些出土的瓦器上面的符号，你说是符号也行，你说是古代文字也行，文字本来就是符号，符号来本就是不太完备的文字。后来就有甲骨文、金文、篆书，等等。仓颉就是再出来，也不能让人都回去，重新画瓦器上面那种符号。乾嘉时候有一位学者叫江声，号艮庭，他写的文稿，写的信札，写的长篇大论，都用小篆，看的人不认得，最后成了笑柄。也有人既不得不用真行今草，又不甘心不古，于是创出一种说法，说篆法和隶法分明是楷书，楷书中自有隶法，而且楷书中有了隶书的方法，就是最优的楷书，这也属于强辩。打个比方说，一个人四体长得都很大，只有脑袋却小，还和小孩一样的，能说这人“古不可言”，因为他有婴儿般的头，能得婴儿之法吗？或者这人身体各方面长得成熟，却是小孩的手，这只能是畸形的人。有人说欧阳询写的《九成宫》好，好在哪儿？说它里面有隶法。《九成宫》一点隶法都没有，完全是楷书。硬说在楷书中笔圆而秃的，就叫有篆法，笔方而扁的，就叫有隶法，并不管这个字体是今是古，是繁是简，这能成立吗？有些人专在“无可征验之中，收指挥如意之效”——他就瞪着眼睛造谣，说你往里看，这里有隶法，我往里再看，怎么看也看不出《九成宫》有隶法来。现在有人说王右军的字必定得像二爨——《爨龙颜》碑与《爨宝子》碑那样，才是真迹，真不知道这是什么逻辑了。

怀素《自叙帖》的草书卷中，有好些地方的笔画是反圈的，是逆时针方向的。我常常开玩笑，指给别人看，说这叫拉丁笔法。“崇洋媚古，其揆莫二”，崇洋与媚古这道理都一样。你既然说楷书得有隶法、篆法，那我就偏说怀素的草书有拉丁的笔法。难道许你那样说，就不许我这样说么？可惜谈篆法、隶法的人，他不认得拉丁文。我这是开玩笑，是我对篆法、隶法胡造谣的人的一种批评。

九十六

贬赵卑唐意不殊，推波南海助安吴。

纡回楫櫓空辞费，只刺衰时馆阁书。

历代都有官样的书体，唐代的告敕，像颜真卿体，像徐浩体，其后各卷都冒称颜真卿、徐浩的真迹，其实都是唐代当时管写告身的专职书手所写。到了宋朝，北宋时一律都作怀仁集字《圣教序》的那种王羲之体，这种风格出自御书院，当时就号称“院体”。明代的告身，所看到的都是沈度一派翰林馆阁的书帖，像姜立纲、程南云也是沈度一派的，稍微肥一点罢了。清朝康熙年间，风行董其昌体，但还没有统一的规格，一般文人，一般书法有名的人，多半都受董其昌的影响，但还不完全一致。到了乾隆时期，张照这一体出来之后，皇帝的字采用张照的风格，就成了南书房体，可以算是初期的馆阁书。看那圆润整齐的样子，都是有点像张照，也都有点像乾隆御笔。但是，殿试策可并不完全这样，因为殿试策在所谓“风檐寸晷”，在殿廷里头一个小矮桌子上写。“寸晷”就是言及时间短。要在短促的时间和困难的条件下写出来，所以殿试答卷还不那么统一。我看见过钱大昕的卷子，钱大昕是大学者，他的卷子用笔尖写得很单薄，也不太整齐。戴震的殿试策，原来起手笔道还有点圆肥，到后来大概时间实在不够了，后头写得非常草率。乾隆时在南书房办公，许多翰林官被选入南书房，等于皇帝左右的秘书，他们写的字就成为“南书房体”。可这时，殿试卷子上还不要求南书房体。到嘉庆以后，就提出“黑大光圆”这四个字，墨要黑，字要肥满，写的笔画要光滑，笔体要圆润，所以叫“黑大光圆”，不管白摺子，或者大卷子。白摺子字小一点，大卷子字稍微大些，白摺子的每个字写在有现在一厘米大的格子内，大卷子就比它稍大一点，这样，完全像印版一样，号称“卷摺体”，就是后期的馆阁体。“蓬山清秘，尊之若在九天。”“清秘”，形容翰林们办公的南书房是清净保密的，别人不能随便来看。世人在公开谈论时尊重得像在九天之上，而退回来私下来评论他们的书法风格时，又贬之如坠九地。为什么？因为皇帝以一个人的力量，想把天下人的书法风格，完全归入一个格局里。

包世臣在《艺舟双楫》书中讥讽赵孟頫的字“如市人入隘巷，无顾盼之情”。像街上的人挤到一个狭小的胡同里去，没有互相看一看、说一说的情分，都是死板的。他的话是这么说的，但我们真拿赵孟頫的字看，并不如此。他的话指的是什么呢？从他所谈的内容上看，就是讽刺当时馆阁体的字。到了康有为《广艺舟双楫》就进一步痛骂唐人，他立一章叫“卑唐”，把唐朝人看得很卑不值得高论，来申明这个说法。他所举唐朝人的毛病，我们在唐碑上看不到。他的本意仍然是继承包世臣贬低赵孟頫的意思，都是借题发挥，都是批评清代晚期馆阁体的字。

《艺舟双楫》，“双楫”指是两个桨，划船我们手里拿两个桨，左边一个，右边一个，两手来划。包世臣的《艺舟双楫》是论文和论书法的，所以叫双楫。在艺术的船上，左边一个桨是论文的，右边一个桨是论书法的。《广艺舟双楫》就不然了，没有论文的了，全是论书法的。当时就有人讽刺说这不能叫“双楫”，应该叫“艺舟单橹”。康有为作的书就剩一个橹了。

我的诗说“贬赵卑唐意不殊”，贬赵和卑唐的意思并不两样。“推波南海助安吴”，康有为是南海县人，包世臣是安徽泾县的安吴镇的人，推波助澜的康南海，就是要帮助包安吴。“纡回楫橹空辞费”是说绕许多弯子，不管他是双楫，不管他是单橹，白白地费了好些话，他绕弯，不敢直接批评，因为要直接批评，就是批评皇帝要提倡的那种风格，这涉及政治问题，他不敢提，就绕着弯儿提。“只刺衰时馆阁书”，只是讽刺清朝政治衰败时的那个馆阁体的字而已。

九十七

少谈汉魏怕徒劳，简牍摩挲未几遭。

岂独甘卑爱唐宋，半生师笔不师刀。

“文字递嬗”，书写的方法自然不同。虽然时代有古今之异，但并不是前头必优，后头必劣。就像我前边说过的那样，一个蚕，它的卵子，就是很小的一个小圆球，后来就成了一个小虫子，渐渐大了，成一个大虫子，并不见得说，那个卵、茧子就一定优于成虫，也不见得成虫就比蛹更好看！并不是古代的字体就都好，后代的字体就都不好，有时间的先后，没有好坏的区分，好坏哪个时候都有，古代有古代写得好的人，写得坏的人，有某件写得好的作品，某件写得不够好的作品。真草以至行书，从魏晋至隋唐，逐渐完美，世上的人一直沿用它，已有千数百年的经历了。从前最早的虽然是篆书、隶书，但学习真行的人，并不一定先得学篆隶。现在的人久习篆隶，甚至于反倒不能做真书、行书。我还申明我的意思：“唐人艳称”——唐人特别称道赞颂唐朝滕王画的蛱蝶，但是没有听说过，滕王想画蛱蝶必须先画卵画蛹，然后才画蛱蝶，蛱蝶的幼虫不见得比蛱蝶好看，难道必得先会画幼虫然后才会画蛱蝶吗?

清初朱竹垞、郑谷口喜欢作隶书，朱竹垞叫朱彝尊，郑谷口叫郑簠，号谷口，朱和郑专学明朝出土的东汉隶的《曹全碑》，和他的真行用笔很相似，但看的人以为他们这隶书还不够意思。到了邓石如写篆隶，世上人就没有不同的看法了。“而真行署款”，即旁边用真书和行书写的边款，并不能跟他写的篆隶一样那么特殊，不能跟他所写的篆隶看做一个水平，这就是篆隶和真草行书并不是用一种方法的有力证据。并不是能工于彼，即能工于此，不是能写篆隶的人，一定能写得好楷书、行书、草书。从两汉简牍出土以来，我写这诗的时候，还没有看见两汉的帛书，如马王堆的帛书，就是绸绢上面写的字，只是看见两汉的简牍。牍就是把两个简合起来封起来的书札。简牍在邓石如以前没有看见过，自从清朝末年简牍出土了，现在出土得越来越多。汉朝人写字，并不像拓秃了的石刻那样矫揉造作。我仅仅能够写点真书草书和行书，我不懂篆隶。当然我也可以勉强算认得篆字和隶字，但是我没有练习过。

我的诗说“少谈汉魏怕徒劳”，我学不到，学不会，为什么？“简牍摩挲未几遭”，连汉简——这些古人真正的墨迹我都没有研究透。“岂独甘卑爱唐宋”，我不是甘于卑下，而偏爱唐宋人的字迹。因为我这半辈子只学笔画写出来的字，不学刀刻出来的字，所以叫“半生师笔不师刀”。我这诗被很多朋友夸奖、欣赏，我也很惭愧。这诗说明学笔跟学刀是两回事，要真正写活的字，还是应该学真正拿起笔来所写的那样的痕迹，不是刀刻出来的痕迹。

九十八

亦自矜持亦任真，亦随俗媚亦因人。
亦知狗马常难似，不和青红画鬼神。

刘墉的字“骄恣偃蹇”，骄傲得很，不管不顾，我就这么写，你爱喜欢不喜欢。比如有客人来了总要站起来恭恭敬敬地迎接人家，“偃蹇”，就是躺在那里不理人家，目中无人的样子。“了无足取”，我认为刘墉的字不可取。但是他自己论写字的甘苦，确实有说到实际的情况。他的门生有一个叫伊秉绶的人，刘写信给伊说：“气骨膏润，纵横出入，非吾所难；难在有我则无古人，有古人则无我。奈何奈何!”“气骨”是字的风格，“膏润”指笔墨的滋润，“纵横”指有出有入，下笔往里藏锋叫入，写出去叫出，这都形容他写字运笔的情况。他所说的古人，大概就是碑帖的字，所谓有我，就是自己成一个体段、规格，自己的风格。我要写出自己的样子，就没有古人，像了古人就没有我，奈何奈何，他也感到没办法。“不佞于此”，我自己对此也很有同感。我对刘墉的字不喜欢，但是他这话却有普遍性，确实说出学写字人的甘苦。我们临古代的法书，当然要求像，“而拘泥矜持，不啻邯郸之步”——但过于拘谨，也就和邯郸学步差不多了。前面我也说了，有一个人专门去学大都市里人走路的风度，但是很不自然。“迨乎放笔自运，分行布白，可得己出矣。”可以看出来自己随便临帖，例如写“羲之顿首”，人看了可以说有点样子，但换成了“启功顿首”，人家一看这四个字就又不像了，非常难看了。自己随便写一个文词，就跟我临古帖不一样。这是因为自己写的“点画荒率”，并不能完全跟某人帖上的字相符合，所以“每招杜撰之讥”。而“自运稍久”，我自己运用抄书、写文章、写某首诗，时间长了，想临古又找不到入处。自己可以写成某一种效果来，但这时候倒过来临古帖，又不像了。这个病的原因是临帖功夫不深，而自己运用自己的习惯又不熟，这样子就两败俱伤了。从中可以知道，书画虽然是艺术之中的一种，可并不是一蹴而就，随便拿起来一写就成的，胆量要大，眼力观察要精，手要勤，任何一种小的艺术，都要有真正的功夫。回忆自己每临一道古帖之后，再放开笔写自己的字，总会有些得力的地方，总会有一点进步的感觉，但这又不是我事前有意求之的。我临一回《兰亭序》，临一回王羲之，转过头来写一首别的诗，立刻我的笔画里就像王羲之的，这个恐怕是有意去求办不到的。有人跟我说：“我这字里头，有某甲的笔法，也有某乙的笔法，我能给它加进去。我这里头颜、柳、欧、虞都有。”可我怎么看也没法子想象，这一横是虞世南的，那一撇是欧阳询的，这是不可能的。

人莫逃乎时代的风气，虽然有大力量的人，只讲创造或只讲规避都是不可能的。我想要创造特殊的一种风格，但是写出字是要人所公认的字，是个汉字，恐怕怎么创造，也离不开该是什么笔画就是什么笔画，总得跟别人写的有共同之处。其实不仅写这个字，就是用笔的习惯、风气、味道，总能让人一看，啊！这是某个时代的笔迹。我想要创出某一种新的体格来，总得让人家有共同认识的地方。我们每写出一个字都是在创作，我写出我的名字，你要找古代这两个字当签名用的，没有。所以每个人写的文章、艺术作品都是创作，这张纸是白的，我把它写出来，就是一篇创作。我说的创作，不是凭空造，毫无依傍，我就随便写，画出几个笔道来，这个别人不认识，不能算创作。“规避”，是我躲开某个人。我生在今年，我写出字来，必须要它脱离某某人、某某时代的风格，也不容易。我们今天写，人家看这是今天这个时代的人写的，它怎么也脱离不了时代。只有广于借鉴、消化才行，这很重要。石刻的字，日久了剥剥落落，好像庙里墙上画的鬼神，墨迹淋漓好像人间活着的狗马。从前人说：画鬼神易，画狗马难，为什么？鬼神谁也没见过，我爱怎么画怎么画，画个青脸红发，画出来的人没有那样红头发的，除了戏台上化装的另说。但是狗马人人看见过，画得不像小孩也认得。鬼神呢？画的人也没见过，就可以随便画。我们要有所借鉴，只有画狗马，而不画鬼神。“其券可操之于己耳”，“券”，就是凭据，可以拿在自己手中，我自己是画狗、画马，完全可以由自己决定。

我的诗说“亦自矜持亦任真”，我自己也很矜持也很小心，有的时候也很随便，任着自己的天真去写。“亦随俗媚亦因人”，我有时候也跟随着世俗写出姿媚的风格，有时候也随着别人，人家都这么写我也这么写。“亦知狗马常难似”，我也知道画狗马常常很难像，画鬼神易画狗马难，因为人人都看见你画的稍微错一点，人家会说画得不像，所以画狗马不容易像，虽然画狗马不容易，可我宁可画狗马，我“不和青红画鬼神”，不去调和那青红颜色去画鬼神。这是我个人的见解。

九十九

用笔何如结字难，纵横聚散最相关。

一从证得黄金律，顿觉全牛骨隙宽。

赵子昂说：“书法以用笔为上，而结字亦须用功。”我对这句话很有看法，很有意见。这句话虽然出自在书法历史上很有权威的大师赵孟頫，应该是可信赖的，但是，我学写字以来，只注意笔画，没注意笔画之间的关系，所以形状全无是处。后来我拿透明纸，描摹复制唐人的楷书，每一笔位置让它准确了，我看出折算，看出它的布局，每一笔之间的距离、长短，角度都很讲究，发现了唐朝人的楷书里头有松有紧，平正里头有一点倾斜，不是直去直来像拿尺子画一条线，每一个笔画里都微微弯一点，斜一点，每两笔之间、每几笔之间怎么个关系都有一个规律，如果距离上没有错误，我用虚线专画它的骨头，即每笔中间的细道儿，不画周围的，把这字摆出来看，也还像个样子，就知道结字关系很大，比用笔还要大。我来反证，比如我得到一个王羲之的帖，王羲之帖上有个“三”字，我拿剪刀把它剪下来，一笔一笔把它剪开，我随便往桌子上一扔一摆，三个笔画错开点，歪一点，你看好看不好看。这个笔画完全没问题，用笔上完全是王羲之的原笔迹。我们现在更容易了，拿一个照片、一个影印本，把这笔画剪下来，可是位置稍微的变化一点就不是那样了，这可以知道只谈用笔不讲结构是什么结果，这个道理是非常明显的。

我又用世俗流行的九宫格，就是每一个方格里画纵横各三小格，共九个平均的小方格叫九宫格。还有米字格，上下左右一个十字，然后对角各有一个斜道，就好比我们的米字一样，用这种格来写字，眼睛注意到都是中间的那个点，我们写的时候，常常见到上一个字的脚，伸到下一格的上头，一行四个字，最后一个一个跟着往下侵犯，第一格侵到第二格，第二格侵到第三格，这样一行四个字，最后在格里只剩下三个半字，这是我们小时候写字常常出现的现象，因为注意力都聚在大格的中心，下笔的时候眼睛老看见那个中心，就出现了这个现象。我偶然用画着小方格透明的玻璃片，套在帖上看，笔画在坐标的横竖线上究竟是怎么回事，细细量度笔画的聚散高低，我把每一笔延长了，比如三点水，头一点是从左上方向右下去点，第二点比较平，第三点从左往右上挑的，即如这样，每一笔我都按照它的方向给它延长，延长后它总有几个交叉点，我把那交叉点记录下来就明白了，结字的下笔重点，并不在中心，而在偏左上，右下的聚点不在我们想象的右下方，而是右下偏上。

这个方法究竟是怎样呢？我现在总结出来，是把一个大方格，不管多大，画出横、竖各十三个小方格。而中间的纵横各三小格，它们的十字交叉点共有九个，这九个小方格的四个角，横看5个3个5个，竖看又5个3个又5个。左上一交叉点，假定它叫A点，它距离上头的边是5，距离下头的边是8，距离左边的边是5，距离右边的边是8，倒过来，左下角的点，往上数到上边是8，到下边是5。结果每一个交叉点对上下左右都是5∶8，这就是黄金分割，又叫黄金律。我经过细致的观察，一个字的重点恰恰分布在这4个交叉点上，这就是我得出的结论。我另有详细叙述，这里只是大略说一说这一现象。

我的诗说“用笔何如结字难”，好像结字那么容易，我说用笔不如结字那么难。“纵横聚散最相关”，你要想写好字，笔画的纵横聚散、排列摆法都是结字的问题。“一从证得黄金律”，我自从证明了黄金律，“顿觉全牛骨隙宽”。《庄子》里说，庖丁解牛，用一个刀来分割牛肉，一般人遇到骨头，刀下不去了。刀要找什么地方呢？要专找骨头的缝，刀在骨头缝里头，就会游刃有余，刀可以自由轻松地运行。这是个比喻，说明你要找到这个骨缝，下刀就非常容易，要找不到骨缝，刀碰到骨头上，刀也钝了，牛也解不开。我们要知道这个字的结体符合黄金分割的道理，我们也就可以知道书法的美究竟在哪里。

一百

先摹赵董后欧阳，晚爱诚悬竟体芳。

偶作擘窠钉壁看，旁人多说似成王。

从九十七首到一百首，都是我自己题我写的册子的诗。这一百首诗，前二十首是二十多岁时作的，后八十首是 1961 年到 1974 年陆续作的。我六岁入家塾，在家里的书房念书。写的字样子都是我祖父自临《九成宫碑》做的仿影。我十一岁时看见《多宝塔碑》，我觉得才略微体会到用笔为什么那么写，为什么那地方肥一点，那地方瘦一点，稍微理解一点写字用笔的味道。

二十多岁，我得到赵孟頫写的《胆巴碑》，觉得好得很，学习比较久。有人看见我写的赵孟頫的《胆巴碑》，说像英和（英煦斋）。英和是乾隆嘉庆时人，他写的字肥，还钝，号称学赵孟頫，实际是很笨的一种字。有人说我学的像英和，我觉得这有点不好意思，谁都知道英和的字很笨。我那个时候，刚刚学画，略微可以成个图画，而题字非常板滞，也不成行款。后来我就学董香光董其昌的字，虽然得到行气的联贯，一个字不像样子，得在一行里互相衬托才行。后来我得到上虞罗氏精拓的《九成宫碑》，有刘权的跋，清润肥厚，觉得这个跟墨迹一样，我并不知道这是南宋翻刻的最精的一本。我就每个字逐字用蜡纸钩拓，把每个字钩下来，放在底下，拿一个透明纸，再在上头描着写，照写仿影似的，这样行笔虽然很钝，但是结构可以差不多。用很笨的办法来描，细细地，一点一点地来临摹，这是我当时写字打的基础。

后来，杂临许多碑帖和历代名人的墨迹。再后来影印本多了，有照片，我就学习智永千文的墨迹，时间很久，功夫也最勤。论甘苦，这里头酸甜苦辣主要是什么呢？就是“骨肉不偏为难”，或骨强，或肉多。这怎么办呢？为了使骨力、间架撑得起来，我又临柳公权《玄秘塔碑》，临了好些遍，我偶然为人用楷书写个小对子，看见的人很好意地夸奖说：“此深于诒晋斋法者。”说是像成亲王刻的诒晋斋的帖。这个人不认识我，是跟我的朋友说起的。但是我从来也没有临过成亲王《诒晋斋帖》。为什么人家有这样的感觉呢？因为我写的是柳公权的架子，是《九成宫碑》架子，这笔墨里是赵孟頫的笔画，是董其昌的笔画。我对那位先生的评价发出这样的感叹：说我写的像成亲王帖，这是没有想到意外得到的称赞、夸奖。这是因为我走的道路跟成亲王诒晋斋的道路相同呢，还是乡曲熏习呢？所谓乡曲熏习是说住在同一地方的、同一家族的街坊邻里互相影响。其实成亲王虽和我同宗，但我们跟成亲王那一家支很远很远，可是它究竟总是有多方面的机会互相影响，还是说生物的“返祖”呢？这是在开玩笑。古代有一个什么样子体质的人，后来隔了些代，又生了那样骨骼的人来，这现象很多，最多的比如像某个人手指头长成六个，这是古代某一代祖先有过这现象，隔多少代子孙，忽然有一个人还有这个基因。生物上常常有返回到祖先某些基因重新出现的现象。我写字像诒晋斋，属于这几种缘故的哪一种呢？就不知道了。

我的诗说的是我学写字的经过：“先摹赵董后欧阳，晚爱诚悬竟体芳。”“诚悬”指柳公权体，“竟体芳”是说全体都有芳香的气味，我到了六十多岁，特别喜欢柳公权。“偶作擘窠钉壁看”，以前有人得到某名人的字，把它钉在帐子里看，细细欣赏，研究这个字的好处，我们现在拿图钉把它钉在墙上看，“擘窠”，就是字撑满了方格的大字。“旁人多说似成王”，我给朋友写了小对联，有人说这像成亲王的字，其实这是偶然的。

这是一百首，这一百首我是想到就写，遇到什么问题就写。事实上，并不够系统，不过这里头有些和世俗一般看法有所不同。例如说，我写了这一首诗，把郑板桥和刘墉、翁方纲比，我说“几经鸣鼓召吾徒”，小子可鸣鼓攻之可也，这是孔子说的。我在淘气、开玩笑。我对郑板桥是表示非常钦佩，对刘墉、翁方纲表示并不喜欢。我有一个朋友，给我写信，说你这个诗可以惊四筵，不可以独坐，一个人坐在那里研究，就不一定同意。你这个诗可以惊四筵是什么意思呢？刘墉、翁方纲毕竟是大宗师，不应该特别表扬郑板桥，而贬低刘墉、翁方纲。事实上这是我个人的见解，朋友的意思总是正统的说法，认为我有哗众取宠的意思，其实这是朋友的误解。我这里说明是我自己个人的看法，并不一定要求别人完全同意我的看法。我这里不准确、不妥当的地方一定很多，希望读者多多指教。

（1993 年侯刚记录整理初稿，2008 年 9 月陶虹整理编辑，
2008 年 10 月赵仁珪、林邦钧、王连起通读审定）